面向数字化时代高等学校计算机系列教材

信息系统分析与设计
微课视频版

廖浩德 邓慧 胥林 主编
向海昀 张舒 李艳 谢季峰 廖汉鑫 副主编

清华大学出版社
北京

内 容 简 介

本书主要介绍信息系统开发的核心概念、基本原理、基本过程和方法，内容涉及计算、软件工程、信息系统等学科概要，软件开发过程、方法、工具等软件工程要素，软件需求、软件设计等工程化原理。本书思路新颖、图文并茂，重点培养读者对信息系统进行分析建模和设计建模的能力。

全书共 9 章，第 2～5 章为理论篇，后 4 章为实践篇。第 1 章介绍信息系统和软件工程两大学科的来龙去脉及其关系，第 2 章介绍软件工程的过程要素，第 3 章介绍软件工程的方法和工具要素，第 4 章介绍系统需求工程的基本知识，第 5 章介绍软件设计工程的基本知识，第 6 章对需求工程的需求开发能力进行训练，第 7 章对需求工程的需求管理能力进行训练，第 8 章对系统的结构建模能力进行训练，第 9 章对系统的行为建模能力进行训练。

本书可作为高等院校计算机类相关专业的"信息系统分析与设计"等课程的教材，也可作为感兴趣读者的自学读物，并可作为相关行业技术人员的参考用书。

版权所有，侵权必究。举报：010-62782989，beiqinquan@tup.tsinghua.edu.cn。

图书在版编目（CIP）数据

信息系统分析与设计：微课视频版 / 廖浩德，邓慧，胥林主编. -- 北京：清华大学出版社，2024.9.
（面向数字化时代高等学校计算机系列教材）. -- ISBN 978-7-302-67376-7

Ⅰ. G202
中国国家版本馆 CIP 数据核字第 2024CP0935 号

策划编辑：魏江江
责任编辑：葛鹏程　薛　阳
封面设计：刘　键
责任校对：王勤勤
责任印制：杨　艳

出版发行：清华大学出版社
　　网　　址：https://www.tup.com.cn，https://www.wqxuetang.com
　　地　　址：北京清华大学学研大厦 A 座　　邮　编：100084
　　社 总 机：010-83470000　　　　　　　　　邮　购：010-62786544
　　投稿与读者服务：010-62776969，c-service@tup.tsinghua.edu.cn
　　质量反馈：010-62772015，zhiliang@tup.tsinghua.edu.cn
　　课件下载：https://www.tup.com.cn，010-83470236
印 装 者：大厂回族自治县彩虹印刷有限公司
经　　销：全国新华书店
开　　本：185mm×260mm　　印　张：14.5　　字　数：353 千字
版　　次：2024 年 9 月第 1 版　　　　　　　　印　次：2024 年 9 月第 1 次印刷
印　　数：1～1500
定　　价：49.80 元

产品编号：107325-01

前言

党的二十大报告指出：教育、科技、人才是全面建设社会主义现代化国家的基础性、战略性支撑。必须坚持科技是第一生产力、人才是第一资源、创新是第一动力，深入实施科教兴国战略、人才强国战略、创新驱动发展战略，这三大战略共同服务于创新型国家的建设。高等教育与经济社会发展紧密相连，对促进就业创业、助力经济社会发展、增进人民福祉具有重要意义。

依据《中华人民共和国高等教育法》《中华人民共和国学位条例》《国家中长期教育改革和发展规划纲要(2010—2020年)》《国务院办公厅关于深化高等学校创新创业教育改革的实施意见》的精神，遵循教育部《全面提高高等教育质量的若干意见》的要求，围绕立德树人的根本任务，深化管理科学与工程类专业教学改革，全面提高教育水平和人才培养质量，国家发布了《管理科学与工程类教学质量国家标准》。该标准强调，管理科学与工程类专业是具有共同理论基础或研究领域相对一致的专业集合。管理科学与工程类专业采用系统思想、数量方法和信息技术解决各类管理问题，提高决策水平和管理效率，在国民经济建设和社会发展中发挥着重要的基础性作用。管理科学与工程类专业具有管理学和工程学交叉学科的特点，既重视专业的理论与方法，又强调应用性与实践性。

管理科学与工程类专业的人才培养须适应国民经济和社会发展的实际需要，注重学生综合素质的培养。其目标是培养拥有系统化管理思想和较高管理素质，掌握管理学与经济学基础理论及信息与工程相关技术知识，具有一定的理论和定量分析能力、实践能力及创新创业能力，具备职业道德与国际视野，满足现代管理需要的高素质人才。对于信息管理与信息系统专业，特别强调了"能够综合运用本专业相关知识和方法进行信息系统规划、分析、设计和实施"能力这一培养目标。

信息系统是现代化组织不可分割的组成部分，它结合管理理论和方法，应用IT解决管理问题，为决策提供支持。信息系统涉及管理理论、系统方法论、IT等学科，面向管理但不讨论具体管理问题，使用IT但不致力于计算机科学技术的研究。这种特殊性对从业人员的素质要求较高，包括具备业务知识、利用IT增强组织性能、分析与批判思维能力、沟通能力、团队精神等。

　　信息系统的建设是一个复杂的社会过程,它试图用先进的技术手段解决目标多样、内容复杂、环境多变、投资密度大、效益计算难的社会经济问题,往往难以提前验证解决方案,了解、沟通、实施困难,深受政策、竞争、文化观念影响等。信息系统的建设是一个复杂的工程项目,需要用系统化的方法进行规划、分析、设计、实施与维护,涉及软件开发生命周期,以及结构化、面向对象、基于组件等软件开发方法与工具。

　　本书编者是具有信息系统开发和软件项目管理经验的大学教师,长期从事软件开发、程序设计、技术培训等工作,曾开发过多项信息系统,主讲过计算机科学基础、面向对象程序设计、软件工程、管理信息系统、信息系统分析与设计、信息系统开发方法与工具、程序设计范式、软件设计模式、项目管理等课程,对计算机、软件工程、信息系统等学科有着深刻的理解和丰富的实践经验。

　　本书是作者教学和培训经验的积累,其特色如下。

　　(1) 教材分为理论篇和实践篇。其中,理论篇突出软件工程的过程要素和方法要素,完整介绍与分析与设计密切相关的"需求工程"和"设计工程"知识,强调工程知识的完整性;实践篇集中于需求阶段和设计阶段共有的系统分析,着力培养学生的实际建模能力,强调工程能力的实践性。

　　(2) 在内容选取方面,充分考虑了信息管理与信息系统专业的特殊性和课程群的课程协同性。"管理信息系统"课程强调信息系统本身及其规划,"信息系统分析与设计"强调信息系统的分析与总体设计,"信息系统开发方法与工具"强调信息系统的详细设计与实施。

　　(3) 实践篇的内容基于国际工程能力培养模式进行编排,着力训练学生的工程化思维模式和实际动手能力。

　　为便于教学,本书提供丰富的配套资源,包括教学大纲、教学课件、程序源码、习题答案、在线作业和微课视频等。

> **资源下载提示**
>
> **数据文件**:扫描目录上方的二维码下载。
>
> **在线作业**:扫描封底的作业系统二维码,登录网站在线做题及查看答案。
>
> **微课视频**:扫描封底的文泉云盘防盗码,再扫描书中相应章节的视频讲解二维码,可以在线学习。

　　本书编写分工如下:廖浩德编写第1、2章并录制教学视频,邓慧编写第3章和附录,胥林编写第4章,李艳编写第5章,张舒编写第6章,谢季峰编写第7章,向海昀编写第8章,廖汉鑫编写第9章,全书由廖浩德、邓慧、胥林负责最终统稿。在本书编写过程中,编者参考了很多国内外同行的有关资料,受到了西南石油大学教务处、教材科、计算机与软件学院、现代教育中心等部门的领导、工作人员和教师所给予的热情支持和鼓励,在此一并表示诚挚的谢意。

　　由于编者水平有限,疏漏之处在所难免,敬请广大读者批评指正。

编　者
2024 年 8 月

目 录

资源下载

第 1 章 概述 1
  1.1 计算与计算学科 2
    1.1.1 计算 2
    1.1.2 计算学科 3
  1.2 软件与软件工程 4
    1.2.1 软件 4
    1.2.2 软件工程 5
    1.2.3 软件工程学科 7
  1.3 信息与信息系统 10
    1.3.1 信息 10
    1.3.2 信息系统 11
    1.3.3 信息系统学科 14
  1.4 信息系统与软件工程的关系 16
  习题 17

第一篇 理 论 篇

第 2 章 软件开发过程 21
  2.1 软件开发生命周期 22
    2.1.1 模仿传统工程 22
    2.1.2 通用过程框架 23
    2.1.3 软件过程模型 24

2.2 软件工程与瀑布模型 ·············· 26
2.2.1 软件工程术语起源 ·············· 26
2.2.2 瀑布模型及其改进 ·············· 28
2.2.3 软件工程相关概念 ·············· 31
2.3 统一过程模型 ·············· 34
2.3.1 从生产率到并行过程 ·············· 34
2.3.2 统一建模语言 ·············· 36
2.3.3 统一过程 ·············· 37
2.4 软件过程改进 ·············· 41
2.4.1 过程成熟度概念 ·············· 41
2.4.2 过程成熟度级别 ·············· 41
2.4.3 过程成熟度的结构 ·············· 42
习题 ·············· 43

第3章 软件开发方法 ·············· 44
3.1 编程语言与范式 ·············· 45
3.1.1 范式的重要性 ·············· 45
3.1.2 语言的选择 ·············· 46
3.1.3 范式的应用 ·············· 48
3.1.4 软件开发方法 ·············· 50
3.2 结构化方法 ·············· 52
3.2.1 结构化编程 ·············· 52
3.2.2 过程范式 ·············· 53
3.2.3 结构建模技术 ·············· 53
3.2.4 结构化方法的应用 ·············· 59
3.3 面向对象方法 ·············· 61
3.3.1 组件技术的发展 ·············· 61
3.3.2 面向对象编程 ·············· 63
3.3.3 面向对象思想 ·············· 64
3.3.4 类的继承与多态 ·············· 65
3.3.5 面向对象方法的应用 ·············· 66
3.4 统一建模语言 ·············· 67
3.4.1 UML的基本元素 ·············· 68
3.4.2 UML的规则 ·············· 72
3.4.3 UML应用示例 ·············· 74
习题 ·············· 75

第4章 软件需求工程 ·············· 76
4.1 需求工程概述 ·············· 77
4.1.1 需求工程的重要性 ·············· 77

  4.1.2 需求及其分类 ………………………………………………………… 78
  4.1.3 需求工程框架 ………………………………………………………… 79
 4.2 系统环境 ……………………………………………………………………… 81
  4.2.1 系统环境的构成 ……………………………………………………… 81
  4.2.2 系统环境需求举例 …………………………………………………… 83
 4.3 需求制品 ……………………………………………………………………… 84
  4.3.1 目标 …………………………………………………………………… 84
  4.3.2 场景 …………………………………………………………………… 86
  4.3.3 需求 …………………………………………………………………… 89
 4.4 核心活动 ……………………………………………………………………… 90
  4.4.1 需求工程的维度 ……………………………………………………… 90
  4.4.2 需求抽取 ……………………………………………………………… 91
  4.4.3 需求协商 ……………………………………………………………… 94
  4.4.4 需求文档化 …………………………………………………………… 95
 习题 ………………………………………………………………………………… 95

第5章 软件设计工程 …………………………………………………………… 96
 5.1 设计工程概述 ………………………………………………………………… 97
  5.1.1 设计的重要性 ………………………………………………………… 97
  5.1.2 设计的要求和步骤 …………………………………………………… 97
  5.1.3 设计的目标和原则 …………………………………………………… 99
  5.1.4 构件设计原则 ………………………………………………………… 100
 5.2 软件设计过程 ………………………………………………………………… 101
  5.2.1 从需求到设计 ………………………………………………………… 101
  5.2.2 从抽象到具体 ………………………………………………………… 103
 5.3 软件的分合与框架 …………………………………………………………… 105
  5.3.1 模块与组件 …………………………………………………………… 105
  5.3.2 三位一体 ……………………………………………………………… 106
  5.3.3 组件框架 ……………………………………………………………… 107
 5.4 架构风格 ……………………………………………………………………… 108
  5.4.1 经典架构风格 ………………………………………………………… 109
  5.4.2 经典架构风格的应用 ………………………………………………… 112
  5.4.3 多角度视图架构 ……………………………………………………… 114
 习题 ………………………………………………………………………………… 115

第二篇 实 践 篇

第6章 需求开发 ………………………………………………………………… 119
 6.1 需求获取 ……………………………………………………………………… 120
  6.1.1 需求陈述文档 ………………………………………………………… 120

    6.1.2 项目愿景文档 …… 122
    6.1.3 需求来源 …… 123
    6.1.4 需求获取方法 …… 124
  6.2 需求分析 …… 128
    6.2.1 需求分类 …… 129
    6.2.2 分析业务流 …… 130
    6.2.3 分析数据流 …… 133
    6.2.4 分析数据 …… 134
  6.3 需求规范 …… 135
    6.3.1 用户需要说明书 …… 136
    6.3.2 系统需求说明书 …… 138

第7章 需求管理 …… 141

  7.1 需求确认 …… 142
    7.1.1 评审用户需要说明书 …… 142
    7.1.2 评审系统需求说明书 …… 144
    7.1.3 使用原型法确认需求 …… 146
    7.1.4 使用测试法确认需求 …… 149
  7.2 需求管理 …… 153
    7.2.1 需求的可追溯性管理 …… 153
    7.2.2 需求管理计划 …… 157
    7.2.3 需求管理规范 …… 159
    7.2.4 需求风险管理 …… 160

第8章 静态结构建模 …… 164

  8.1 用例建模 …… 165
    8.1.1 用例图的基本组成元素 …… 165
    8.1.2 建立用例图 …… 167
    8.1.3 编写用例规格说明 …… 168
  8.2 类建模 …… 170
    8.2.1 识别类 …… 170
    8.2.2 识别属性和操作 …… 172
    8.2.3 识别类之间的关系 …… 172
    8.2.4 建立类图 …… 174
    8.2.5 建立对象图 …… 176
  8.3 辅助工具 …… 178
    8.3.1 建立数据字典 …… 178
    8.3.2 伪代码、决策表、决策树 …… 179

第9章 动态行为建模 …… 180

  9.1 状态建模 …… 181

		9.1.1 状态图的基本构成元素 ………………………………… 181

　　　　9.1.1　状态图的基本构成元素 ………………………………… 181
　　　　9.1.2　状态图的可选构成元素 ………………………………… 182
　　　　9.1.3　建立状态图 …………………………………………………… 184
　　9.2　活动建模 🎥 …………………………………………………………… 186
　　　　9.2.1　活动图的基本构成元素 ………………………………… 186
　　　　9.2.2　活动图的可选构成元素 ………………………………… 187
　　　　9.2.3　建立活动图 …………………………………………………… 189
　　9.3　交互建模 🎥 …………………………………………………………… 191
　　　　9.3.1　建立顺序图 …………………………………………………… 191
　　　　9.3.2　建立协作图 …………………………………………………… 193
附录 A　关于创建 DFD 的补充资料 ……………………………………… **195**
附录 B　关于创建 E-R 图的补充资料 …………………………………… **198**
附录 C　系统需求说明书示例 ……………………………………………… **205**
附录 D　拓展练习 ……………………………………………………………… **214**
参考文献 ………………………………………………………………………………… **221**

第1章 概　述

CHAPTER 1

　　开宗明义，概念先行。信息系统是技术驱动的业务开发，涉及业务、技术、分析思维、人际沟通等知识领域。本章介绍与信息系统开发相关的学科背景，追根溯源，了解计算与计算学科、系统与信息系统、软件与软件工程，以及信息系统和软件工程两大学科的来龙去脉，为深入学习信息系统分析与设计的理论和技术做好准备。

1.1 计算与计算学科

计算无时不在、无处不在,每一个人都在计算,计算影响着所有的人。这是因为几十年来计算机科学家发现了许多复杂的方法用来管理计算机资源、实现通信、翻译程序、设计数据库等,创造出了更快、更廉价、更安全、更易于使用的计算机和程序。全球信息化的发展,已经从基于计算机科学转向基于计算科学。计算科学与计算机科学虽只一字之差,但各自内涵却有很大差异。那么,到底什么是计算?计算机科学与计算科学有什么本质区别?计算学科指的是什么?本节将回答这些问题。

1.1.1 计算

说到计算,人们并不陌生。形容一个人"精于计算",一般是指其数学功底深厚。这里的计算特指与计算机相关的目标导向活动,包括计算机软硬件系统的设计和建造、信息的采集和处理、通信和娱乐媒体的创建与使用,以及使用计算机进行科学研究等。随着计算机功能的日益强大,应用范围越来越广,计算机科学的内涵也发生着深刻的变化,其发展演化如图 1-1 所示。

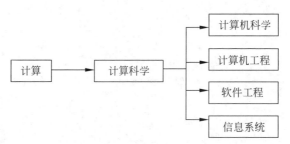

图 1-1 计算机科学的发展演化

众所周知,计算机的主要功能是实现计算的自动化,计算自动化的核心任务就是程序设计。因此,早期的计算机科学就是程序设计。程序设计涉及计算对象、计算过程、描述工具和运行平台等。其中,计算对象是各种类型的数据,用数据结构来描述;计算过程称为算法,算法与数据结构一起构成程序;描述工具主要指各种程序设计语言,如 C/C++、Java、C♯等;运行平台指的是运行程序的计算环境,由计算机硬件和操作系统构成。

随着计算机理论的日渐成熟和计算机系统的飞速发展,计算机科学已划分成许多理论和实践领域。例如,从工程角度看,计算机硬件制造和软件开发各自发展,形成了计算机工程和软件工程两大独立的学科;从应用的角度看,计算机硬件和软件产品集成起来可应用于不同的科学领域,形成各种各样的信息系统。也就是说,计算机工程、软件工程、信息系统工程等已经从计算机科学中独立出来,成为计算科学学科的子学科,与计算机科学并行发展。计算科学是一门涉及设计、实现和使用数学模型来分析和解决科学问题的学科。通常情况下,该术语特指使用计算机对某科学系统或过程进行模拟或数值分析。

1.1.2 计算学科

20世纪80年代末,电气与电子工程师协会(Institute of Electrical and Electronics Engineers,IEEE)和国际计算机学会(Association for Computing Machinery,ACM)联合成立了计算学科教程联合工作组,发布了《计算作为一门学科》(Computing as a discipline),指出计算学科是对描述和变换信息的算法过程的系统化研究,包括其理论、分析、设计、效率、实现和应用等。计算的根本问题是"什么能被(有效地)自动化"。这份报告首次对计算学科进行了透彻的定义,提出了如图1-2所示的计算学科定义矩阵,完成了计算学科的存在性证明,将当时的计算机科学、计算机工程、计算机科学和工程、计算机信息学以及其他类似名称的专业及其研究范畴统称为计算学科。

	理论	抽象	设计
算法和数据结构			
程序设计语言			
体系结构			
数值和符号计算			
操作系统			
软件方法和工程			
数据库和信息检索			
人工智能和机器人			
人机交互			

图1-2 计算学科的定义矩阵

计算学科定义矩阵是对计算学科的一个高度概括,纵向是子领域,横向是学科范式。其中,理论(theory)根植于数学,并按刻画研究对象(定义)、假设对象之间可能存在的关系(定理)、确定这些关系是否正确(证明)、解释结果等步骤产生一致而有效的理论;抽象(abstraction)也称建模(modeling),根植于实验科学方法,并按形成假设、构造模型并做预测、设计实验并收集数据、分析结果等步骤对现象进行调查;设计(design)根植于工程,并按陈述需求、陈述规范、设计并实现系统、测试系统等步骤为解决给定问题而构造系统或设备。理论是数学科学的基石,抽象是自然科学的基石,设计是工程的基石,计算是数学、科学和工程的应用过程交叉点。计算学科中具有方法论性质的核心概念、数学方法、系统科学方法、形式化技术、社会和职业问题贯穿于各子领域,揭示了子领域的内在联系,使它们结合成一个完整的体系,而不是互不相关的领域。

20世纪90年代,为适应教育全球化发展形势,计算学科联合工作组多次提出计算学科教程(Computing Curricula,CC)体系,用于指导计算机学科专业教育。其中,CC1991涵盖计算机科学(Computer Science,CS)和计算机工程(Computer Engineering,CE)两大学科,解决了计算机科学学科教育界多年来存在的疑问和争论;CC2001明确提出计算机教育不再限定在狭义的计算机科学学科范畴,以满足计算机技术迅猛发展对科学研究和人才培养带来的新需求,增加了软件工程(Software Engineering,SE)和信息系统(Information System,IS)两大学科;CC2004增加了信息技术(Information Technology,IT)学科,形成了如图1-3所示的计算学科框架。

图 1-3　计算学科框架

计算学科联合工作组于2001—2005年提交的计算分支学科(专业)教程及相应的总报告如图1-4所示。它们给出了各学科的知识体系及相应的核心课程,为各专业教学计划的设计奠定了基础。

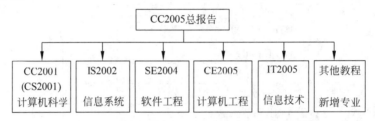

图 1-4　计算学科联合工作组发布的计算学科教程

1.2　软件与软件工程

软件是现代进行科学研究和解决工程问题的基础。一个产品或服务是否含有软件是能否提升竞争力的关键要素。软件是一种驱动力,无处不在。但是,软件难以发挥硬件的潜能、软件开发能力难以满足市场需求、软件可靠性和质量难以提高、遗留软件难以升级等问题一直存在。由于开发成本高、周期长、难以度量开发过程、不能在把软件交给客户之前发现所有的错误等,导致软件成本在计算机系统中的比例居高不下,人们应该像开发传统大型工程一样去管理软件的开发,因此出现了软件工程。那么到底什么是软件?与硬件相比,软件有什么特殊之处?什么是软件工程?软件工程是如何发展的?本节主要回答这些问题。

1.2.1　软件

自20世纪40年代计算技术出现以来,计算机的应用得以飞速发展。计算机由硬件和软件构成。软件在人们日常生活的很多方面都扮演着非常重要的角色,如政府、银行、教育、交通、娱乐、医疗、农业等。软件由程序、数据和文档构成。其中,程序包含运行时提供预期特征、功能和性能的机器指令;数据是机器指令操作的对象;文档是以纸质或电子等形式描述程序的使用说明信息。

软件既是一种产品,也是一种实现产品的工具。作为一种产品,软件实现的是潜藏于计算机硬件或可从本地硬件访问的计算机网络的计算能力。软件可安装在手机或计算机主机上,以实现信息转换。不管是简单到一个比特数据,还是复杂到大数据信息,软件都能获取、生成、显示、修改和管理它们。作为一种工具,软件是控制软硬件和传输数据的基础。例如,操作系统软件用于控制计算机,工具软件可以创建和控制其他软件,计算机网络软件用于传输信息等。

根据软件的应用领域,可以对软件进行分类,例如系统软件、工程和科学计算软件、嵌入式软件、信息系统、实时软件、个人软件、人工智能软件等。其中,系统软件是指文件管理器、编译器、编辑器、驱动程序、通信进程、操作系统等能为其他软件服务的软件,具有支持多用户、与硬件交互频繁、资源共享、并发执行与调度、数据结构复杂、外部接口多等特点;工程和科学计算软件是指计算机辅助设计(CAD)、汽车压力分析、航天器轨道动力学、分子生物、天体计算、自动化制造、系统仿真等能进行"数值分析"算法的软件;嵌入式软件是指微波炉控制、汽车数控等驻留在只读存储器(ROM)中用于控制硬件的软件;信息系统是指管理信息系统(MIS)等用于处理企业业务信息的软件,具有重新构造现有数据并变换成能够辅助企业运行和管理决策的特点;实时软件是指管理、分析和控制实时发生的事件的软件(注意实时与交互或分时的区别,实时要求在严格的时间范围内响应,否则可能带来灾难性的后果,交互或分时的响应时间可以延迟且不会带来灾难性的后果),由数据采集、分析、控制/输出、管理等部件构成;个人软件是指文字处理、电子表格、图形绘制、2D/3D建模、视频、数据管理、金融、外部访问等用于辅助个人日常生活的软件;人工智能(AI)软件是指专家系统、人工神经网络、模式识别、定理证明等利用非数值算法解决不能通过计算或直接分析得到答案的复杂问题的软件。另外还要注意那些逐渐"老化"或"退化"软件,可以归类为遗留软件。例如,很久以前开发的、经多次修改而变得不可维护的信息系统、由于不断修改而无人了解其内部结构的用于生成关键设计数据的工程计算软件、表现奇怪甚至无法解释其行为却又不得不使用的核电站控制/航空调度/工厂管理等嵌入式系统。

要特别注意的是软件那些与硬件不同的特征。例如,软件不像硬件那样由传统方式制造产生而是开发而来,一旦完成易于复制;软件不像硬件产品会"磨损"但却会"退化";大部分软件不能像硬件那样用"组件"进行组装和维护。

1.2.2 软件工程

软件是开发出来的,人们的生活和工作方式越来越依赖于软件开发的成果。软件产品使得人们的办事效率更高,能让人们拥有更安全、便捷和舒适的生活和工作环境。软件在信息社会中占有的地位越来越重要,软件产业已成为当今社会的支柱产业之一。但是,很多软件产品在成本、进度、质量等方面依然存在较为严重的问题。产生这些问题的主要原因有软件的特性、产品的规模、用户的期望等。软件本身具有的复杂、不可见、易变等天然特性使得软件产品成为复杂的人造系统;对于个人或小组开发中小型软件有效的程序设计技术和过程难以适用于需要大量开发人员和时间的具有数百万行代码的大型复杂系统的开发;不断更新换代的计算机软硬件技术推动软件产品需求的不断变化升级,提升了用户的期望,包括进一步降低成本、缩短开发时间、提高质量等。这些问题使得软件开发的成功率不高,因此引发了软件危机。因此,随着软件应用的日益广泛及软件规模的扩大,人们开发、使用、维护软件就不得不采用工程的方法,以求经济有效地解决这些软件问题,克服软件危机。

1968年,北大西洋公约组织(NATO)在德国加米施(Garmish)召开学术会议,为应对软件危机的挑战,提出了软件工程的概念,希望借鉴传统工程的原则和方法来克服软件危机。软件危机的主要特征有软件开发周期大大超过规定日期、软件开发成本严重超标、软件质量难于保证等。因此,软件工程是为了解决软件危机而产生的旨在提高效率、降低成本、保证质量的一整套工程方法。

简而言之,软件技术面临的首要问题是规模的日益扩大及由此带来的复杂性和生产率问题。软件产品是否成功,可以按用户是否在使用作为衡量。以此为标准,微软的Windows操作系统无疑是成功的软件产品典范。下面以微软的操作系统为例来说明软件技术面临的主要问题。Windows 95的指令代码约为一千万行,Windows 2000达到了五千万行之巨,参与开发的项目经理达250多人,开发人员约为1700人,测试人员约为3200人,由此可见软件产品规模之大及蕴含其中的软件复杂性(软件一直在补漏洞)和生产率(长期升级维护)问题。因这些问题而导致的软件开发失败更是举不胜举。例如,在海湾战争期间(1991年2月25日),美国在沙特阿拉伯达摩地区设置的爱国者导弹拦截伊拉克的飞毛腿导弹失败,使得飞毛腿导弹击中一个美军军营,导致28名士兵丧生,原因是爱国者导弹系统时钟内的一个由浮点数精度问题引起的软件错误;1995年12月,一架泛美航空公司的飞机在哥伦比亚失事,机上163人遇难,仅4人生还,原因是机长向飞机自动导航系统输入了一条不正确的单字母计算机指令。软件开发失败的根本原因是开发人员实现的产品达不到用户的要求。

现在,商用软件可以在市场中直接购买,企业的信息系统可以交由第三方厂商完成而无须雇佣大量程序员自行开发,软件外包式的协同开发导致开发成本更低、时间更短、质量更高。这些都使得软件竞争更趋激烈。软件工程以提高质量、降低成本、缩短工期为目的,应用计算机科学、数学和管理科学等原理来开发软件,是一门交叉学科。它的主要研究内容包括软件开发方法学、软件开发过程、软件工具和软件工程环境等软件开发技术,以及软件管理学、软件经济学、软件心理学等软件管理技术。

软件工程有过程、方法、工具三个要素,如图1-5所示。其中,过程是软件工程的基础,是技术的"黏合剂",对按时开发软件起保障作用;方法为软件构造提供"怎么做"的技术,包括沟通、需求分析、设计建模、程序构造、测试和支持等;工具对过程和方法提供自动或半自动化支持,可把工具集成起来形成计算机辅助软件工程(CASE)系统,以有效支持软件开发。

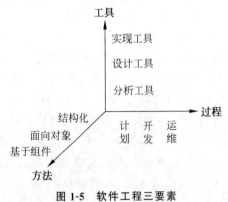

图1-5 软件工程三要素

早期的软件工程模仿硬件生产从小作坊到现代大工厂的工程化过程,将软件生产过程进行阶段划分、任务分割和人员分工,为各阶段和整个生存期规定一定的产品、规则和方法。这就是软件的工业化生产过程。这个时期的软件工程是"制定和使用的良好的工程原则和方法以经济地获得在真实机器上可靠而有效地工作的软件"。1983年,IEEE把软件定义为"计算机程序、方法、规则、相关的文档资料以及在计算机上运行时所必需的数据",把软件工程定义为"开发、运行、维护和修复软件的系统方法"。1993年,IEEE对软件工程进行了更加综合的定义,认为软件工程包括两方面的含义,一是"把系统化、规范化、可度量的方法应用于软件的开发、运行和维护,即把工程应用于软件",二是对那些"系统化、规范化、可度量的方法进行研究"。

软件开发中的主要问题可以归纳为软件开发无计划、软件需求不充分、软件开发过程无规范、软件产品缺乏评价手段等。传统工程具有强调规范化、强调文档化等明显特点。一个好的工业都有一套良好的标准来配套。因此，软件的工业化生产过程显然应该具备明确的工作步骤、详细具体的规范化文档、明确的质量评价标准等特点，即强调软件产品的标准化和软件开发过程的标准化，从只考虑编写程序上升到涉及整个软件生存周期。对于程序员来说，要具备软件工程意识和能力，首先是要转变对软件开发的认识，从"程序"视角上升到"系统"或"产品"视角；其次是转变思维定式，从"程序员"思维上升到"工程师"思维；最后是加强工程化训练。

当然，因为软件的特殊性，软件工程与传统工程也有很大的不同。例如，软件工程的主要基础是计算机科学而不是自然科学，更关注离散数学而不是连续数学，更关注抽象/逻辑实体而不是具体/物理产品，不存在传统工程中的制造阶段，软件维护指的是持续地开发或演化而不是传统的磨损或破裂。

1.2.3 软件工程学科

计算机和软件技术的快速发展，提高了客户对软件的期望，促进了软件产品的演化，为软件产品提出了新的、更多的需求，增加了软件行业内的竞争，难以在可接受的开发进度内保证软件的质量。1972年，IEEE的计算机协会（IEEE/CS）第一次出版了《软件工程学报》。此后，"软件工程"这个术语被广泛用于工业、政府和学术界，众多出版物、团体和组织、专业会议在使用"软件工程"这个术语，很多大学的计算机科学系先后开设了软件工程课程。20世纪70年代末，美国制定研究生教育计划时采纳了IEEE/CS提出的制定软件工程教程的建议，为软件工程教育奠定了基础。80年代末到90年代初，软件工程教育得到卡内基梅隆大学（CMU）的软件工程研究所（SEI）的培育和支持，包括调查软件工程教育现状、出版软件工程推荐教程、建立CMU软件工程硕士教育计划、组织和推动软件工程教育者研讨会等。

1993年以来，IEEE/CS和ACM开始积极促进软件工程成为独立专业，1994年建立了一个专门小组来负责研究这一问题，1998年成立软件工程协调委员会（SWECC）继续这一研究工作，软件工程知识体系（SWEBOK）就是其研究项目之一。SWEBOK的建立极大地推动了软件工程理论研究、工程实践和教育的发展。

SWEBOK分三个阶段完成，分别是1994—1996年的"草人"阶段、1998—2001年的"石人"阶段和2003—2004年的"铁人"阶段。2001年发布SWEBOK第1版和软件工程师职业资格证书（CSDP）。2004年发布SWEBOK第2版。2008年发布面向大学应届毕业生的初级软件工程师职业资格证书（CSDA）。2014年2月20日，发布SWEBOK第3版，标志着SWEBOK项目达到了一个新的里程碑。

如果说1968年是软件工程开局之年，2004年就是软件工程学科具有重大里程碑意义的一年。这一年，SWEBOK的论证工作吸纳了来自世界70多个国家和地区的大学、企业和机构参加，集中了软件工程领域众多的科学家、学者和企业家的智慧和期望，发布了SWEBOK的具有里程碑意义的版本，推出了计算教程—软件工程卷（CCSE），包括用于本科教育的软件工程教育知识系（SEEK）。这些文件的发布，标志着软件工程学科在世界范围内正式确立，在本科教育层次上迅速发展，软件工程与计算机科学、计算机工程、信息系统、信息技术等并列成为计算学科下的独立学科。

SWEBOK 是软件工程学科的基石,专注于软件工程领域的研发、实践、标准、文献等,是 IEEE 发布的针对软件工程知识领域研究与实践的权威指南。

2004 年版的 SWEBOK 定义了软件工程学科的内涵,包含软件需求、软件设计、软件构造、软件测试、软件维护、软件配置管理、软件工程管理、软件工程过程、软件工程工具与方法、软件质量十大关键域(KA)。其中,前五个 KA 按软件开发生命期的阶段排列,即软件的需求、设计、构造、测试和维护;后五个 KA 是软件开发的支撑或辅助,覆盖软件开发生命周期的若干阶段,即软件的配置、管理、过程、工具/方法和质量。

SWEBOK 还列出了作为软件工程学科 KA 的相关学科,包括认知科学和人的因素、计算机科学、计算机工程、管理和管理科学、项目管理、系统工程和数学等。它们是软件工程发展不可或缺的部分。软件工程的 KA 可被计算机科学、计算机工程、信息系统、信息技术等学科引用。软件工程学科与相关学科间关系如图 1-6 所示。

图 1-6　软件工程与相关学科的关系

2014 年版的 SWEBOK 反映了软件工程近十年的新成果,软件工程知识体系被划分为两大类十五个 KA。其中,软件工程教育需求类有工程经济基础、计算基础、数学基础、工程基础 4 个 KA;软件工程实践类有软件需求、软件设计、软件构造、软件测试、软件维护、软件配置管理、软件工程管理、软件工程过程、软件质量、软件工程模型与方法、软件工程专业实践 11 个 KA。软件工程经济学、计算基础、数学基础、工程基础和软件工程职业实践是新增的。软件工具的内容从原来的"软件工程工具和方法"移到其他各 KA,并将该 KA 重新命名为"软件工程模型和方法",更关注方法。另外,该版本在软件设计中增加了硬件问题的新主题和面向方面设计的讨论,更加突出了架构设计和详细设计的不同,在软件设计和软件测试中增加了人机界面的内容,增加了软件重构、迁移和退役的主题,更多地讨论了建模和敏捷方法,在多个 KA 中增加了对安全的考虑。

SWEBOK 全面描述了软件工程实践所需的知识,为开发本科软件工程教育计划打下了基础。在 SWEBOK 的基础上,IEEE 与 ACM 共同制定了 CCSE。SEEK 专注于软件工程专业教育知识体系规范、人才培养指导、教育实践和方法分析等,是针对软件工程教育问题领域的知识体系指南。CCSE 2004 提出的 SEEK 为制定软件工程本科教学计划提供了指南。SEEK 没有包含 SWEBOK 的所有内容,但涉及了 SWEBOK 的全部 KA,为制定研究生培养计划留下了空间。

SEEK 由 KA、知识元和知识点三个层次组成。它将学生掌握知识点的方式分为知识、理解、应用三个层次,知识点按重要程度分为核心、必修和选修三个类型。SEEK 的基本内容与 SWEBOK 相似,都包含了软件工程核心 KA、基础或前导 KA,以及其他相关领域的知识。SEEK 用"知识"描述学科的整体内容,分为三层结构。其中,最顶层的教育 KA 代表软件工程的子学科,是本科生应该掌握的软件工程知识体系的重要部分,每个 KA 使用一个缩写标识;每个 KA 分成知识单元(简称 KU),表示子学科的独立主题模块,在 KA 标识后面添加几个字母后缀标识 KU;每个 KU 分成若干知识点。KA 及其 KU 如表 1-1 所示。

表 1-1 知识域的知识元

KA/KU	名称	KA/KU	名称
CMP	计算基础	**VAV**	软件验证与确认
CMP.cf	计算机科学基础	VAV.fnd	V&V 术语和基础
CMP.ct	构造技术	VAV.rev	评审
CMP.tl	构造工具	VAV.tst	测试
CMP.fm	形式化构造方法	VAV.hct	人机用户界面测试和评价
		VAV.par	问题分析和报告
FND	数学和工程基础	**EVL**	软件演化
FND.mf	数学基础	EVO.pro	演化过程
FND.ef	软件的工程基础	EVO.ac	演化活动
FND.ec	软件的工程经济学		
PRF	专业实践	**PRO**	软件过程
PRF.psy	团队动力/心理学	PRO.con	过程概念
PRF.com	交流技能(SE)	PRO.imp	过程实施
PRF.pr	专业技能		
MAA	软件建模与分析	**QUA**	软件质量
MAA.md	建模基础	QUA.cc	软件质量概念和文化
MAA.tm	模型类型	QUA.std	软件质量标准
MAA.af	分析基础	QUA.pro	软件质量过程
MAA.rfd	需求基础	QUA.pca	过程保证
MAA.er	需求获取	QUA.pda	产品保证
MAA.rsd	需求规约和文档		
MAA.rv	需求确认		
DES	软件设计	**MGT**	软件管理
DES.con	设计概念	MGT.con	管理概念
DES.str	设计策略	MGT.pp	项目规划
DES.ar	体系结构设计	MGT.per	项目人员和组织
DES.hci	人机界面设计	MGT.ctl	项目控制
DES.dd	详细设计	MGT.cm	软件配置管理
DES.ste	设计工具和评价		

SEEK 包含 3 个计算机学科 KA、7 个软件工程学科 KA 和 1 个应用 KA。其中,计算机学科 KA 有计算基础(CMP)、数学和工程基础(FND)、职业实践(PRF);软件工程学科 KA 有软件建模与分析(MAA)、软件设计(DES)、软件验证与确认(VAV)、软件演化(EVO)、软件过程(PRO)、软件质量(QUA)、软件管理(MGT);应用 KA 有特定系统与应用(SAS)。这些 KA 不包括与连续数学或自然科学相关的内容。

1.3 信息与信息系统

现实世界有两大类系统,一种是诸如人体、太阳系、地球生态等自然形成的系统,一种是诸如汽车、学校、政府等人工制造的系统。从基本粒子到河外星系,从人类社会到人的思维,从无机界到有机界,从自然科学到社会科学,系统无处不在。信息系统是一种特殊的系统,涉及人、数据、过程和IT。什么是信息?信息的本质是什么?什么是系统?什么是信息系统?IS、TPS、MIS、ES、DSS、EIS等术语是什么意思?本节将回答这些问题。

1.3.1 信息

人类社会之所以能够自强不息,不断前进,主要得益于"利用资源,创造工具,扩展能力,推动发展"的机制。古代人类最先学会的是把物质资源加工成材料,用来制造扩展自身体质功能的人力工具,如镰刀、锄头等第一代生产工具,孕育了农业时代生产力,创造了农业时代的文明。近代人类逐步学会了把能量资源转换成动力,利用材料和动力制造可以扩展自身体力功能的动力工具,如机车、机床等第二代生产工具,形成了工业时代生产力,建立了工业时代的文明。现代人类正在学会把信息资源提炼为知识,综合利用材料、动力和知识创制可以扩展人的智力功能的智能工具,称为第三代生产工具,从而培育出信息时代的生产力,把工业时代的文明进一步升华为更加灿烂的信息时代文明。从农业时代到工业时代,从工业时代到信息时代,这是人类利用资源制造生产工具的合理的发展逻辑,是科学技术进步必然导致的结果,是人类历史发展的必然进程。

事实上,自有人类文明以来,人们就知道了信息的存在,利用信息已经成为人类的本能。但是,如何将信息作为一种资源加以利用,就不仅仅是简单的技术问题,而是与人类文明的发展、与人类社会的飞跃密切相关的决定性因素。当今,信息已成为各组织的重要资源,从普通的操作控制、自动化,到关键的决策、战略、规划,信息资源的应用范围越来越广泛,对信息资源的管理已成为现代企业非常重要的任务,企业使用现代化的信息管理系统对信息进行管理已是必然趋势。信息管理系统被部署在一个称为信息技术平台的计算环境中。信息管理对技术的需求源于现代企业对"及时性"和"准确性"信息的双重需要。

信息和理解信息的价值,是信息管理系统的核心。信息与数据相互关联,但区别很大。信息不仅被视为一种资源,而且被认为是最有价值的资源。如果使用得当,信息资源可以提升企业的竞争优势。留意"有价值的"信息是人类的本能。人类的大脑可以感知信息"价值"的大小程度,并根据所感知的价值对信息进行优先级排序。例如,一个正在开车的人注意到有个孩子突然横穿公路,他"估计"如果不停车将会撞到这个孩子,同时他感到额头有一种发痒的感觉。这种情况下,驾驶者的大脑对从不同感官输入的两个信息排序,第一反应是发送信号到右脚踩刹车踏板把车停下来,车停好后大脑才对发痒有反应。人们每天都在无意识地这样做。信息因其所处环境而有着不同程度的价值。在进行商业决策时,人们会对有价值的信息进行优先排序。

信息的价值,有的显而易见,但大部分必须经过挖掘才能知道。信息为业务提供的价值有几种类型。例如,竞争对手的产品发布日期(这是竞争对手的秘密),自家企业在一段时间内的市场销售总额。对于前一种情况,信息非常直观,只是几条数据而已,困难的是如何获得这几条数据;对于后一种情况,数据易于获得,通过处理这些数据可以创建信息,困难的是对数据进行处理以创建信息而不是数据如何获得(当然如何获取数据也很重要,但没有前一种情况那样重要)。前一种类型的信息主要通过商业间谍活动来处理,企业处理的主要是后一种类型的信息,即内部数据的获取、存储和分析,为决策创建信息。

在数学上,可以把信息定义为一个事件发生的概率的函数。假设有一个发生概率为 p 的事件 E,事件发生的概率越接近 0,信息的价值越大。例如,如果有人告诉你太阳明天会从东方升起,你就不会认为这个消息是"有价值的"信息。因为太阳明天在东方升起这个事件是肯定,因此这个信息几乎没有信息。但如果有人告诉你五分钟内你这里会地震,这条消息就是"大有价值的"信息。因为你这里发生地震的概率非常小,因此这个信息的价值就非常大。所以,一个事件发生的概率越大,其信息就越低。

香农(Shannon)对信息的数学定义为

$$h(p) = -\log_2(p), \quad 0 < p \leqslant 1。$$

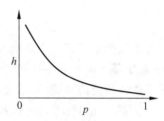

图 1-7 信息的价值与事件的发生概率之间的关系

$h(p)$ 是信息量的度量,也称为用比特(bit)测量的信息函数。p 是一个事件发生的概率。$h(p)$ 是一个值从 ∞(当 p 为 0 时)到 0(当 p 为 1 时)的递减函数,如图 1-7 所示。

随着 p 的增大,信息的价值呈指数级下降。这就意味着,事件按预料的情况开始发生时,关于该事件的信息的价值就开始降低;事件确定发生概率为 1 时,其信息价值变为 0。

另一个与信息测量相关的概念是熵(entropy)。这是一个物理学概念,表示一个系统中随机程度的度量。香农建议把它用于信息论。信息论的熵是在考虑一组事件时,对事件之一的发生的信息的数学期望。假设有 n 个事件 $E_1, E_2, \cdots, E_n$,出现的概率分别是 $P_1, P_2, \cdots, P_n$,所有概率都大于 0,所有概率之和为 1。定义熵函数为

$$H(P_1, P_2, \cdots, P_n) = \sum_{i=1}^{n} P_i \log_2 P_i; \quad p_i \geqslant 0, \quad \sum_{i=1}^{n} P_i = 1$$

熵是对预期信息的一种度量,有时也认为是对不确定性的度量。

1.3.2 信息系统

系统是一组为达成必要结果而一起工作的相关元素。系统可以分为一般系统和复杂系统。其中,一般系统是指"相互联系、相互作用的诸元素的综合体",强调元素间的相互作用及系统对元素的整合作用,蕴含系统的有界性。复杂系统是指"由相互作用、相互依赖的若干组成部分结合而成的,具有特定功能的有机整体,这个有机整体又是它所从属的更大系统的组成部分",强调系统的无限性。

一般系统的模型如图 1-8 所示,包含输入、处理、输出、反馈、控制、边界等相互关联的元素。系统根据设定的"控制",在其"边界"接收"输入",对输入的东西进行"处理","输出"处理结果,并提供"反馈"机制采取必要的纠错行动。这些元素一起工作可达成必要的结果。该模型强调了"边界",表示系统的有界性,即系统是有一定范围的。边界之内是系统,边界

之外是系统所在的环境。"边界"之内的范围就是要实现的结果(目标或产品)。我们的目标之一是找到系统"边界"及系统内部的元素及其相互关系,将其他东西排斥在系统之外,可以降低风险,简化系统的实现。

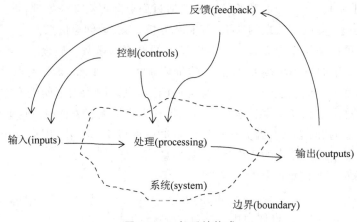

图 1-8 一般系统构成

对于复杂系统,"一个系统是它所从属的更大系统的组成部分"是一个递归定义。换句话说,系统都不是孤立存在的。可以按层次把系统划分为超系统、目标系统、子系统。目标系统是正在研究的系统,超系统是目标系统所从属的更大的系统,子系统是组成目标系统的系统。子系统在目标系统的内部(即"边界"之内),我们的另一个目标就是找到系统与其超系统之间的关系。了解系统的无限性和有界性,对认识复杂系统很有帮助。

信息系统除了具有一般系统模型的元素之外,还有人、数据和规程等元素,如图 1-9 所示。人体本身就是一个信息系统。在没有 IT 的情况下,信息系统中的"人"承担了主要的工作,包括按预定规程输入数据、处理数据、输出数据、提供反馈或进行控制等。随着 IT 的应用,人们开始考虑用 IT 代替"人"的大部分工作,实现信息系统的自动化。这样的信息系统称为自动化信息系统。自动化信息系统就是把"IT"作为系统的一部分一起使用的信息系统。因此,它除了具有信息系统的元素外,还有 IT 等元素,如图 1-10 所示。

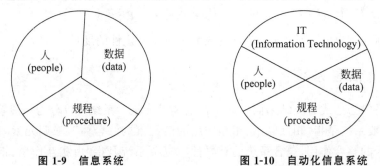

图 1-9 信息系统　　　　　　图 1-10 自动化信息系统

自动化信息系统是一种供人们使用以完成任务的人工制造系统,在功能方面与人体信息系统相似,如表 1-2 所示。人体信息器官包括感觉器官、神经网络、思维器官、效应器官等。其中,感觉器官用于获取信息,对应 IT 的信息获取技术;神经网络用于传递信息,对应 IT 的信息传输技术;思维器官用于处理信息,对应 IT 的信息处理技术;效应器官用于使用与反馈信息,对应 IT 的信息应用技术。

表 1-2 人体信息器官与 IT 的对比

人体信息器官	IT	功　能
感觉器官	信息获取技术	获取信息
神经网络	信息传输技术	传输信息
思维器官	信息处理技术	处理信息
效应器官	信息应用技术	应用信息

在不引起混淆的情况下，一般把自动化信息系统简称为信息系统。所以，信息系统是一个关于人、数据、规程和 IT 的系统，它们相互作用以获取、处理、存储和输出支持企业所需的信息。

信息系统通过对数据进行分析、对比等，改进工作流程、提升办事效率，为管理者制定战略决策提供信息。可以根据多种方式对信息系统进行分类，其中较为经典的是 20 世纪 80 年代提出的按组织的金字塔层次结构划分信息系统的类型，如图 1-11 所示。

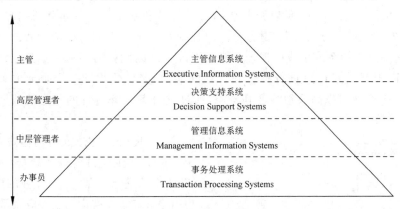

图 1-11　信息系统经典分类

事务处理系统（TPS）、管理信息系统（MIS）、决策支持系统（DSS）、主管信息系统（EIS）是四种经典的信息系统。

TPS 是一种能获取和处理事务数据的信息系统。TPS 的主要作用就是处理各种事务，关注的是通过对业务过程的自动化来提升运行效率。一个组织有人力资源系统、财务系统、产品制造系统、市场营销系统等各种类型的 TPS。利用基于互联网技术的 TPS 可以异地办事。TPS 是 MIS 的基础。

MIS 是一种能基于事务处理和组织运行提供管理报告的信息系统。MIS 的主要作用是提供关于事务、事务总结和计划偏差等报告，为实施例行业务功能提供历史和当前信息，即辅助中层管理者进行事务性决策。MIS 一般按周报、月报、季报和年报等形式提供管理信息。例如，当年一段时间内周销售额与去年同期周销售额的对比报告，用历史数据来分析和预测销售趋势。MIS 可以下单交付周期报告等形式向生产制造系统提供管理报告，使得生产制造部门及时完成订单任务。MIS 还可以为人力资源部门提供管理信息，如平均离职率、机构臃肿的部门、薪资涨幅等，帮助人事部门发现关键问题、制定政策并解决问题。

DSS 是一种能为确定决策时机和做决策提供帮助的信息系统。DSS 的主要作用是通过提供数据和模型为管理者做决策提供支持。DSS 使用功能强大的建模和分析工具来展现数据，使得管理层能做出明智的决策。DSS 数据库中的数据来自 TPS 和生产、财务、存货等数据库。DSS 内置的电子表格、模拟工具可辅助管理者对数据进行建模和分析,例如实施"假定推理""回归分析"等。DSS 提供的用户接口方便管理者选择要分析的数据和对相关数据进行建模和模拟的工具。

EIS 是支持企业主管做计划和分配等要求的信息系统。EIS 的主要作用是为企业主管提供与企业发展有重大影响的要素相关的信息,即辅助主管做战略性决策。EIS 可以根据主管的习惯进行调整。

常见的信息系统还有办公自动化(OA)、商务智能系统(BI)、专家系统(ES)、企业资源规划(ERP)等。其中,OA 是指支持业务办公活动的信息系统,目的是改进办公人员的工作流;BI 用于从各种业务系统的海量数据中提炼相关信息,目的是洞察做决策的过程;ES 是指获取工作人员的专业知识并进行模拟的信息系统,目的是让非专业人员能使用专业知识进行决策。

ERP 用于对业务功能进行自动化。它提供了跨企业基础设施的集成数据解决方案。ERP 是一种可配置信息系统,可以跨职能部门对信息和基于信息的过程进行整合。例如,某企业已经为其计划、生产、后勤、财务等部门分别开发了独立运行的应用程序。由于没有共享数据,这些独立的系统生成的报告可能并不准确。因此就需要一个信息系统能进行跨部门整合。ERP 具有对信息进行整合和管理的能力,能优化贯穿整个企业的各部门的服务。利用 ERP,企业可以高效地管理其资源,通过整合各业务过程的信息达成降低成本和提升效率的目的。

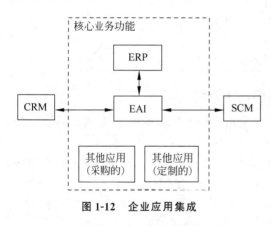

图 1-12 企业应用集成

与 ERP 密切相关的还有客户关系管理系统(CRM)和供应链管理系统(SCM)。其中,CRM 指的是能在客户访问企业的过程中提供售前服务和支持咨询的软件应用系统,目的是使得客户可以通过互联网访问企业进行"自服务";SCM 是指能把企业后勤系统和供应商整合起来以优化原材料采购业务过程的软件应用系统。把所有这些技术集成起来就形成了企业应用集成系统(EAI)。EAI 是指连接各种应用程序以支持数据和信息在这些应用程序之间流动的过程和技术,如图 1-12 所示。

EAI 解决方案通常是基于中间件(middleware)的。中间件是指利益相关者用于开发和维护信息系统和软件的一组活动、方法、最佳实践、可交付和自动化工具。EAI 还能在企业的战略管理中起到不可估量的作用。战略管理指管理上的决策和行动,以确保企业形成并维持所在环境中的利益。实施战略管理的企业,能激发职员的积极性,提升竞争力,发现新的商机。

1.3.3 信息系统学科

20 世纪 70 年代初,ACM 和数据处理管理协会(DPMA)开始研究信息系统课程设置问题,推出了多个信息系统本科教学课程指南。信息系统课程指南 IS'90 于 1988 年起草,1990 年 10 月完成,1991 年 7 月发布最终版本。1994 年 2 月,ACM、信息系统协会(AIS)、DPMA 组成联合工作组,起草 IS'95,更新了 IS'90 的信息系统主体知识。随后,ACM、AIS

和信息技术职业协会(AITP,前身是 DPMA)推出的 IS'97 成为信息系统学科建设和评价的基础。五年后推出了 IS'97 的修订版信息系统专业教程分卷 IS2002,成为信息系统专业教育深具影响的指导性文件。信息系统专业还有管理信息系统、计算机信息系统、信息管理、商业信息系统、信息技术、信息技术系统、信息科学等名称。我国与信息系统专业相当的是由经济信息管理、信息学、科技信息学、管理信息系统、林业信息系统等专业合并而来的信息管理与信息系统(IM&IS)专业。

信息系统专业的首要目标是使组织可以利用计算机和通信及相关信息技术实现面向客户服务的战略目标。信息系统是业务基础、技术、分析和批判思维、人际关系、沟通和团队技能等领域形成的交叉学科,由技术驱动业务开发,强调技术的中心作用,如图 1-13 所示。作为 CC2004 的重要组成部分,IS2002 提出的课程体系涉及数学、统计学、经济学、信息系统等学科。其中,信息系统核心课程包括信息技术、信息系统基础、信息系统理论与实践、信息系统开发、信息系统配置和管理过程五大类,如图 1-14 所示。其中,上方虚线框为必备的基础知识和能力,中右虚线框是其他学科专业领域课程,实线框就是信息系统核心课程。IS2002 具有代表性的课程序列如图 1-15 所示,包括信息系统领域的一般课程、专门的信息技术课程,以及系统开发、部署和项目管理课程。其中,物理设计和具有数据库管理系统(DBMS)的实现是利用数据库建模知识设计和实现信息系统,新环境下的物理设计与实现是指利用商务智能战略、架构等新技术设计和实现信息系统。一种是一般信息系统的开发方法,一种是在新形势、新技术等环境下的信息系统开发方法。

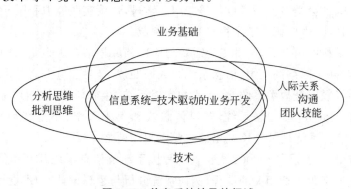

图 1-13　信息系统涉及的领域

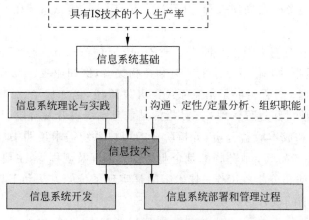

图 1-14　信息系统课程体系

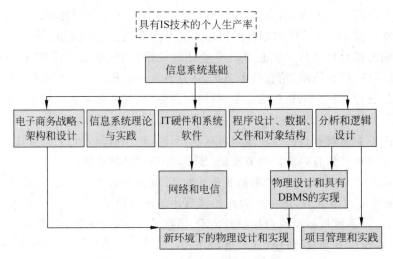

图 1-15 IS2002 具有代表性的课程序列

1.4 信息系统与软件工程的关系

信息系统与软件工程一样，都是多学科交叉的边缘性学科，不仅涉及计算机科学，还涉及管理学、行为学、社会学等。两者也都是应用性学科，强调实践能力和服务技能，既要掌握专业基础知识和技能，也要拓宽学术视野和应用领域。

从软件工程学科的角度看，软件工程需要与应用领域相结合。为此，SEEK 列出了十五个应用领域，包括基于网络的系统、信息系统和数据处理、金融和电子商务系统、容错和可存活系统、高安全系统、安全攸关系统、嵌入式和实时系统、生物学系统、科学系统、电信系统、航空和交通系统、工业过程控制系统、多媒体游戏和娱乐系统、小型移动平台系统、基于 Agent 的系统。信息系统是 SEEK 列出的主要应用领域之一。

从信息系统学科角度看，IS2002 提出的课程体系涉及信息系统开发和信息系统部署与管理过程等与软件工程密切相关的课程，例如系统分析与逻辑设计、物理设计和具有 DBMS 的实现、新环境下的物理设计与实现、项目管理和实践等。

从信息系统的整个生命周期来看，由于关注点的不同，信息系统在不同人的眼里也是不一样的，如图 1-16 所示。

信息系统的生命周期涉及 3P（即人员—People、过程—Process、产品—Product）、业务和技术。其中，人员指的是信息系统的所有利益相关者，例如业主、用户、设计师、构造者，以及分析员和项目经理；过程指的是信息系统的开发阶段，例如启动、分析、设计、实现，以及覆盖各开发阶段的项目和过程管理；产品指的是信息系统各开发阶段产生的工件，例如，启动阶段的系统愿景和成本收益分析、分析阶段的用户系统需求说明书、设计阶段的设计蓝图、实现阶段的最终产品等；业务指的是企业的业务流程及规程等，主要用于驱动信息系统开发项目前期的启动和分析等工作；技术指的是实现系统的方法和工具，主要用于驱动信息系统开发项目后期的设计与实现等工作。

在信息系统的利益相关者中，业主是为系统付费的人，他们为系统设定愿景和优先级，

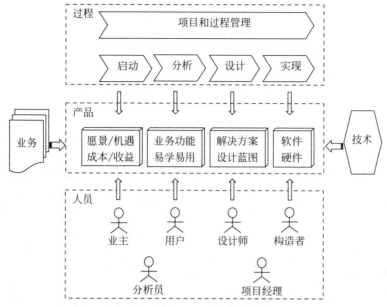

图 1-16 信息系统的视角

关注用信息系统解决问题的成本和收益,以及发掘机遇;用户为系统定义业务需求和期望,强调信息系统为其工作所提供的功能,以及易学易用要求;设计师把业务需求转换为可行的技术解决方案,视信息系统为"设计蓝图",为建造最终的信息系统提供指南;构造者构造、部署和维护信息系统,视信息系统为实现系统的"软件和硬件"。可见,这四种利益相关者各自关注点非常不同,有宏观、微观之异,有技术、非技术之别。在需要基于计算机系统的解决方案的业务人员和了解信息技术的技术人员之间存在沟通方面的困难。系统分析员的任务就是在双方之间架起沟通需求的"桥梁"。项目经理则从范围、成本、进度、质量等方面对信息系统开发项目实施管理。业主主要工作在启动阶段,用户主要工作在分析阶段,设计师主要工作在设计阶段,构造者主要工作在实现阶段,系统分析员和项目经理全程参与。

进入 21 世纪以来,经济全球化、企业信息化迅猛发展,学科交叉与渗透日益紧密。信息系统是软件工程的服务对象,没有软件工程的支撑,信息系统开发的失败率很高。因此,信息系统与软件工程有着密不可分的关系。

习题

本书提供在线测试习题,扫描下面的二维码,可以获取本章习题。

在线测试

第一篇

理 论 篇

- 软件开发过程
- 软件开发方法
- 软件需求工程
- 软件设计工程

第 2 章

软件开发过程

CHAPTER 2

　　做任何事情都需要一个过程,以便按一定的步骤解决问题。生命周期就是一种过程。人的一生可以按时间划分为孕育、出生、成长、成熟、老化、逝去等若干阶段,也就是一个完整的生命周期。软件也有生命周期。软件的生命周期是指一个软件产品从计划、开发、使用直至淘汰的所有阶段,也称为软件过程。软件开发生命周期则是关于开发软件产品的结构化过程,也称为软件开发过程。在一个生命周期中,需要进行各种活动。这些活动需要按一定的时间顺序进行,即活动之间有先后、并行、嵌套或重复等顺序关系。这些顺序关系称为过程流。在实际工作中,选择或设计过程流时,要考虑应用的领域、项目的规模和复杂性、要采用的方法和工具、要交付的产品等。有的过程流非常适合解决某类问题,在长期实践应用中形成了一套涵盖过程、方法和工具的开发策略。这种策略称为工程范型或过程模型。本章介绍软件工程的过程要素,这有助于理解软件产品是如何被创建、实现和使用的。

2.1 软件开发生命周期

软件开发是根据用户要求构建软件系统或者基于计算机的系统中的软件部分的过程。对于一般问题,软件开发可以特指编写和维护程序代码的过程。对于复杂问题,软件开发可以包括从软件需求概念到软件最终出品之间的全过程。软件开发生命周期(SDLC)是一个软件开发过程,指软件开发生命周期所涉及的一系列相关过程。SDLC在早期借鉴了制造业和建筑业的一些经验。本节从建筑工程入手介绍软件开发的过程和框架,从过程的角度加深对软件过程的理解。

2.1.1 模仿传统工程

SDLC在早期借鉴了制造业和建筑业的一些经验。例如,一个建筑工程项目涉及建设、勘察、设计、施工、监理等单位。其中,建设单位执行国家有关建设方针、政策和各项规定,编制和组织实施建设计划,组织建设材料、设备等的采购和供应,履行法律手续,签订勘察设计施工合同,验收和结算工程等;勘察单位结合项目特点和施工管理要求,制定勘察细则,开展勘察活动等;设计单位根据设计任务书的内容编制设计文件和概预算文件,配合施工单位了解设计文件执行情况等;施工单位承担建设工程施工任务;监理单位依照法律、法规及有关技术标准、建设工程监理规范、设计文件和建设工程承包合同,代表建设单位对施工质量实施监理,并对施工质量承担监理责任。建筑工程不仅需要数学、自然科学、工程基础和专业知识,还要考虑社会、健康、安全、法律、文化及环境等因素。

大型工程项目的建设一般要经历策划、评估、决策、设计、施工到竣工验收、投入生产或交付使用等阶段。建筑工程的建设过程一般如表2-1所示。

表2-1 建筑物建设过程

阶　　段	说　　明
策划决策	项目建议书:以自然资源和市场预测为基础,选择建设项目
	可行性研究:对项目在技术上和经济上是否可行所进行的科学分析和论证
勘察设计	勘察过程:为设计提供实际依据。复杂工程分为初勘和详勘两个阶段
	设计过程:一般划分为初步设计和施工图设计两个阶段
建设准备	按规定做好施工准备,具备开工条件后,建设单位申请开工
施工	具备了开工条件并取得施工许可证后方可开工
生产准备	这是由建设阶段转入经营的一项重要工作,包括招收、培训生产人员;组织有关人员参加设备安装、调试、工程验收;落实原材料供应;组建生产管理机构,健全生产规章制度等
竣工验收	这是全面考核建设成果、检验设计和施工质量的重要步骤,也是建设项目转入生产和使用的标志
考核评价	这是工程项目竣工投产、生产运营一段时间后,再对项目的立项决策、设计施工、竣工投产、生产运营等全过程进行系统评价的一种技术活动,是固定资产投资管理的最后一个环节

规模较大的软件像建筑物一样有一个生产、使用和淘汰的过程。软件开发可以像建筑物建造一样,遵循一定的过程,划分与建设工程类似的阶段:开始、精化、构造、移交等,如表 2-2 所示。

表 2-2 软件开发过程

建筑工程建设过程	软件开发过程	说　　明
策划决策	开始	为系统建立业务案例,划定项目范围
勘察设计	精化	细化问题域,建立架构,做项目计划
建设准备		排除项目的高风险元素
施工	构造	组件开发、产品集成、测试
生产准备	移交	将软件产品移交给客户
竣工验收		客户评估移交的软件产品
考核评价		客户基于评估给出反馈信息

20 世纪 40 年代,早期第一批数字计算机问世的时候,操作计算机的指令是与机器密切相关的。人们很快便意识到了这样的设计不够灵活并发明了存储程序体系结构或称为冯·诺依曼体系结构。基于这种体系结构的计算机,软件和硬件是分离的。其中,软件是一种抽象,用于处理计算复杂性。

20 世纪 50 年代早期,编程语言开始出现。编程语言是软件抽象的主要步骤。50 年代后期,发布了一些主要的语言,如进行科学计算的 Fortran、用于算法研究的 ALGOL、处理业务问题的 COBOL 等。那个时代的软件开发是模仿硬件工程,建造软件就像建造硬件。那时,在软件团队工作的人员一般是硬件工程师或数学专业人才。由于硬件昂贵,计算成本高,他们在计算机上运行代码前就必须三思而后行。因此,那个时代的程序员就不得不保持一些良好的做法。例如,确认检查、安全检查、手工执行程序等。

1951 年,麻省理工学院林肯实验室着手为美国空军设计半自动地面防空系统 SAGE,旨在开发一套集监测、追踪和阻止敌机轰炸于一体的系统。作为时代的代表,SAGE 项目聚集了世界顶尖的雷达工程师、通信工程师、计算机工程师,以及新兴的软件工程师。系统于 1963 年完工,被认为是计算机技术和通信技术结合的先驱。

在 SAGE 中,美国在加拿大边境设立警戒雷达。在北美防空司令部的信息处理中心有数台大型字电子计算机。警戒雷达自动录取飞机的方位、距离和高度等信息,转换成数字信号,用数据通信设备传送到信息处理中心;大型机自动接收这些信息,加工处理计算飞机的飞行航向、速度和瞬时位置,判别是否入侵,将这些信息迅速传送到空军和高炮部队,使他们有足够的时间做好战斗准备。这种将计算机与通信设备结合使用,在人类历史上尚属首次,是一种创新。没有计算机与通信技术相结合的尝试,也就不会有这样先进的计算机网络。SAGE 的软件开发计划,也成了软件工程最崇高的事业之一。当时美国大约有 1200 名程序员,为 SAGE 项目工作的就有 700 人。用于 SAGE 项目的软件开发过程如图 2-1 所示。

2.1.2　通用过程框架

做任何事情都需要一个过程,以便按一定的步骤解决问题。例如,解数学题的过程,可以划分为审题、解题、验证答案等步骤。

与工程相关的工作可以分为定义、开发、维护三个阶段。其中,定义阶段关注"做正确的事",即要做什么,包括要处理的信息、要达成的功能/性能/行为,以及界面、约束、验收标准等,这个阶段一般包括系统工程、项目计划、需求分析等任务;开发阶段关注"正确地做事",即如何做,包括数据的结构化、架构到功能的转化、细节的实现、界面的表示、设计到编程语言的转换、执行测试等,这个阶段一般包括软件设计、代码生成、软件测试等任务;维护阶段关注"变化",即在现有软件的基础上重复前两个阶段的步骤,完成纠错、适应性修改、增强扩能、预防退化等任务。

在一个生命周期中,可以进行各种活动,每个活动可以划分为若干行动,每个行动又可以细分为若干任务。在不考虑应用领域、项目规模和复杂性的情况下,可以为生命周期定义一个过程框架,以便有效地利用各种工程技术,如图 2-2 所示。

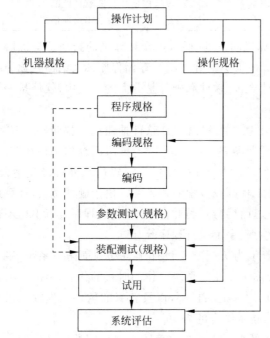

图 2-1 SAGE 的软件开发过程(1956 年)

图 2-2 通用过程框架

通用框架可以定义两类活动,一种是支持活动,一种是框架活动。其中,支持活动包括项目追踪与控制、技术复审、软件质量保证(SQA)、软件配置管理(SCM)和风险管理等,贯穿于整个过程模型;框架活动包括计划、建模、构造、部署等。框架活动之间有先后或并行等顺序关系。这些顺序关系称为过程流。过程流描述了如何按时间顺序组织框架活动和出现在每个框架活动内的行动及其任务,一般有线性、迭代、演化、并行等。其中,线性过程流按计划、建模、构造、部署等顺序依次执行;迭代过程流的顺序与线性过程流相同,但在进入下一活动前,前面的一到多个活动可以重复;演化过程流指活动呈环形执行多轮,每轮交付一个更完整的版本;并行过程流指有的活动可以并行执行。

2.1.3 软件过程模型

通用过程框架的活动可用于所有的软件项目。但在实际工作中,选择或设计过程流时,要考虑应用领域、项目规模和复杂性,以及采用的方法和工具、要交付的产品等。有的过程流非常适合解决某类问题,在长期的实践应用中形成了一套涵盖过程、方法和工具等和实体建造阶段的开发策略。这种策略称为软件工程范型或软件过程模型(process model)。一些较为流行的软件过程模型如表 2-3 所示。

在这些模型中,UP 由伊瓦尔·雅各布森(Ivar Jacobson)、格雷迪·布奇(Grady Booch)和詹姆斯·罗姆堡(James Rumbaugh)共同创建;XP 由贝克(Beck)提出;ASD 由吉姆·海史密斯(Jim Highsmith)提出;Scrum 的名字源于橄榄球比赛的活动,由杰夫·萨瑟兰(Jeff Sutherland)提出,施瓦伯尔(Schwaber)和比德尔(Beedle)发扬光大;Crystal 由阿利斯泰尔·考克伯恩(Alistair Cockburn)和吉姆·海史密斯创建;FDD 由皮特·考德(Peter Coad)提出,斯蒂芬·帕尔默(Stephen Palmer)和约翰·费尔辛(John Felsing)改进和扩展。

表 2-3 常见的软件过程模型

类 别	模 型	特 点
传统过程模型	瀑布	也称经典生命周期模型,强调软件开发的系统性和顺序性。该模型是软件过程模型的主要源头,梳理该源头有助于理解其他过程模型
	增量	结合了线性流和并行流的特点,即多个线性流按时间进度交叠,每个线性序列产生软件的可交付"增量"
	演化	以迭代方式开发越来越完整的软件版本。例如,原型模型经过简单计划、快速设计,为用户可视部分的软件表示构造原型,用于利益相关者评估和反馈,以改进需求;螺旋模型结合原型的迭代性以及瀑布模型的系统性和可控性,是一种风险驱动的过程模型生成器,用于指导以软件为主的系统的多利益相关者的并发工程
	并发	其他过程模型的混合并用,也称并发工程
特定过程模型	基于组件开发	结合螺旋模型的许多特点,本质上也是一种演化模型,以迭代方式建造软件,只不过是用预先打包的软件组件构造应用程序
	形式化方法	使用严谨的数学符号来说明、开发和验证计算机系统,输出的是软件的形式化数学规约。净室软件工程是其变体之一
	AOSD	面向方面(aspect)的软件开发,也称 AOP,即面向方面编程,提供定义、说明、设计和构建软件的"方面"的过程和方法
统一过程	UP	强调"用例驱动、以架构为中心、技术和增量"等软件过程特性。该模型较为复杂,集成了许多优秀的"最佳"实践,可以对它进行裁剪以适应自身团队的过程需要
个体和团队过程模型	PSP	个人软件过程,强调对个人生产的工件及其质量的度量,强化开发人员对估算和进度等项目计划和工件的责任心
	TSP	团队软件过程,旨在建立自组织的"自我导向"项目团队,以开发高质量软件
敏捷过程模型	XP	极限编程,用贝克提出的沟通、简单、反馈、勇气和尊重驱动 XP 的活动、行动和任务,使用面向对象范式,强调计划、设计、编码和测试等框架活动
	ASD	自适应软件开发,是一种用于构建复杂软件和系统的技术,强调人的协作和团队的自组织,包含推测、协作和学习等阶段
	Scrum	橄榄球赛模型,用于指导包含需求、分析、设计、演化和交付等框架活动的过程中的开发活动

续表

类别	模型	特点
敏捷过程模型	DSDM	动态系统开发方法,通过在可控项目环境使用增量原型,为有严格时间限定的系统的构建和维护提供一个框架。该模型借鉴了帕累托(Pareto)原理,即一个应用程序的80%的功能可以在交付该应用程序所有功能所需时间的20%中完成。它的每个迭代都遵循80%原则,即每个增量只要可以工作就可以转移到下个增量,其余细节在以后业务需求更清晰或要求进行适应性修改的情况下完成
	Crystal	水晶模型,强调机动性,定义了一组方法、角色、过程模式、工件和实践,对不同类型的项目有效
	FDD	特征驱动开发,主要针对的是面向对象软件工程,是一个自适应的敏捷过程
	LSD	精益软件开发,采用精益制造,倡导质量为先、反对浪费、创造知识、重视承诺、快速交付、尊重他人、集体意识等

2.2 软件工程与瀑布模型

"半亩方塘一鉴开,天光云影共徘徊。问渠那得清如许,为有源头活水来。"从1968年世界上首次软件工程大会召开到现在已经过去了半个多世纪,软件工程已经发生了天翻地覆的变化。如图2-1所示的由硬件工程师设计用于SAGE项目的软件开发过程是之前已经在软件开发中用了较长时间的顺序化瀑布模型的改进版。瀑布模型从诞生到20世纪80年代初,一直都是使用最为广泛的软件开发过程,影响深远。我国最初的关于计算机软件开发规范的国家标准GB 8566—1988将软件生存周期划分为可行性研究与计划、需求分析、概要设计、详细设计、实现、组装测试、确认测试、使用和维护8个阶段,从中可以看到瀑布模型思想的影子。过程不是僵化的,从瀑布模型出发,对过程展开研究,选择或设计较适合所开展项目的过程模型,可以大幅提升项目效率。本节以瀑布模型为线索,对软件工程术语和软件开发过程溯源,了解软件工程在曲折发展过程中解决了什么问题,以及是如何解决问题的,以进一步理解软件工程、软件过程、软件开发、编程等基本概念。

2.2.1 软件工程术语起源

视频讲解

2018年5月27日至6月3日,第40届软件工程国际会议(ICSE 2018)在瑞典哥德堡(Gothenburg)举行,弗雷德里克·布鲁克斯(Frederick Brooks)和玛格丽特·汉密尔顿(Margaret Hamilton)在全会致辞中敬祝"软件工程"诞生50周年。

2008年5月14日至16日,在德国迷人的小镇加米施举办了"软件工程"40周年纪念会议。彼得·诺尔(Peter Naur)、布赖恩·兰德尔(Brian Randell)、道格拉斯·麦克罗伊(M. Douglas McIlroy)、艾伯特·恩德斯(Albert Endres)、罗吉·达达(Luigi Dadda)等40年前首次软件工程会议的关键人物旧地重聚。40年前正是在此地,举办了首届软件工程会议。

1968年,Friedrich L. Bauer(弗里德里希·鲍尔)在首届软件工程会议上使用"软件工程"作为NATO会议标题。那个时候,人们已经意识到存在"软件危机"。在这个会议上,

"软件工程"这一术语被正式确定下来。这次会议标志着软件工程这个新学科的开始。在会议报告中写道：我们特意选择"软件工程"这个颇具争议性的词，是为了传递这样一种看法，那就是，软件生产有必要建立在某些理论基础和实践指导上——在工程学的某些成效卓著的分支中，这些理论基础和实践指导早已成为了一种传统。在那之前的 1966 年，在《ACM 通信》(Communications of the ACM)于 8 月发行的第 9 卷第 8 期杂志上，ACM 主席安东尼·A·奥廷格在"致 ACM 同仁的一封信"中正式使用"软件工程"一词。再早些时候的 1965 年，"软件工程"这一术语首次出现在《计算机与自动化》(Computers and Automation)于 6 月发行的杂志中。那么为什么会在 1968 年召开这次具有里程碑意义的软件工程会议呢？

进入 20 世纪 60 年代，人们发现软件与硬件有许多差异。软件不是物理产品而是逻辑产品。因此，它具有与硬件不同的特征。例如，软件不是由传统方式制造产生而是开发而来、软件不会"磨损"但会"退化"等。

首先，最为明显的是，与硬件相比，软件更易于修改。软件开发和硬件制造有相似之处，但本质不同。两者都可通过良好的设计提高质量，但硬件在制造过程可能还会引入新的质量问题，软件成为产品后的制造过程是简单的复制，不会引入新的质量问题；两者都依赖于人，但参与的人和完成的工作之间的关系不同；两者都是建造产品，但方法不同。生成软件副本不需要昂贵的生产线。程序修改后，与它相同的位模式被重新加载到计算机，不需要像硬件那样对每个拷贝进行单独配置。这种性质使得许多程序员和组织在软件开发中采用"编码和修复"法，而不再像硬件工程师那样，承诺在进入生产线制造之前进行详尽的关键设计评审"三思而后行"。许多软件应用程序越来越"以人为本"而不是偏重硬件。例如，在 SAGE 系统开发中，相较于雷达工程师的问题，人机交互等涉及心理学的问题越来越突出。软件成本集中于开发，软件项目不能像硬件制造项目那样进行管理。20 世纪 80 年代引入的"软件工厂"概念也没有认为硬件制造和软件开发是等价的，只是通过这个概念提出软件开发中应该使用自动化工具。

其次，相较于硬件，软件不会磨损。因此，用硬件可靠性模型估算软件可靠性是不完整的，"软件维护"活动显然也迥异于硬件维护。软件不可见，没有重量，但成本却不低。正如弗雷德·布鲁克斯在《人月神话》中所言，在软件难以按期完成的情况下，增加人手不一定能挽回进度，甚至会进一步拖延进程。软件一般有更多的状态、模式和路径要进行测试，这使得它的规格说明非常困难。1970 年，温斯顿·罗伊斯（Winston Royce）在其论文中提到"为了获得一台 500 万元的硬件设备，大概 30 页规格说明就足够了，而要获得 500 万元的软件，却需要至少 1500 页的规范说明。"硬件故障率会形成"浴缸曲线"（横轴是使用时间，纵轴是故障率，故障率—时间曲线呈两端高中间低的趋势，像浴缸截面边线），设计或制造缺陷使得初期故障率高；修正后的一段时间内，故障率会稳定在一段较低的曲线上；因非正常使用、蒙尘、振动及温度变化、环境问题等，硬件会不断磨损，使得故障率抬升。软件则不受导致硬件磨损诸因素的影响，其故障率曲线理论上不会是"浴缸曲线"。也就是说，软件使用的初期由于潜藏的错误具有较高故障率，修正后的曲线趋于平稳，不会再抬升。但实际上，不管是修正错误还是维护软件，都有可能引入新的错误，从而使得软件故障率曲线呈现锯齿形，如图 2-3 所示。在曲线恢复到稳定态故障率之前，如果改错，则可能引发一个新的锯齿。随着时间的推移，最低故障率曲线逐步抬升，软件开始"退化"了。

最后，伴随硬件工程方法引起的另一个问题是，工程师和数学专业人员难以满足快速扩

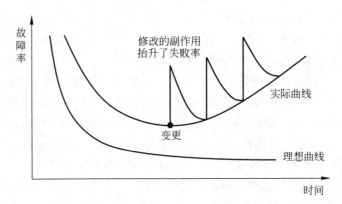

图 2-3　软件故障曲线

张的软件需求。为此，在 SAGE 这样的计划中，开始雇佣和培训人文、社科、外语和美术等专业人才参与软件开发，导致大量的非工程人员涌入企事业单位、政府的数据处理部门承担软件开发任务。可以说，"编码和修复"就是为这些人量身定做的软件开发方法。他们一般都很有创意精神，但反复的修补使代码变得越来越难以维护，被称为"意大利面条式代码"。受 20 世纪 60 年代"质疑权威"态度的影响，多数人倾向于个人英雄主义。与之相关的亚文化"黑客文化"集中于主要的大学计算机科学系，旗帜鲜明地强调"自由精神"。榜样的力量是无穷的。通宵达旦工作的"牛仔程序员"夜以继日地修补错误，行色匆匆地在截止日期前完成代码，被冠以英雄的美称。当然，那个年代，并不是所有的人喜欢都"编码和修复"。例如，IBM OS-360 系列产品的程序，虽然代价高昂、经常推迟发布时间、初用困难，却能提供比同时代先行发布的产品更加可靠和全面的服务，并因此占据了主导市场地位；美国国家航空航天局（NASA）的水星、双子座和阿波罗载人航天飞船和地面控制软件与宏大的登月计划保持同步，非常可靠。

那个年代的发展趋势还包括：更好的基础设施，如强大的主机操作系统、实用工具和成熟的诸如 Fortran、COBOL 等高级编程语言，使得非数学专业人员能够更容易地进入这个领域；可管理的通用小应用程序，虽然其代码难以维护；各大学建立了计算机科学和信息系，软件日益受到重视；以营利为目的的软件开发公司；面向大型任务的应用程序，如成功的 OS-360 和 Apollo 计划，以及许多需要进一步完善的未成功的系统；系统要求与实现要求的能力之间存在巨大的差距。

正是这些情况促使 NATO 分别于 1968 年、1969 年召开了具有里程碑意义的软件工程会议，提出了可供企业和政府组织理解软件工程状态的基准以改进决策和开发过程，项目和产品规模越大，越需要更好的组织方法和实践原则。

2.2.2　瀑布模型及其改进

视频讲解

20 世纪 60 年代的软件开发是手工艺作坊式的，其"编码和修复"法的主要问题是过程方面的。例如，小心翼翼地编码、编码先于设计、设计先于需求工程等。鉴于此，20 世纪 70 年代的软件工程结合了 20 世纪 50 年代硬件工程技术和面向软件技术的优势，发展趋势如图 2-4 所示，进入了形式化和瀑布过程时代。

在那段时间，迪克斯特拉（Dijkstra）提出了著名的 goto 语句有害论，波姆-雅各皮尼

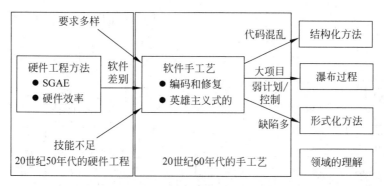

图 2-4　20 世纪 70 年代软件工程发展趋势

(Bohm-Jacopini)倡导了去 goto 语句构建顺序程序导致的结构化编程运动等。结构化编程运动形成了两大主要分支。其中,形式化方法通过数学证明或编程演算解决程序的正确性问题;Mills(米尔斯)、Baker(贝克尔)等将技术与管理结合以强调自上而下的结构化编程与首席程序员团队开发模式。得益于结构化编程的成功,在软件设计方面也使用了许多结构化方法。模块化原则得以强化:康斯坦丁(Constantine)提出了耦合和内聚的概念,前者强调模块间的关系最小化,后者强调模块内的关系最大化;帕纳斯(Parnas)提出了信息隐藏技术;抽象数据类型等。许多使用了结构化概念的工具和方法被提出,例如结构化设计、杰克逊(Jackson)的强调数据的结构化设计和编程、结构化编程语言等。

在不考虑规模和复杂度的情况下,分析和编码是所有软件开发的基本活动,必不可少。早期的程序员开发软件基本就是按这两个步骤进行的。那时,程序员的工作简单直接,具有创造性,分析和编码之外的步骤对软件的作用并不明显,客户不愿意为这些额外的步骤付费。由于这些额外的步骤需要大量的资源和工作量,在没人愿意为之付费的情况下,程序员也只能忽略它们。当然,对于小软件,有这两个步骤就足够了。不过对于大型软件,只有这两个步骤显然不合适,因为设计、测试等步骤也非常重要。开发大型软件显然需要更多的步骤,于是出现了如图 2-5 所示的软件开发过程。这个过程把软件生命周期的各项活动限定为按时间顺序连接的七个工作阶段,如瀑布流水飞流而下,因而被称为瀑布模型。新增阶段的工作与分析和编码显然不同,需要另行计划并配备其他人员。

这个过程规定只有相邻阶段可以交互,以便把变更限制在可控范围内。例如,如果要对某一阶段的工作进行变更,只改动该阶段即可,无须改动前面的阶段,以最大限度地保留前面阶段的成果。但是,该开发过程的风险却不小。例如,如果在测试阶段发现了问题,变动编码阶段的工作不一定能解决问题,变动可能会波及编码前面的设计甚至更前面的分析和需求阶段。如果问题溯源到需求,开发过程倒退到了原点,就会导致大幅度延期和高成本投入。因此,需要对这个开发过程进行改进。

SAGE 的过程模型中建立的需求驱动过程的强化版本由罗伊斯提出,该瀑布模型综合了 20 世纪 50 年代的范式和 60 年代的手工艺范式,如图 2-6 所示,把有限迭代概念加到后续各阶段,在实际开发之前进行"构建两次"原型活动,后一个版本强调对每个阶段输出结果的验证和确认,以便在进入下一阶段前尽可能地发现缺陷并纠错。如果软件是首次开发,构建两次,第一次的结果可当作最终产品的模拟品。通过对第一次结果各种问题的观察以及试验性想法的实际表现,设计师可据此对设计等进行改进,实际交付的是第二个版本。

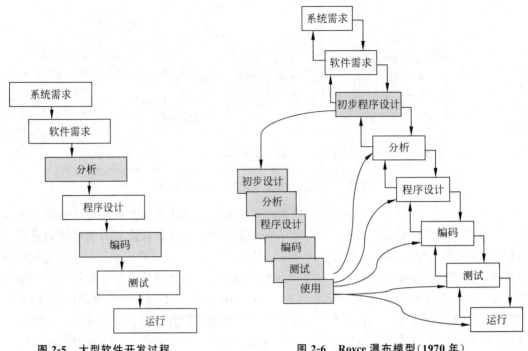

图 2-5　大型软件开发过程　　　　图 2-6　Royce 瀑布模型（1970 年）

但是，为方便签软件开发合同，人们常把瀑布模型解释为绝对的顺序过程，也就是说，需求不完整之前不能进行设计，详尽的关键设计没有审核之前不能进行编码。政府的过程标准强调瀑布模型的绝对顺序性，进一步强化了这些误解。其实，罗伊斯在其论文《管理大型软件系统开发》中提出了多种方法来改进传统瀑布模型的缺陷。

第一，可以在需求阶段与分析阶段之间插入一个初步程序设计阶段，如图 2-5 所示。分析或编码人员暂时不参与这个阶段的工作，由设计师进行初步程序设计、定义并分配数据处理模式、编写可理解的概要文档，以保证让所有的利益相关者真正理解系统。这种初步设计是在没有进行详细分析的情况下进行的，主要作用是预防因时间、存储或数据流等问题而导致程序失败。进入分析阶段后，分析人员就可以因此获得时间、存储、运行等方面的限制条件，在分析时考虑这些约束因素。初步设计阶段尽可能在早期发现资源不足和需求问题，变更被限制在需求阶段和初步设计阶段之间。

第二，设计文档化。由于口头承诺风险太大，应该以文档的形式记录设计的结果，以便对管理形成有效的支撑。需要保证文档的及时性和完整性，包括需求阶段的软件需求文档、初步程序设计阶段的初步设计规格说明书、程序设计阶段的接口设计规格说明书、最终设计的规格说明书、测试计划、测试阶段的测试结果，以及运行阶段的操作手册等。

第三，"做两次"。如果开发的是新型软件，要先整理与该软件相关的问题，包括设计、运行等。第一次的结果是对最终产品的模拟，移交给客户的是第二个版本。第一次可以是设计师的试验性想法，试验结果的目的是发现各种问题，可以根据实际情况对设计进行改进。

第四，计划和监控测试。测试阶段是消耗资源较多的阶段。前面的三个改进步骤的目标是在进入测试阶段前尽可能多地发现和解决问题。测试阶段的测试过程主要由没有参与软件设计的专业测试人员负责。如果缺乏文档，只能由设计软件的人自己做测试。有了足够的文档,专业测试人员会做得更好。

第五,客户参与。用户应该在项目的早期就参与软件开发过程中。他们的工作是对不确定的因素进行澄清。客户应该正式、深入、持续地参与初步设计复审、关键设计复审、最终软件验收复审等主要活动。

过程的每个步骤都会对产品质量产生影响,要提高质量、降低成本、提升客户满意度,就要对过程进行研究和分析,发现对产品影响较大的环节,制定改进措施。基于瀑布模型的开发模式在小型软件的开发中可以起到良好的作用,但随着软件规模的扩大,可以参考罗伊斯提出的方法对瀑布模型进行改进。瀑布模型虽然一直饱受诟病,却有着许多优点。它不是固定不变的,可以从简单灵活到完整稳健进行演化。我国最初的关于计算机软件开发规范的国家标准 GB 8566—1988 将软件生存周期划分为可行性研究与计划、需求分析、概要设计、详细设计、实现、组装测试、确认测试、使用和维护 8 个阶段,从中可以看到瀑布模型思想的影子。

20 世纪 70 年代还将定量方法引入软件工程以改良过程模型,在帮助识别容易出现缺陷模块的复杂性度量、软件可靠性估计模型、软件质量定量方法、软件成本和进度估算模型等方面都取得了很大的进展。其他的贡献包括:对人的因素进行了深入分析的温伯格(Weinberg)的《计算机编程心理学》、布鲁克斯的《人月神话》,沃思(Wirth)的 Pascal 和 Modula-2 编程语言,费根(Fagan)的检查技术,东芝的可重用工业过程控制软件产品线,雷曼(Lehman)和贝拉迪(Belady)的软件进化动力学研究等。

20 世纪 70 年代末,形式化方法和顺序瀑布过程的问题开始显现。例如,形式化方法需要专家级程序员才能使用,顺序瀑布模型的文档任务过重、开发进度慢、成本高。由于对文档先于编码的不耐烦,许多管理人员仅让团队做少量的需求和实际工作就进入编码阶段,理由是"由于还有很多调试工作要做,赶紧开始编码"。半数程序员缺乏 20 世纪 50 年代 SAGE 良好的软件需求和设计实践,许多组织发现其软件成本超过了硬件成本,大力提高软件生产率和使用最佳实践原则引起了人们的高度重视。

2.2.3 软件工程相关概念

视频讲解

从 1968 年在 NATO 大会上正式把软件工程作为一门学科进行讨论开始,"软件工程"术语在业界、政府和学界被广泛使用。众多计算从业者被称为"软件工程师",大量的出版物、团体和组织、专业会议被冠以"软件工程"命名,有关软件工程教育的课程和方案不断涌现。但是,对于软件工程术语的含义,一直存在许多不同的看法和争议。

软件工程是一个组合词,译自两个英文单词 software 和 engineering,前者指软件,后者即工程。

软件概念是指数据集合的通称或告知计算机怎样工作的计算机指令。计算机系统由软件和物理硬件构成,软件计划的工作由硬件实际执行。在计算机领域,软件是指由计算机指令构成的程序、要计算的数据,以及如何使用程序进行计算的说明信息。如果说硬件是人的身体,那么软件就是人的想法。身体是"物理的"实体,想法则是"虚拟的"计划。因为软件的特殊性,软件工程与传统工程有很大的区别。软件工程更关注抽象、建模、信息组织和表示、变更管理等。

工程概念的范畴非常宽泛。工程指的是用数学、科学、经济、社会和实践等知识,对结构、机器、工具、系统、组件、材料、过程、方案和组织等进行创造、革新、设计、建造、维护、研究和改进等。工程的英文单词 engineering 来源于拉丁语 ingenium 和 ingeniare,前者意为"巧妙",后者表示"创造"和"设计"。因此,软件工程的核心任务是"巧妙"地"设计"或"创造"软件。设计是工程活动的中心,在软件工程活动中占有十分重要的地位。为了满足项目需求,工程设计过程要对潜在的冲突和约束进行折中,涉及技术、经济、法律和社会等方面的问题。

一般认为,鲍尔对软件工程的定义可作为探讨软件工程的基础。他把软件工程定义为"制定和使用的良好的工程原则和方法以经济地获得在真实机器上可靠而有效地工作的软件"。鲍尔的定义强调了三方面。首先是"经济地",即开发一个软件,一定会有成本。这可从两方面加以理解。一是从事物的角度看,操作它不需要花太多的钱,即"省钱的"。另一是从人的角度看,要合理地花钱,不把钱浪费在不必要的事情上,即"节约的"。也就是说,从开发者的角度看,软件的开发应控制成本,尽量合理地花钱;从软件的角度看,其运行也应控制成本,尽可能少花钱。其次是"可靠",即开发的软件是否可靠。这也可以从两方面来理解。一是人或物按我们希望的方式好好做事,即"可信赖的"。另一个是信息或信息来源非常正确,即"可信的"或"确凿的"。也就是说,开发出来的软件,既能按期望的方式运行,其运行结果也很正确。最后是"有效地",指的是效率或效能高,即在不浪费时间或精力的情况下完成任务。从软件的角度看,就是不浪费时间和空间,按部就班地运行。可以看出,鲍尔强调的是成本(开发成本、运行成本)和质量(数据可靠、运行高效)。在进行软件开发时,要有成本和质量意识,尽可能低成本地开发出高质量的软件来。而要达到这一目的,就需要建立和使用良好的工程原理和方法。

CMU/SEI 把软件工程定义为"应用计算机科学和数学原理合算地解决软件问题的工程形式",强调软件工程是建立在计算机科学和数学之上的工程形式。IEEE93 把软件工程定义为"①把系统化、规范化、可度量的方法应用于软件的开发、运行和维护,即把工程应用于软件;②研究①中的方法",强调工程方法的研究和应用。

不管怎样,这些定义有一个共同的观点,即软件工程不只是编码,它还包括品质、进度、成本,以及原理和学科知识与应用。软件工程内容涉及软件的分析与设计、评估与测试、实现与演化、管理与质量、创新与创造、规范与标准、个人技能与团队工作,以及专业实践等。总之,软件工程是以一种系统化的方法把工程应用到软件开发中,即以一种系统、可控和有效的方式创建高品质的软件,与工程、软件开发、编程等概念关系密切。

首先,软件开发是一个涉及创建和维护应用程序、框架或其他软件组件的过程,包括酝酿、说明、设计、编程、文档化、测试和调试等。也就是说,软件开发是一个过程,即根据用户要求构建软件系统或者基于计算机的系统中的软件部分的过程。软件开发包括研究、新开发、原型、修改、重用、再工程、维护等产生软件产品的活动。对于一般问题,软件开发可以特指编写和维护程序代码的过程。对于复杂问题,软件开发可以包括从软件需求概念到软件最终出品之间的全过程。软件工程则是一门研究用工程化方法构建和维护有效、实用和高质量的软件的学问,涉及软件开发的理论、抽象和设计的研究与实践。

其次,编程(译自 Programming,也可译为程序设计。本书为了与瀑布模型中的程序设计——Program Design 相区别,使用了编程这个术语)是一个过程,是从某个计算问题的原始构想到可执行计算机程序的过程,包括分析、理解、得出算法、对算法正确性和性能需求进行验证、用目标编程语言实现算法(通常称为编码——Coding)等活动。

编程的目的是找到一个能自动执行一项特定任务或解决给定问题的指令序列,其过程如图 2-7 所示。编程可划分为问题分析和规范化、一般解决方案、验证、具体解决方案、测试、运行维护等阶段。其中,在分析和规范化阶段理解并定义问题,确定解决方案必须要做什么;在一般解决方案阶段设计解决问题的步骤的逻辑顺序,即设计算法;在验证阶段全面检查解决问题的步骤,确定解决方案是否能解决问题;在具体解决方案阶段将算法用编程语言描述出来,即编写程序;在测试阶段让计算机执行这些程序中的计算机指令,检查输出结果,如果发现错误,则对程序和算法进行分析,确定错误源,并纠正错误;在维护阶段修改程序以满足变更的需求,或纠正在使用过程中出现的任何错误。

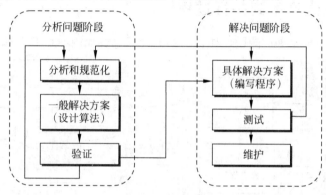

图 2-7 编程过程

软件工程密切相关的工程、软件开发、编程、编码等概念的范畴关系如图 2-8 所示。

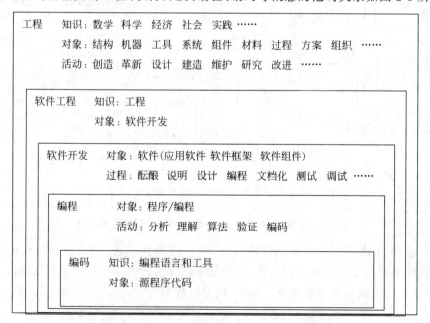

图 2-8 与软件工程密切相关的概念之间的关系

2.3 统一过程模型

从早期软件工程的发展史来看,20世纪50年代是仿硬件工程,60年代属于手工艺作坊式模式,70年代试图形式化并对瀑布过程进行改进,80年代开始关注大规模软件生产率,90年代考虑并行工程,世纪之交发表敏捷价值观。进入新世纪,全球化和巨系统等新趋势开始深刻影响软件工程的进程。20世纪80年代开始,面向对象方法迅猛发展,出现了统一建模语言(UML),以及与之配套的 Rational 统一过程(RUP),力图一统面向对象方法。本节以统一过程为线索,介绍大规模软件生产时代的软件工程问题,以理解大型软件生命周期及其工程解决方案。

视频讲解

2.3.1 从生产率到并行过程

软件工程在20世纪80年代到21世纪初的发展趋势如图2-9所示。

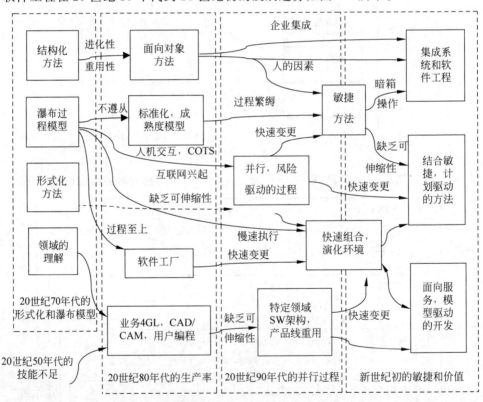

图2-9 20世纪80年代到21世纪初软件工程发展趋势

20世纪70年代开发的一些最佳实践在80年代得到了进一步发展,以解决出现的问题,包括软件工程的生产率和可伸缩性,特别是定量方法的引入。按阶段和活动分布工作量和缺陷能识别出更需要改进的地方。例如,如果过程不合适,一开始就要进行完善合同标准的处理。

在软件工具方面,测试工具和配置管理工具获得了极大的发展。其中,测试工具包括单元测试、测试仿真、测试追溯、路径和测试覆盖分析、自动测试用例生成、测试数据分析、操作测试辅助等；配置管理工具包括异步签入/签出、版本和发布管理、集成和测试支持、变更追踪等。需求、设计、资源估算、中间件、复审与走查、分析和测试等都处于发展过程中。这个时代的重点是在支持环境中集成了工具。支持环境从最开始的集成编程支持环境（IPSE）扩展到了CASE（也称软件工厂）。工业软件工程的严谨方法（RAISE）则是提高形式化软件开发生产率的环境。高级软件开发环境的研究还包括基于知识的支持、集成项目数据库、高级工具互操作架构、工具/环境配置和执行语言等。

在软件过程方面，奥斯特韦尔（Osterweil）的"软件过程也是软件"概念对软件环境的关注点重新指明了方向，揭示了产品开发和过程开发之间的二元关系。这个概念涉及过程编程语言和工具、软件过程需求、过程体系结构、过程变更管理、过程系列、具有可重用和组合组件的过程资产库，使得实现更高级别的软件过程成熟度更为划算。通过减少返工，改进软件过程可极大地提升生产率，但通过减少工作还可以进一步改善生产率。20世纪80年代初，DoD的支撑自适应可靠系统研制的软件技术（STARS）计划就涉及减少工作的两类方法。其中，一种是革命性的，强调通过基于知识的软件助手（KBSA）程序实现的形式化规格说明和从规格说明生成代码的自动转换方法；一种是进化的，强调由集成环境支持的人员、重用、过程、工具和管理等的配置策略。

布鲁克斯在《没有银弹》中提到，可改善生产率的方法还包括专家系统、超高级语言、面向对象、多功能工作台、可视化编程等。他把任务划分为"次要"和"根本"两类。其中，前者指重复任务，可以通过自动化避免或简化；后者指不可避免的任务，需要综合人的专业知识、判断和合作。根本任务涉及解决生产率所面临的几大问题，例如复杂性、一致性、可替换性和不可见性。解决这些问题需要高超的"银弹"技术，包括高级设计师、快速原型、演化开发、通过重用减少工作等。

显然，这个时代能最大限度提升生产率的方式不外乎通过各种形式的重用减少和简化工作。其中，功能更强的操作系统、DBMS、图形用户接口（GUI）构建程序、分布式中间件和办公自动化软件等基础设施软件的重用减少了编程工作量，缩短了编程时间。领域架构和工程使得更多的应用程序组件得到了有效重用，包括框架重用、特定领域商业第四代语言（4GL）等。从Simula-67发展而来的面向对象方法，通过为领域应用程序提供更自然支持的结构和关系（类、对象、方法、继承），增强了软件的重用和演化能力。面向对象方法还为高内聚模块和模块间的低耦合提供了更好的抽象数据类型模块化支持，能大幅提升软件维护的生产率。诸如Smalltalk、Eiffel、C++、Java等面向对象编程语言和环境促进了面向对象开发的快速增长，面向对象设计和开发方法最终通过统一建模语言（UML）在20世纪90年代趋于一致。

20世纪90年代，面向对象方法因设计模式、软件架构和架构描述语言、UML开发等变得更为强大。Internet和WWW的持续扩张也强化了面向对象方法以及软件在商业竞争中的关键地位。软件作为甄别竞争力的手段，其重要性与日俱增。缩短软件上市时间的要求也导致从顺序瀑布模型到强调并行工程的重大转向，包括需求、设计和编码、产品和过程、软件和系统等。例如，20世纪80年代，惠普发现其市场部的几个产品的生命周期大约是2.75年，但产品的瀑布过程式软件开发却需要4年，于是改用了产品线架构和可重用组件模式。1986—1987年，前三个产品的开发时间增加了。但是，到1991年左右，其产品的开发时间就减少到了1年。导致组织甩开瀑布过程的另一个因素是从预定需求向用户交互产品转变。在获取GUI产品需求时,用户一般的回答是"我不确定,当我看到它时就知道了"(IKIWISI)。以重用为主和商用现货(COTS)为主的软件开发一般遵循自底向上的功能到需求的过程,不是自顶向下的从需求到功能的过程。风险驱动的螺旋模型曾经是支持并行工程的一个过程,用项目的主要风险确定要多少并发的需求工程、架构、原型、关键组件开发才够用。该模型后来也得到了极大的发展。

关于生命周期目标(LCO)、生命周期架构(LCA)和初始运作能力(IOC)等主要里程碑,有基于并行工程的需求、原型、架构、计划、和业务案例的兼容性和可行性的不通过标准。它们与主要的政府采购里程碑和AT&T架构评审委员会里程碑兼容,也被Rational/IBM作为Rational统一过程(RUP)的阶段出口,已经在许多成功的项目中得到了使用。它们类似于微软用于同步和稳定其并发软件过程的里程碑。其他有名的并发、增量和演化开发方法包括斯堪的纳维亚参与式设计方法、各种形式的快速应用开发(RAD)和敏捷方法。敏捷方法于20世纪90年代末出现,如ASD、Crystal、DSDM、XP、TDD和Scrum等。这些方法的提出者于2001年联合发布了《敏捷宣言》,发表了个人和交互胜于过程和工具、可运行的软件胜过全面的文档、客户协作胜过合同协商、响应变化胜过遵循一个计划4个价值观。

进入21世纪,软件工程更是蓬勃发展,各种过程、方法、工具层出不穷,如集成系统和软件工程、结合敏捷与计划驱动的方法、面向服务与模型驱动的开发等,使得软件开发的成功率大幅度上升。2010年以后,系统的全球化、商业实用性、安全威胁、不同制度,以及模型冲突等发展了协同的方法、基础设施和环境,基于价值的方法,企业架构以及用户构建系统等。当前,快速变化与敏捷需要、可用性和价值、软件危害与可靠性需要、COTS与重用以及遗留软件集成的需要、软件和系统工程的集成、全球连接性、巨系统、计算量,以及软件的自治性、生物与计算结合等将进一步影响软件工程的发展。

2.3.2 统一建模语言

视频讲解

20世纪70年代中期到80年代后期,人们考虑利用面向对象建模语言分析和设计软件系统。布奇的Booch'93、雅各布森的面向对象软件工程(OOSE)和罗姆堡的对象建模语言(OMT)广受欢迎但各有优缺点。Booch'93在设计、构造阶段效率高,OOSE主要用于需求获取和分析阶段,OMT更适合信息系统。

1994年,布奇、雅各布森和罗姆堡等开始统一Booch'93、OOSE和OMT,开发了统一建模语言(UML),力图用一个统一的语言来描述软件系统结构和设计,但没有指定应用UML的过程,即UML是独立于任何过程的。

1996年,对象管理组织(OMG)发布了UML标准化提案请求,得到了HP、I-Logix、IBM、Microsoft、Oracle、Rational Software、Unisys等大型软件公司的支持并建立了UML联盟。

UML是一门用于说明、构造、可视化和文档化一个软件密集型系统的工件的语言。其中,工件指的是需求、构架、设计等阶段产出的类、对象、接口、源码、测试、原型、软件系统版本等;软件密集型系统指的是诸如银行、医疗、保险、国防、航空、基于Web的分布式服务等高端企业解决方案;在说明方面,开发团队可以用类、对象和接口等符号定义软件系统的范围和内容;在构造方面,可以利用UML模型生成代码或利用代码生成UML模型,即从

UML 模型生成代码的正向工程和从代码创建模型的逆向工程；在可视化方面，利用 UML 可以创建图形来表示软件系统，以便更好地理解其结构和内容；在文档化方面，可以在软件生命周期的各阶段使用图作为输入文档。

2.3.3 统一过程

视频讲解

UML 力图用一个统一的语言来描述软件系统结构和设计，但没有指定应用 UML 的过程，即 UML 是独立于任何过程的。成功地应用 UML 需要一个良好的过程。为此，布奇、雅各布森和罗姆堡等开发了一个"统一"的过程，称为 Rational 统一过程（RUP）。RUP 将一组核心实践与可选过程插件结合起来，旨在支持任何规模和任何范围的软件项目。同时，RUP 也是一个通用过程模型，可扩展，可定制，经过适当裁剪能适合大多数的软件项目。

RUP 白皮书对统一过程的描述如表 2-4 所示。

表 2-4　RUP 的含义及其作用

RUP	备　注
是过程	为软件企业提供一个规范化的方法来分配任务和职责，目的是确保在预期时间和预算内生产满足用户需要的高质量软件
是过程产品	由 Rational 开发和维护。持续更新和改进过程，反映近期的被证明的最佳实践
提升生产率	提供易于为团队成员使用的关键开发活动指南、模板和工具导引知识库。使用同一知识库可以确保所有团队成员共享一个如何开发软件的公共语言、过程和视图
维护模型	其活动主要不是关注生产大量关于待开发软件的纸质文档，而是强调具有丰富语义表示的模型开发和维护
UML 使用指南	UML 是一个行业标准语言，可用于清晰地沟通需求、架构和设计
支持过程自动化	提供的工具用于创建和维护软件过程的各种制品、可视化模型、编程和测试，以及支持变更管理记录、每个迭代的配置管理的记录
可配置过程	简单和清晰的过程架构提供所有过程产品的共性，可以裁剪以适应不同的情况

RUP 体现了现代软件开发中的许多适用于众多项目和企业的最佳实践，使用 RUP 作为指南，可以利用这些最佳实践为开发团队提供许多优势。这些最佳实践包括迭代开发软件、管理需求、使用基于组件的架构、可视化建模软件、验证软件质量、控制软件变更等。其中，迭代开发软件指通过逐步细化理解问题，经过多次迭代循序渐进地产生有效的解决方案，以极大地减少项目风险；管理需求指引导、组织和文档化功能和约束，追踪和文档化权衡和决策，为开发和移交提供一致和可追踪的线索；使用基于组件的架构指设计一个灵活、可变、易直观理解的适应性强的架构，以有效地支持基于组件的软件开发模式；可视化建模软件指的是对软件进行可视化建模，以获得架构和组件的结构和行为，维护设计与其实现的一致性，促进无二义性的沟通等；验证软件质量指的是对计划、设计、实现、运行、估算等方面进行测试，质量评估内建于过程和所有活动中，涉及所有的利益相关者，不是"事后诸葛亮"，也不是独立小组执行的独立活动；控制软件变更是指控制、追踪和监视变更，使成功地进行迭代开发成为可能。

RUP 用二维形式描述过程，如图 2-10 所示。其中，横轴沿时间组织，展示过程的动态方面，表示周期、阶段、迭代和里程碑等；纵轴沿内容组织，展示过程的静态方面，表示活动、制品、工作者、工作流等。

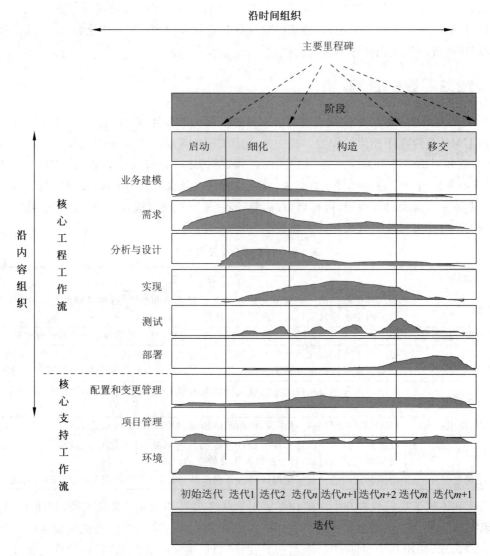

图 2-10 RUP 的过程模型

在时间轴方向,RUP 把软件生命周期划分为一到多个周期,每个周期产生一代产品。一个周期由启动、细化、构造和移交 4 个连续的阶段构成,每个阶段结束于一个明确的里程碑。

开始阶段主要是为系统建立由成功标准、风险评估、资源估算、展现里程碑日期的阶段计划等构成的业务案例,以及划定项目范围等。为此,要识别与系统交互(参与者)的所有外部实体,定义交互性质,包括识别所有使用案例(简称用例)。该阶段的成果有愿景文档和初步的用例模型、术语汇编、业务用例、风险评估,以及展现阶段和迭代的项目计划、业务模型和原型等,里程碑是生命周期目标。如果没有通过里程碑,项目可能被取消或重新考虑。

细化阶段主要是细化问题域、建立架构、做项目计划,以及排除项目的高风险元素。这个阶段的工作"宽而不深",在理解整个系统的基础上进行架构决策,包括系统的范围、主要的功能和非功能需求。这是最为关键的阶段,要完整地考虑可靠的"工程"、预估项目要经历的重要日期等。细化活动要确保架构、需求和计划足够稳定,风险足以缓解,以完成开发成本和日程的预估。该阶段要根据项目的范围、规模、风险和新颖程度建立可执行的架构原型。这个阶段的成果有用例模型、补充需求、软件架构、可执行的架构原型、经过复审的风险清单和业务案例、项目总体计划、初级用户操作手册等。里程碑是生命周期架构。如果未通过该里程碑,该项目可能被终止或重新考虑。

构造阶段主要是开发必要的组件、实现应用程序功能、集成产品和测试等。这相当于一个制造过程,关注的重点是管理资源、监控各种活动、优化成本和进度、保证质量等。对于大型项目,有的模块可以并行开发,虽然会增加资源管理和工作流同步的复杂性,但却可以极大地加速可部署版本的获得。这个阶段的成果有集成在合适平台的软件产品、用户手册、当前版本(通常称为 beta 版)的描述等。里程碑是初始运行能力。如果项目不满足该里程碑,该版本的移交可能不得不推迟。

移交阶段主要是把软件产品交给用户。一个产品成熟到足以在用户端部署就进入了移交阶段。但要注意,一旦产品交给用户,问题通常会增多,需要开发新版本、纠正问题或完成推迟的功能。该阶段的活动主要包括按用户期望进行 beta 测试以确认新系统、替换遗留系统时并行运行新系统、转换正在运行的数据库、培训用户和维护人员、把产品推向市场等。工作扩展到开发用户文档、培训用户、支持用户使用、对用户反馈做出反应等,但用户反馈限制在产品调优、配置、安装和可用性等问题上。这个阶段的里程碑是产品版本。

RUP 的每个阶段都可以被进一步划分为若干个迭代。一个迭代是一次完整的开发循环,产生一个可执行产品的版本,即要开发的产品的子集。相较于瀑布过程,迭代过程的好处包括风险在早期得到缓解、变化更易于管理、重用级别更高、总体质量更好等。

在一个过程中,需要描述"做什么""谁做""怎么做""什么时候做"。RUP 用四个主要建模元素来表示,如图 2-11 所示。其中,制品表示"做什么";角色表示"谁做";活动表示"怎样做";工作流表示"什么时候做"。

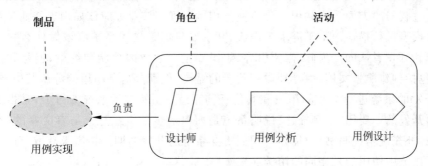

图 2-11 RUP 的主要建模元素

一个角色定义一个人或一组人的行为和职责。角色就像项目中可以佩戴的"帽子",一个人可以戴多顶帽子,如图 2-12 所示。为角色分配的职责包括两方面,一个是执行确定的活动,另一个是一组制品的拥有者。

活动是工作单元,它有清晰的目的,例如创建或更新模型、类、计划等制品。活动粒度可以是几小时或几天,通常包含一个角色和相应制品。活动一般作为计划和进度的元素使用。活动会分派给特定角色。例如,项目经理计划一个迭代、分析师发现用例和参与者、设计评审者评审设计、性能测试人员执行性能测试等。

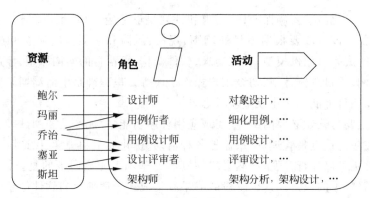

图 2-12 人与角色

制品是项目的工作产品、项目产生或使用的事物，用于形成最终产品。制品可以作为一个活动的输入，也可以是活动的结果或输出。制品可以是用例或设计等模型或模型元素、业务案例或软件架构等文档、源代码、可执行程序等。

当然，角色、活动和制品不足以构成一个过程，还需要描述有意义的活动序列以产生一些有价值的结果，以及展示角色之间的交互等。工作流就是可以产生有可见价值的结果的活动序列。RUP 对角色和活动进行逻辑分组，定义了九个核心工作流。其中，六个核心"工程"工作流为业务建模、需求、分析与设计、实现、测试、部署；三个核心"支持"工作流是项目管理、配置和变更管理、环境。核心工程工作流类似瀑布过程的顺序阶段，但迭代过程的阶段是不同的。在一个项目的整个工作流中，这九个工作流是交叠的，在每个迭代中会被重复使用且重点和强度不同。

一个工程的主要问题之一是业务人员和开发人员的沟通困难。RUP 解决这个问题的方法是为双方提供共同的语言和过程，以及在业务和软件模型之间建立直接的可追踪性。在业务建模工作流中，使用业务用例来描述业务过程，以确保所有的利益相关者在组织所支持的业务过程需要方面达成共识。分析业务用例以理解该业务应该如何支持业务过程并用业务对象模型进行描述。至于需求工作流，其主要目标是描述系统应该做什么并使得其描述被客户和开发者认同。为此，需要引导、组织和记录必要的功能和约束，追踪和记录权衡和决策，包括创建愿景文档、引导利益相关者的需要、识别参与者和用例等。其中，参与者表示与要开发的系统进行交互的用户和其他任何系统；用例表示系统的行为，是根据参与者的需要而开发的。要用"用例描述"说明系统是如何一步一步地与参与者交互的，非功能需求也要在《补充规格说明书》中描述。用例贯穿系统的开发周期。在需求获取、分析与设计、测试等工作流中使用的是相同的用例。

分析与设计工作流的目标是说明如何在下一个工作流中实现系统。要创建的系统必须满足所有的需求，能在一个特定的实现环境执行任务和在用例描述中说明的功能，且具有稳定的结构以便在功能需求变化时容易变更。该工作流的结果是分析模型和设计模型。设计模型是源代码的抽象，是如何构建和编写源代码的"蓝图"。设计模型由设计类构成。设计类按设计包和设计子系统进行组织。设计包和设计子系统具有明确的接口，在实现阶段会变成组件。设计模型也包含了这些设计类的对象如何协作以执行用例的描述。设计活动以架构为中心。早期设计迭代的关注重点是架构的创建和验证。架构可以用不同的视图来表示。从本质上讲，架构视图是整个设计的抽象和简化。

2.4 软件过程改进

软件工程涉及技术和管理等方面。管理方面可参照的模型和标准体系有CMM(软件能力成熟度模型)、PMBOK(项目管理知识体系)、ISO9001等。其中,CMM是由CMU的SEI于1987年研制的软件生产过程标准和软件企业成熟度等级认证标准,后演变为CMMI,即CMM集成;PMBOK是由项目管理协会(PMI)于20世纪70年代末提出的项目管理知识体系,是对项目管理所需知识、技能和工具进行概括性描述的指南,后成为项目管理专业人员(PMP)认证考试的基础;ISO9001是国际标准化组织ISO于1987年发布的关于质量管理和质量保证方面的系列标准。从瀑布模型的演化可以看出,过程改进是持续的。从统一过程模型可以看出,过程是可以裁剪的,本质上也是一种适应性改进。本节从CMM角度介绍软件过程改进概念,以理解软件开发生命周期优化等问题。

2.4.1 过程成熟度概念

1985年,美国国防部(DoD)的DoD-STD-2167和MILSTD-1521B标准通过把管理复审、分期付款、奖金等绑定到瀑布模型的里程碑强化了过程。但是这些却难以区分各阶段人员的能力。为评估一个组织的软件过程成熟度,DoD委托CMU/SEI开发了一套软件能力成熟度模型(SW-CMM)。SW-CMM在IBM软件开发经验、戴明-朱兰-克罗斯比质量观以及成熟度级别的基础上,为能力评估和改进建立了一个有效的框架。虽然SW-CMM保留了一些强化的顺序瀑布模型,其主要内容却与方法无关。国际标准化组织同时开发的ISO9001质量标准也适用于软件开发实践。为了投标资格,许多软件公司在SW-CMM和ISO9001的规范上下了大工夫,减少了返工,提高了投资回报率,进一步扩大了成熟度模型的应用。

CMM涉及过程是否成熟的度量和评估。"过程成熟度"是SEI提出的一个衡量软件过程的概念,目的是定义一个软件企业达到不同过程成熟度时应具有的软件工程能力。CMM是相应的指南,用于指导软件企业控制软件开发和维护过程,以及逐步构建企业自己的软件工程文化和卓越的管理能力。

IEEE把过程定义为"为给定目的执行的一系列步骤",即一种产生一些事情的运行机制以及一系列达成某个目的或结果的行动、变化或功能。软件过程可以定义为用于开发和维护软件及相关工件(如项目计划、设计文档、代码、测试用例、用户手册等)的一系列活动、方法、实践和转换。一个软件公司越成熟,其软件过程就越明确。软件过程能力描述了遵循软件过程达成预期结果的范围。软件公司的软件过程能力为其要承担的项目提供了预测结果的方法。软件过程性能表示遵循软件过程达成的实际结果。由此可知,软件过程能力关注的是预期结果,而软件过程性能关注的是实际结果。软件过程成熟度是指一个具体过程的定义、管理、度量、控制和有效性的明确程度。它意味着潜在的能力增长,意味着生产率和质量,表明软件公司的软件过程情况以及在企业的所有项目中的应用情况。

2.4.2 过程成熟度级别

在企业没有改进策略的情况下,管理者和专业人员很难在要优先改进哪些活动方面达成共识。为一步步改善过程,应该设计一条分阶段提升企业软件过程成熟度的路径。利用 CMM,软件企业可通过确定当前过程成熟度、标识影响软件质量和过程改进的关键问题选择流程改进策略。CMM 使用评估调查表和五级方案,定义了各级过程成熟度的关键活动。五级过程成熟度的定义如图 2-13 所示。其中,初始级表示过程几乎没有定义,处于混沌态,项目成功取决于个人能力;可重复级表示有基本项目管理过程,可进行成本、进度和功能的追踪,有一定的过程规范,可重现已做过的类似项目的成功;已定义级表示标准化和文档化管理与工程活动,与企业总的软件过程一致,对于开发和维护软件,企业的所有项目都使用文档化且企业认可的过程;已管理级表示收集过程和产品质量详细度量数据,通过度量数据可以定量理解和控制过程和产品;优化级表示通过过程或测试新的想法和技术获得反馈,利用反馈的量化数据持续地进行过程改进。

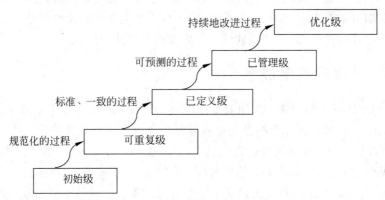

图 2-13　软件过程成熟度的五个级别

视频讲解

2.4.3　过程成熟度的结构

CMM 的结构如图 2-14 所示。

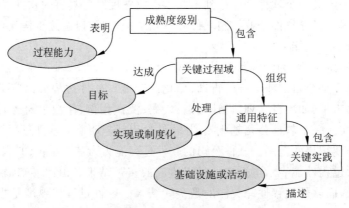

图 2-14　CMM 结构

顶层的成熟度级别表明一个软件企业或组织的过程能力。每个成熟度级别包含若干关键过程域(KPA)。KPA 由通用特征进行组织,每个 KPA 标识了一组活动,进行这些活动可达成改进过程能力的目标。一个企业达成一个 KPA 的全部目标才算满足了该 KPA。当企业在每个项目上都能持续满足某 KPA,才算具有了该 KPA 所描述的制度化过程能力。

KPA 与成熟度级别的关系如图 2-15 所示。

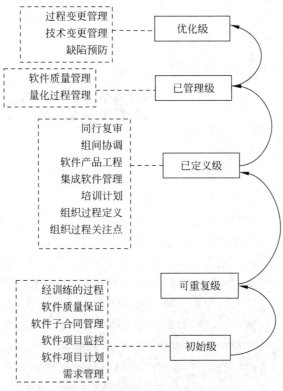

图 2-15 四个级别对应的 KPA

软件企业的商业目标是加快进度、减少成本、提高质量,即在相同规模的情况下,完成的时间和成本更少,在相同投入的情况下,质量更高。CMM 支持软件企业的商业目标,不是用来增加管理成本而不提高收益的。CMM 级别越高,其效能也更高。作为开发软件的最佳实践的集合,已经得到全球实践的证明。

CMM 是一个衡量体系,可以视为一把梯子、一面镜子,用于检验企业的软件工程执行情况,并不指导企业怎么做。企业只有有效地实施了软件工程,才能去实施 CMM。由于实施 CMM 的基础是有效地实施了软件工程,所以信息系统的开发就要以实施软件工程为本,在执行过程中借鉴 CMM 的管理方式。

习题

本书提供在线测试习题,扫描下面的二维码,可以获取本章习题。

在线测试

第 3 章

软件开发方法

CHAPTER 3

软件开发的目的是解决问题。人们可以从不同的角度、按不同的思路来解决问题。那些行之有效且普遍适用的解决问题的模式被人们归结为范式。着眼点和思维方式的不同会导致相应的范式各有侧重或倾向。人们一般用面向或导向来指出这种侧重或倾向。范式引导人们带着某种倾向去分析和解决问题,起导向作用。各种范式因侧重点不同而呈现出不同的特点。人们根据这些特点对它们进行分类和命名,具有代表性的有数据导向的信息工程范式、过程导向的结构化范式、对象导向的面向对象范式等。本章主要对这几种范式进行介绍,包括一些常见的分析和设计建模方法。

3.1 编程语言与范式

在现代编程语言的概括性介绍中，一般会强调该语言支持哪些范式，并按它们所支持的范式进行分类，例如命令式、声明式、函数式、泛型、面向对象式、基于组件式等。那么，什么是范式？命令式、声明式、泛型、面向对象、基于组件指的又是一些什么样的范式？本节从编程语言的角度入手介绍解决问题的方法，引领人们以不同的视角思考问题，体验用不同的范式解决问题时所带来的变化，从中领会范式概念及其用法。

3.1.1 范式的重要性

从哲学和科学的角度看，范式是指应用于某个领域的一套明确的概念或思维模式，包括理论、研究方法、假设和标准等。它有两种含义。一是模型，即用于解释事物或展示怎样产生事物，可以理解为样板或范式。一是样例，即明确而典型的事物例子，可以理解为典范或范例。因此，范式就是思维模式或方法学，有明确区别于其他模式的理论、方法、标准，以及使用场合，是解决某一应用领域问题的样板。有时也把范式简称为方法。

范式是抽象的，需要通过具体的语言来体现。范式所代表的世界观体现在语言的核心概念中，范式所代表的方法论体现在语言的表达机制里。一种范式可以在不同的语言中实现，一种语言也可以同时支持多种范式。一种语言的语法和风格与其所支持的范式密切相关。涉及编程的范式也是抽象的，需要通过具体的编程语言来体现。编程语言所支持的范式称为编程范式。编程范式就是进行编程时的思维模式或方法学，每种编程范式都有自身的基本风格或典范模式。

编程范式也是根据编程语言的特征对这些语言进行分类的方法。较为常见的编程范式有以下几种。

命令式：使用语句来改变程序的状态。与自然语言中的命令语气表示命令的方式一样，命令式程序由计算机执行的命令组成。命令式编程侧重于描述程序如何操作，即侧重程序应该完成什么，而不是指定程序应该如何实现结果。许多命令式编程语言（如 Fortran、BASIC、C 等）都是汇编命令的抽象。

过程式：源于结构化编程，基于过程调用的概念，把代码组织成功能模块。过程也称为例程、子例程或函数，只是包含一系列要执行的计算步骤。首批主要的过程式编程语言大约于 20 世纪 60 年代出现，包括 FORTRAN、Algol、COBOL 和 BASIC。Pascal 和 C 发布于 1970 年左右，Ada 发布于 1980 年。Go 发布于 2009 年，是一个更为现代化的过程式语言。

对象式：基于"对象"这个概念，把状态和修改状态的代码组织在一起，也称面向对象或对象导向。许多使用最广泛的编程语言，如 C、Object Pascal、Java、Python 等，都是多范式的编程语言。它们在一定程度上支持对象式、命令式、过程式等编程。当前的主流对象式语言包括 Java、C++、C♯、Python、PHP、Ruby、Perl、Object Pascal、Objective-C、Dart、Swift、Scala、Common Lisp 和 Smalltalk 等。

函数式：一种构建计算机程序结构和构件的样式。它将计算处理为对数学函数的赋值，避免改变状态。函数式编程主要在学术界使用，但 Common Lisp、Scheme、Clojure、Wolfram、

Racket、Erlang、Ocaml、Haskell、F♯等也在被产业界的一些组织使用。一些特定领域的编程语言，如 R、J、K、Q、XQuery/XSLT、Opal、SQL、Lex/Yacc 等也支持函数式编程。

声明式：一种构建计算机程序结构和构件的样式。它表达的是不描述控制流的计算逻辑，侧重于程序达成什么结果，不指定结果如何实现。当前常见的声明式编程语言包括数据库查询语言（如 SQL、Xquery 等）、正则表达式、逻辑式编程、函数式编程，以及配置管理系统等。

逻辑式：一种主要基于形式逻辑的编程范式，有特定语法风格的执行模型。任何用逻辑式编程语言编写的程序都是一组表达关于某个问题域的事实和规则的逻辑形式句子。逻辑式编程语言主要包括 Prolog、ASP、Datalog 等。

符号式：在这种编程范式中，程序可以把自己的公式和程序组件当作普通数据一样进行操作。把较小的逻辑单元或功能模块组合起来可以构建更为复杂的过程。这样的程序可以有效地修改自己，表现出一定的"学习"能力。因此，这种范式适合开发人工智能、专家系统、自然语言处理和计算机游戏这样的应用程序。支持符号式编程的语言有 Wolfram、LISP、Prolog 等。

学习一门语言，除了记忆词汇、练习语法，更重要的是培养语感。语感是一个人对语言的敏锐感知力，即在语言方面整体上的直觉把握能力。语感是一种综合素质和修养，重要性不言而喻。例如，语感好的人，可以听弦外之音、说双关之语、读隽永之作、写晓畅之文。学习编程语言也是如此。记字符集、保留字、运算符，练表达式、语句相关的语法，都是基本功，勤加练习就可以熟能生巧。但如何增强编程语言的语感呢？这就是编程范式。也就是说，学习编程范式可以增强编程语言的语感。不懂编程范式的程序员，就可能像缺乏英语语感而只会"中式"英语那样，难以真正用好编程语言。例如，只注重 C++语法而缺乏对象式思想的程序员，编写的程序就是"C 式"C++程序。语言的语感与语言背后的文化背景和思维方式有很大的关系。编程范式体现了编程的思维方式，是培养编程语言语感的关键。

3.1.2 语言的选择

计算机世界的程序员的任务是提升计算机器的能力，让机器为人们提供服务。为了与机器"沟通"，程序员需要使用计算机能理解的语言编程。因此，这种语言被称为编程语言。随着计算机从原始向现代进化，程序员与机器沟通的语言也在发生着深刻的变化。

20 世纪 40 年代，计算机科学家是用手动开关的方式指示机器做事的，即用机器语言"命令"计算机。为了与后来出现的其他语言区别开来，人们把这种纯粹的机器语言称为第一代语言，简称为 1GL。第二代简称为 2GL，第三代简称为 3GL，以此类推。1GL 是最早的命令式编程语言。用 1GL 编写的程序是以十进制或二进制形式从穿孔卡片、磁带或计算机面板的切换开关来读取的。在 1GL 语言中，指令非常简单，易于硬件的实现，但难以用于建造复杂的程序。2GL 是汇编语言，仍然与具体的计算机指令集体系结构密切相关。但编写的程序趋于人性化，使得因烦琐的地址计算而出错的可能性减少。这两代语言与机器距离最近，一般统称为低级语言。可以把这种低级语言理解为程序员的"短兵器"或"轻兵器"，轻便灵活，适合底层应用开发。当然，"一寸短，一寸险"，低级语言不便于学习，但掌握低级语言对深入研究计算机内部运行机理、调试系统和改进程序关键代码等都有很大的帮助作用。

如果说 20 世纪 40 年代是使用"短兵器"或"轻兵器"的时代，那么从 50 年代开始就进入了使用"长兵器"或"重兵器"的时代。1954 年,IBM 的 John Backus 开发了 FORTRAN 语言,首次解决了用机器代码建造复杂程序存在的问题。FORTRAN 是一种编译型语言,允许命名变量、复杂表达式、子程序,以及许多现在命令式语言中都还常见的特征。此后的 20 年里,人们又开发了许多其他主流命令式 3GL。20 世纪 50 年代末至 60 年代,为了更容易表达数学算法,开发了 Algol 语言。Algol 通过使用子程序、块结构、for 和 while 循环改进计算机程序的清晰度、质量和开发时间,避免使用导致代码结构混乱的诸如 go to 这样的跳转语句而使得程序难以维护。1960 年的 COBOL 和 1964 年的 BASIC 都想让编程的语法看起来更像英语。这些语言提供的理念和方法被人们归结为"结构化方法"而成为一种经典的编程范式。此后出现的 Pascal、C、Ada 等语言都支持这一范式。进入 80 年代后,这些语言在保持命令式风格、结构化方法的基础上,增加了支持对象的功能。随后的二十年,人们开发出了许多实现了面向对象概念的命令式语言,主要有 Bjarne Stroustrup 于 1983 年完成的、汲取了 Simula 概念、基于 C 的 C++,Larry Wall 于 1987 年发布的 Perl,Guido van Rossum 于 1990 年发布的 Python,Microsoft 分别于 1991 年和 1993 年发布的 Visual Basic 和 Visual C++,Rasmus Lerdorf 于 1994 年发布的 PHP,Sun Microsystems 于 1994 年发布的 Java,以及 Yukihiro Matsumoto 于 1995 年发布的 Ruby。相对于低级语言,这些语言更为高级,被称为高级编程语言,也就是 3GL。可以把高级语言理解为"长兵器"或"重兵器","一寸长,一寸强",虽难免滞重,但威力奇大,适合高端应用开发。

  在软件开发过程的实现阶段,会涉及编程语言的选择问题。"什么语言好"经常成为程序员争论的焦点。其实,语言的目的在于沟通,本身并无好坏之分。正如汉语、英语、法语等,没法区分优劣,只看是否合适。汉语经历了从古汉语向现代汉语的转变,变得越来越易于学习和掌握,使得人与人之间的沟通更为方便和顺畅,但古汉语依然有其应用场合。编程语言也经历了从机器语言到汇编语言、从汇编语言到高级语言的演变,就像从徒步、骑车到乘车的变革,旨在减轻程序员负担,尽可能多快好省地完成编程任务。但是,是不是语言越高级越好呢?也不尽然。短途宜步行,中途可骑行,长途应乘车。因此,选择语言时,既要注意问题的性质,也要了解语言的特征。正如外出时既要注意出行任务的性质,也要了解出行工具的特征。在实现阶段,既要确定软件开发是"短途"、"中途"还是"长途"任务,也要判断所选编程语言是否可以有效地完成这个任务。前者涉及程序的规模问题,后者涉及语言的范式问题。

  首先,早期人们"命令"单台计算机时,编写的程序规模相对较小,程序员的注意力主要集中在机器本身,通常是"单兵"作战,宜用短小而轻便的兵器,即低级语言。那个时代的程序员大多功力高超,喜欢单打独斗。但是,随着网络的发展,人们开始"命令"多态计算机,编写的程序规模越来越大,程序员不仅要关注计算机本身,还要与他人合作,通常是"兵团"作战,宜用长大而厚重的兵器,即高级语言。高级语言既适合"命令"计算机做事,又便于程序员之间的沟通和交流。这个时代的程序员必须一切行动听指挥,规范行事,协同开发。

  其次,不同的问题,使用不同的思维模式或方法会有不同的效率。范式选择得当,解决问题的效率就高,反之就低。编程语言因支持范式不同,适合应用的场合也各异。针对不同的任务,应该选择合适的语言。例如,在嵌入式系统的操作系统、编译器、驱动程序、无线通信、DSP、PDA、GPS,对资源、性能、速度和效率要求极高的程序,以及信息安全、软件维护与破解等为目的的逆向工程等场合,使用汇编语言更合适;对于中小型项目应用,兼具高级语言和低级语言特征的系统编程语言 C 有优势；支持面向对象范式的 C++、Java、C♯ 等适合更大型的应用开发，重目标轻过程、重描述轻实现的 4GL、5GL 也都有各自使用的场合。

3.1.3 范式的应用

富有文学修养的程序员说，用汇编语言编写的程序就像甲骨文，用 Pascal 语言编写的程序就像散文，用 C 语言编写的程序就像诗词。喜欢武侠小说的程序员说，机器语言是陆小凤的灵犀一指，汇编语言是李寻欢的小李飞刀，C 语言是西门吹雪的西来一剑。编程语言各具特色，正如剑之飘逸、刀之威武、枪之灵动、斧之粗犷、锤之霸道，无高下之分、优劣之别，初入门时选择适合自己个性的语言学习。掌握编程范式后，可以举一反三地快速掌握支持同种编程范式的其他语言。在解决实际问题时，根据问题的具体情况选择合适的编程语言。

各种语言支持范式不同，适合应用的场合也各异。例如，C、C++、Java、C♯ 等语言各有特点和难点，如内存管理、系统资源利用、输入、输出等，应注意比较实现一种算法的过程中各语言的设计步骤和注意点。针对不同的任务，应该选用不同的语言实现，所以应加深了解各类程序设计语言的应用场合。另外，同一种语言也可以支持多种范式，同样应根据不同的应用情况加以使用，特别要注意使用不同范式的效率问题。

假如有这样一个问题(见图 3-1)要解决：现有一个圆形游泳池，需要为它加修过道，过道宽 2 米，铺设混凝土，混凝土单价为每平方米 10 元；再为过道加修栅栏，栅栏的单价为每米 30 元。要求编写一个计算成本的程序。

因为问题比较简单，程序员可以简单地进行命令式思考，计算成本的算法过程如下。

输入半径；

计算环形过道的面积；

计算栅栏的长度；

计算成本；

输出结果。

这段算法简洁易懂。不过，用这种方式编程，随着问题复杂度的增加，程序代码会越来越臃肿，阅读程序会越来越困难，也不便于维护。

过程范式的主要工具是变量和过程。其中，过程就是功能模块。可以把一个应用程序按功能逻辑分解为若干功能模块。这些模块可以按一定的形式进行组织、调用和重用。如果使用过程式思想思考这个问题，可以在一定程度上解决代码臃肿、难以阅读和维护等问题。使用过程范式解决这个问题的思路是：进行功能分解，把计算面积、计算周长这两个功能独立出来形成独立的过程，在计算成本时直接调用它们，如图 3-2 所示。其中，顶层的"计算成本"模块的算法过程可设计为

图 3-1 游泳池扩建问题　　　　　　　　图 3-2 过程分解

输入半径;
以输入的半径值为参数调用"计算面积"获得游泳池的面积;
以输入的半径值再加2米为参数再次调用"计算面积"获得栅栏以内的面积;
栅栏以内的面积减去游泳池的面积得到环形过道的面积;
以输入的半径值再加2米为参数调用"计算周长"获得栅栏以内的周长;
计算成本;
输出结果。

这种范式的好处是:每个功能模块可以控制在一定的复杂度内,使得功能模块中的代码便于维护。功能模块之间相互独立,互不影响,也将使得系统更为稳定。过程范式也有自身的问题:如果问题比较复杂,功能划分也相应复杂;随着划分层次的增多,功能模块之间的调用也会越来越复杂。

这个问题也可以采用面向对象范式来解决。面向对象范式的核心是把变量(在面向对象编程范式中称为字段)和操作变量值的过程(在面向对象编程范式中称为方法)组织为一个类,利用类创建对象,对象之间协同完成任务。例如,可以把圆形游泳池抽象为一个"圆"类,把主程序抽象为一个"成本"类,如图 3-3 所示。

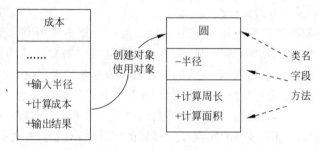

图 3-3 分类

"圆"这样的类与整型、浮点型等数据类型一样,可以用它在"成本"这样的类中创建变量,这种变量在面向对象范式中称为对象。例如,可以用"圆"类创建一个代表游泳池的小圆对象和一个代表栅栏的大圆对象。"成本"类的"计算成本"方法的算法过程可设计为

输入半径;
以输入的半径值用"圆"类创建小圆对象;
以输入的半径值再加2米用"圆"类创建大圆对象;
调用小圆的"计算面积"方法获得游泳池的面积;
调用大圆的"计算面积"获得栅栏以内的面积;
栅栏以内的面积减去游泳池的面积得到环形过道的面积;
调用大圆的"计算周长"获得栅栏以内的周长;
计算成本;
输出结果。

这种解决问题的方式比较符合人类的思想习惯。例如,可以把小圆和大圆这两个对象看作是两个人,他们都有自己的半径数据(对象字段的值称为状态),正如具体的人都有自己的身高一样。我们可以"询问"他们以获得其面积和周长数据。这个"询问"行为也就是"调

用"其方法(相当于调用过程范式中的过程)。这为解决较为复杂的问题提供了方便。当然,该范式同样也有自己的问题:从未来的角度看,如果需求发生变化,这样的程序代码就不便于扩展了。例如,如果游泳池不是圆形的,可能是正方形、矩形,也可能是不规则形状,扩展这个成本计算系统的功能就不会很方便。

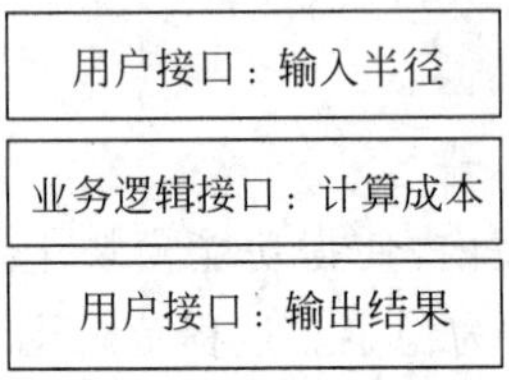

可以把"成本"这样的类视为需要其他类提供服务的客户端,把"圆"这样的类视为能提供计算面积和周长等服务的服务器端。显然,双方的独立性越强,系统的可扩展性和稳定性就越好。从上面的算法可以看出,客户端一般由用户接口和业务逻辑接口构成。其中,用户接口与用户交互,进行数据输入和输出;业务逻辑接口与服务器端交互,向服务器端输入数据或从服务器端获取数据,如图3-4所示。

| 用户接口:输入半径 |
| 业务逻辑接口:计算成本 |
| 用户接口:输出结果 |

图 3-4 客户端代码框架

从前面的算法演变过程可以看出,用户接口部分没有什么变化,只有业务逻辑接口部分一直在变。如果保持服务器端的类名和方法名不变,即使方法的实现发生了变化,客户端的业务逻辑接口部分也不会变化。反之,客户端的用户接口部分从控制台的字符输入输出变换到基于Windows窗体的图形输入输出,也不会影响到服务器端。换句话说,面向对象范式在一定程度上保证了双方的独立性。

当然,如果服务器端要扩展应用的范围,例如,可以计算不规则游泳池的成本,类名用"圆"显然不合适,应换成"不规则形"。显然,客户端创建"圆"对象的语句就要改变,影响到了客户端。这种情况可以用面向对象范式的接口机制或抽象类来解决。面向接口编程可以在一定程度上减小服务器端对客户端的影响,增强系统的可扩展性。也就是说,在面向对象范式中,较为高级的方法是面向接口编程而不是面向实现编程。面向接口编程是指,在声明变量时,应该声明为接口而不是类的实例。这样做的好处是,对象只要具有客户端所希望的接口,客户端即使不知道该对象的具体类型也可以使用它。例如,设计一个"形状"接口,将"形状"的名称和方法的名称固定下来,"圆"类实现该接口。客户端把与游泳池相关的变量声明为"形状"接口而不是具体的"圆"类。客户端只知有"形状"而不知有"圆"。以后要扩展功能计算不规则游泳池,可以设计一个实现"形状"接口的"不规则形"类,利用微积分计算新型游泳池的面积。新增加的"不规则形"类并不会改变客户端的抽象代码。也就是说,服务器端的变化不会影响客户端,双方的独立性得到了增强。当然,面向接口编程同样有自己的局限性。只有利用工厂设计模式为客户端创建对象,客户端不涉及任何具体的类名,才算真正从服务器端独立出来。

3.1.4 软件开发方法

从构成程序的基本单位看,命令式程序的基本单位是表示指令的"语句",过程式程序的基本单位是表示步骤的"过程",对象式程序的基本单位是表示对象的"类",构成程序的基本单位的粒度越来越大。另外,构成程序的更大粒度的基本单位是"组件""服务"等,对应的开发范式是基于组件的方法和面向服务的方法。这些基本单位的关系如图3-5所示,即系统由服务构成,服务由组件构成,组件由类构成,类由过程构成,过程由语句构成。

限于篇幅,本书仅涉及最为常用的结构化开发方法和面向对象开发方法。前者包括结构化分析(SA)、结构化设计(SD)和结构化编程(SP),后者包括面向对象分析(OOA)、面向

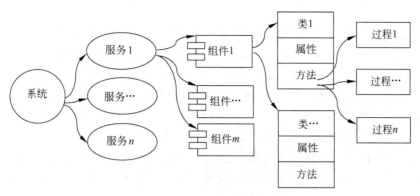

图 3-5　程序的粒度

对象设计(OOD)和面向对象编程(OOP)。不管采用哪种开发方法,一个现实世界的问题都会经分析、设计和编程后被变换为机器世界的解决方案,如图 3-6 所示。

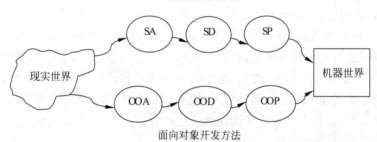

图 3-6　软件开发方法

一个软件,本质上就是一个计算系统。计算系统具备计算对象、计算行为、计算功能等三大特征。其中,计算对象就是要计算的数据以及计算结果等;计算行为指的是计算的表现形式,例如如何指定计算对象、如何显示计算结果等;计算行为是外在的,需要依靠内在的计算功能来体现,计算功能有一定的计算步骤,即加工处理过程,也就是算法。因此,要开发一个软件,就需要了解它要加工处理什么样的数据、需要具备什么功能、应该具有什么样的行为表现。结构化方法接近机器的思维模式,强调"功能→行为→对象"的建模顺序,按"功能"来组织系统,系统是过程的集合,数据加工过程与数据是分离的。面向对象方法接近人类的思维模式,强调"对象→行为→功能"的建模顺序,按现实世界的"对象"来组织系统,系统是交互对象的集合,数据加工过程与数据是一体的。这两种方法的主要区别如表 3-1 所示。

表 3-1　结构化方法与面向对象方法的主要区别

方　　法	结构化方法	面向对象方法
系统	系统是过程的集合;过程接受输入并产生输出	系统是交互对象的集合;对象与人或其他对象交互
系统组织	围绕功能组织系统;面向功能,把系统视为一组功能	围绕对象组织系统;面向现实世界,把系统视为一组相互作用的实体
建模顺序	功能、行为、对象	对象、行为、功能
数据与处理的关系	分离:过程与数据实体交互	一体:对象发送与响应消息

续表

方　　法	结构化方法	面向对象方法
可扩展性	系统边界定义完善,扩展难	利用接口等机制提高扩展性
可重用性	过程分解是主观的,不同的人确定的过程可能不同,妨碍重用	在一个系统内,不同的人确定的对象类是一致的,增强重用
主要工具	数据流图、控制流图、实体关系图、数据字典、判定表、判定树等	用例图、类图、对象图、协作图、顺序图、状态图、活动图等

两种方法各有优缺点,也有各自的应用场合。例如,结构化方法适用于需求清晰的中小型项目,面向对象方法适用于需求模糊的大中型项目。下面两节对这两种方法进行详细介绍。

3.2　结构化方法

物质的层次结构可作为分类的依据。例如,人体由器官构成,器官由组织构成,组织由细胞构成,细胞由分子构成,分子由原子构成。同理,系统由子系统构成,子系统由组件构成,组件由类构成,类由过程构成,过程由语句构成。按这种方式对要开发的软件进行分析、设计和实现,采用的就是结构化方法。结构是指系统各构成要素间相互联系和相互作用的框架。结构化方法提出了一系列诸如抽象、模块独立性、信息隐蔽等能提升软件结构合理性和清晰度的经验原则,帮助开发人员面向结构进行分析、设计并加以实现。本节主要介绍结构化方法的概念及其建模技术。

3.2.1　结构化编程

从编程语言的演化过程可知,最早的编程范式是命令式的。命令式编程把程序视为指令构成的序列,它的基本工具是变量和语句。其中,变量表示存储的数据,语句表示对数据进行加工处理的指令。指令构成机器语言,用机器语言编写的程序显然就是命令式的。与机器语言一一对应的汇编语言自然也是命令式的。大多数高级编程语言是由汇编语言演化而来的,因而也是命令式的。过程式编程是指引入了过程、功能模块或子程序的命令式编程。由于命令式编程中的一些指令的实现也是过程化的,因此过程式编程和命令式编程并未严格加以区分。过程式编程的基本工具是变量和过程,这个过程在调用者看来就是一条调用语句,也就是一条指令。因此,早期的编程语言大部分是命令式的,其思想符合计算机的运行机制。

命令式编程存在着一些潜在的问题,导致了结构化编程运动。结构化编程的成功促使软件设计等方面也开始使用结构化方法,强化了模块化原则,出现了许多使用了结构化概念的工具和方法。例如,模块的耦合与内聚原则、信息的隐藏原则、数据类型抽象原则、结构化设计方法、结构化编程语言等。

结构化编程是在过程式编程的基础上发展起来的,提倡程序代码要具有清晰的逻辑结构,要保证程序易于编写、测试和维护。结构化编程本质上是一种编程的原则。结构化定理指出,任何程序都可以由三种基本控制结构构成,也就是顺序、分支和循环。结构化编程就是在三种基本控制结构的基础上进行嵌套和组合。基本控制结构满足"单入口,单出口"原则。

这种面向过程的结构化方法的核心是"分而治之"思想,强调"自顶向下"进行分析和设计,通过模块化将一个较为复杂的系统分解为若干相对简单的子系统,每个子系统可以进一步分解,直到易于实现。在实现阶段,主张"循规蹈矩",采用"顺序""分支""循环"三种基本控制结构进行编程。这些基本结构就像电器元件,用元件组装系统,模块清晰,层次分明。

3.2.2 过程范式

一般来说,最有效地解决问题的方法是对问题进行分解,将大问题变成易于解决的小问题。每个小问题就是一个任务。可以编写一个称为**过程**的代码块去完成这一任务。过程可以调用其他过程或被其他过程调用。可以把若干过程组合在一起形成**模块**,把所有模块集成在一起就是一个软件系统,如图 3-7 所示。

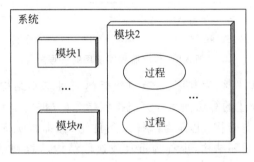

图 3-7 过程范式

过程范式以模块为中心,主要关注应用程序的处理过程,即面向过程。可以像对企业职员按职能分组以形成层级关系那样,把应用系统简化为按模块分组的层级结构。把系统分解为具体的构件,分析每个构件的功能,可以清晰地了解该系统。分解的构件越小,越易于了解其工作方式和原理。每个构件有其独立的功能,它们协同工作就可以完成指定的任务。例如,计算机是一个复杂系统,可以分解为 CPU(中央处理器)、存储设备、键盘、鼠标、显示器等构件,CPU 又可以进一步分解为 ALU(算术/逻辑运算器)、控制器等更小的构件。换句话说,识别计算机的构件、定义构件功能及确定构件之间的交互等,比理解计算机的工作更容易。

3.2.3 结构建模技术

对于一个软件系统,需要从数据、功能或行为等方面进行较为全面的分析,以便设计和实现真正需要的系统。为了与他人交流,需要把问题以及解决问题的想法描述出来,也就是要为软件的功能、处理的数据以及表现行为等建立模型。模型是现实世界某些重要方面的表示,分为抽象模型和具体模型。其中,抽象模型包括思维、符号、数学等模型;具体模型包括直观、物理等模型。模型化或模型方法是通过抽象、概括和一般化,把研究目标或问题转化为本质(关系或结构)相同的另一目标或问题,从而加以解决的方法。模型化方法要求所建立的模型能真实反映所研究对象的整体结构、关系或某一过程、某一局部、某一侧面的本质特征和变化规律。

自然语言当然是进行沟通和交流的首选描述工具。但是,一幅图胜过千言万语,有时用图形符号表达想法更为形象和直观。结构化方法常用的过程建模工具有程序流程图、过程流程图、数据流图(DFD)、控制流图(CFD)、实体关系图(E-R)、数据字典(DD)、结构化语言、判定树、判定表等。其中,程序流程图主要用于详细设计阶段,用于表示算法步骤;过程流程图主要用于业务分析阶段,用于表示业务流程;DFD 从数据处理的角度,以图示法描述系统的功能、数据在系统中的流向以及处理过程;CFD 源于 DFD,用于补充 DFD 的控制流部分;E-R 用于识别现实世界的实体及其关系;DD 定义和说明 DFD 和 E-R 的基本元素涉及的内容和特征;结构化语言是一种介于自然语言和形式化语言之间的半形式化语言,用于描述 DFD 处理过程的操作流程,相当于算法的伪代码;判定树和判定表用于描述 DFD 处理过程的操作规则。

1) 程序流程图

描述算法,用得比较多的是程序流程图。程序流程图的常见符号如图 3-8 所示。

图 3-8 程序流程图使用的符号

所有算法过程都可以归结为顺序、分支和循环这三种基本结构,如图 3-9 所示。图中,图 3-9(a)是顺序结构,描述的算法使得计算机按照指令(方框所表示的处理过程)的顺序依次执行;图 3-9(b)是分支结构,也称为选择或条件结构,即根据条件选择一个分支执行;图 3-9(c)和图 3-9(d)是循环结构,也称为重复或迭代结构,"直到型"循环至少执行一次循环体,而"当型"循环可以一次都不执行循环体。只允许使用这三种结构来描述算法,就是结构化编程思想对算法描述的限制。

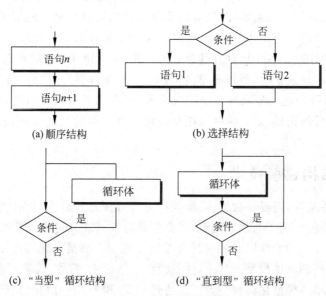

图 3-9 结构化流程示例

2) 过程流程图

过程流程图是一个过程的步骤的图形表示形式。它使用如表 3-2 所示的预定义符号表示系统中诸如文档、辅存等构成元素。利用过程流程图,可以理解和标识一个过程的步骤流程、问题以及问题解决方案。例如,可用过程流程图描述新生注册、销售、工资发放等过程。

表 3-2 过程流程图使用的符号

符 号	描 述
开始/结束 	标示流程图的开始和结束
过程 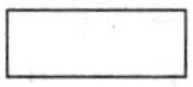	标示过程中的操作步骤
文档 	标示文档或报告
判断 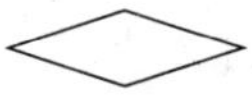	标示条件,根据条件判断流向
子过程 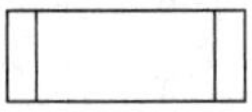	标示子过程或子程序
流向 	标示从一个步骤到另一个步骤的流程方向
连接	标示两个流程图的连接处
合并 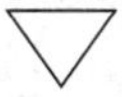	标示多个子过程的合并
输入/输出 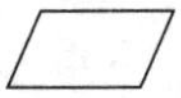	标示输入或输出数据
数据库 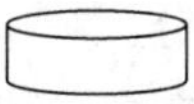	标示保存数据的文件

3) DFD

DFD 是描述系统的数据处理流程的图形表示形式,使用如表 3-3 所示的符号元素描述一个系统的逻辑输入、逻辑输出,以及把逻辑输入转换成逻辑输出的处理过程。DFD 从数据角度描述系统,包括要从系统外面输入什么数据、数据进入系统后如何加工以及暂存在哪里、要向系统外面输出什么数据。在需求阶段,软件开发人员可以利用通过 DFD 工具与用户交流系统的数据加工情况。需求阶段的 DFD 可以很方便地转换为设计阶段的软件结构图。

表 3-3 DFD 使用的符号

符 号	描 述
外部实体 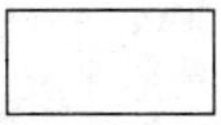	标示系统外部的实体,如人或组织,可以向系统输入数据或从系统获取数据
处理过程 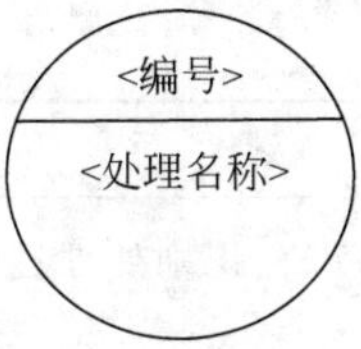	标示系统内部用于对数据进行加工变换的处理过程

续表

符号	描述
数据存储 <编写><数据仓库名>	标示数据存储的位置
数据流 <数据名>→	标示数据流向

DFD 仅用矩形、圆形、开口矩形、带箭头线这四种符号就可以表示一个系统的数据处理流程。其中,矩形代表外部实体,用于标示数据的来源或目的;圆形代表处理过程,用于标示对数据进行变换或转换;开口矩形代表数据存储,用于标示数据的存储点;带箭头线代表数据流向,用于标示数据在外部实体、处理过程、数据仓库之间的流动。

外部实体:系统的数据源点和终点。它位于系统的外部。外部实体向系统输入数据或从系统获取数据,向系统提供数据的外部实体有时称为"源",从系统获取数据的外部实体有时称为"槽"。设计师不用考虑这些实体的实现。外部实体可以是系统用户,也可以是一个机构或另一个系统。

处理过程:即对数据所进行的加工。它把数据从一种形式变换为另一种形式。每个处理过程有一到多个数据输入,经加工变换后产生一到多个数据输出。处理过程用圆圈表示,可以分为上下两部分。其中,上边部分可用于对处理过程进行编号,下边部分用于表示处理过程的名称,一般蕴涵处理过程所实现的变换功能。

数据存储:可以把处理过程的结果暂存到数据仓库或从数据仓库检索数据。用右开口矩形表示数据仓库,并用编号和名称加以区别,也可以没有编号部分。

数据流:表示数据流向。箭头方向为数据的流向。箭头线旁边可以注明流动的数据的名称。数据流可能存在于处理过程之间、处理过程与数据仓库之间、外部实体与处理过程之间,不能存在于外部实体之间、数据仓库之间、外部实体与数据仓库之间。

一个简易的关于银行系统开户功能的 DFD 如图 3-10 所示。其中,"开户人"是一家银行系统的一个外部实体,"开户"是该银行系统中的一个处理过程,开户人在银行系统开户后,其数据会被存储在"开户人仓库";"开户人"还可以通过"开户"查询信息。

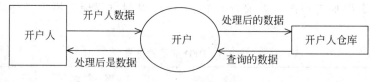

图 3-10 DFD 举例

4)CFD

CFD 用于对控制流程进行描述。CFD 的元素和符号如表 3-4 所示。

表 3-4 CFD 使用的符号

符号	描述
控制条	标示 CSPEC。可以用 CSPEC 识别处理过程的条件和处理过程的交互

续表

符　号	描　述
控制处理过程　⊙＜编号＞/＜处理名称＞	标示系统内部用于对数据进行加工变换的处理过程
控制存储　＜编号＞＜数据仓库名＞	标示控制流内容的存储位置
控制流　- - -＜控制名＞- - -→	标示控制流向

要注意，DFD 描述的是数据和对数据进行操作的处理过程，而 CFD 表示的是在处理过程之间流动的事件；DFD 中的处理过程用处理规格说明（PSPEC）描述，CFD 中的事件和条件用控制规格说明（CSPEC）描述。CFD 为 DFD 补充了控制元素。CFD 主要用于实时编程，表示 DFD 中描述的处理过程之间的互动。CFD 中的事件发生于处理过程的外部，处理过程要对发生的事件进行响应。事件可以激发或调用软件的处理过程。因此，一份事件清单有助于理解软件工作环境中发生的事件以及软件与工作环境的交互情况。过程模型和控制模型之间的关系如图 3-11 所示。

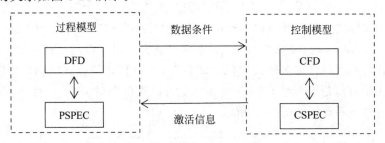

图 3-11　过程模型与控制模型之间的关系

过程模型通过数据条件与控制模型交互。数据条件是指，该数据输入到处理过程，加工后的输出结果是控制信号。控制模型通过 CSPEC 中给定的激活信息与过程模型交互。

5）E-R

1976 年，彼得·陈（Peter Chen）提出了 E-R 模型，用于识别现实世界的对象及其关系。E-R 模型是一种概念数据模型，用 E-R 图来表示。E-R 图是一个企业数据存储需求的图形化表示，一般用于创建数据库的逻辑表示。E-R 图由实体、关系、属性组成，使用的符号如表 3-5 所示。

表 3-5　E-R 图使用的符号

符　号	描　述
实体　＜实体名＞	标示一个任意的物体、位置、人、概念、活动等

符 号	描 述
属性 <属性名>	标示某实体的特性
关系 <关系名>	标示实体之间的关系
连线	用于连接实体与其属性、关系与其属性、实体与关系

实体：指可用于记录企业数据的物体、位置、人员、概念或活动等任何事情，用矩形框表示。因此，实体既可以是实在的物体，也可以是抽象的对象，实体之间既有区别也可能存在联系。要注意实体 type(类型)和实体 instance(实例)的区别。其中，实体类型是指具有共同特性的事物，如"学生""教材""成绩"等抽象概念；实体实例是指具有个性化特征的事物，如"张三""哲学入门""83"等具体对象。实体类型有两种，一种是依赖于其他实体的存在而存在的非独立实体，也称为弱实体；一种是不受其他实体的存在而存在的独立实体，也称为常规实体。

关系：指的是实体之间的关联，用菱形表示。例如，"学生"与"教师"之间存在的"教"关系是一种多个对多个的关系，即一个"教师"可以"教"若干"学生"，一个"学生"可以被若干"教师""教"。实体之间的关系可以在连接线的实体端用"one"(可简写为 1 或一)和"many"(可简写为 m 或多)表示。关系类型可以是实体与它自身相关联，如"职员"之间的"婚姻"关系。两个实体之间可以存在多种关联，如"职员"与"部门"之间存在"管理""工作"等关系。实体之间的关系可以是单个对单个(一对一)，也可以是单个对多个(一对多)或多个对多个(多对多)。这些关系举例如图 3-12 所示。

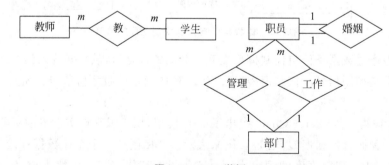

图 3-12　E-R 举例

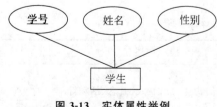

图 3-13　实体属性举例

属性：指实体的特征，用带属性名称的椭圆形表示。属性类型是实体类型的属性，属性实例是实体实例的属性。例如，如图 3-13 所示的"学生"的"学号""姓名""性别"等是"学生"类型的属性类型，而"张三"的"20211219""张三""男"等则是"张三"实例的属性实例。能唯一标识一个实体实例的属性称为关键属性,简称键属性。例如学生的学号可以唯一确定学生的身份,因此"学号"是键属性。键属性用带下划线的属性名表示。另外,关系也可以有属性。

3.2.4 结构化方法的应用

假设需要开发一个人力资源管理系统,职工数据由人事部经理维护,主管可以查询职工信息。

首先是功能建模,即确定系统应该具有哪些功能模块。

1) 确定软件系统的用户、用户与软件系统之间的信息及其流向

经分析,人力资源管理系统的顶层数据流如图 3-14 所示。这里,椭圆表示要开发的软件系统或功能模块,矩形表示与软件系统交互的外部实体(如用户或其他系统),带箭头的实线表示信息流向(可在实线旁附加流动的数据的名称)。

图 3-14 人力资源管理系统顶层 DFD

2) 功能分解

把任务细分,既便于管理,也便于完成。当然,任务分得过细也会出现新的问题,如任务之间的关系会变得比较复杂。细化到什么程度是软件设计师根据实际情况综合考虑的结果。人力资源管理系统涉及职工数据的维护、查询统计等,有必要进行一定程度的功能划分,如图 3-15 所示。

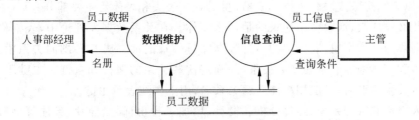

图 3-15 人力资源管理系统功能分解

3) 确定软件结构

即将 DFD 转换为软件结构图(按层次将 DFD 中的椭圆转换为软件结构图中的矩形,将各层用实线连接起来)。人力资源管理系统的软件结构如图 3-16 所示。

接着可以考虑非业务需求的其他软件功能,如系统数据字典、用户管理与功能模块授权、用户登录等称为通用基础设施的功能,这里不再赘述。

其次是数据建模,即对现实世界的信息进行分析、抽象,找出它们的内在联系,确定相应的数据结构并建立数据模型(概念模型、逻辑模型、物理模型)。

(1) 概念建模。

经过分析,人力资源管理系统的职工概念模型如图 3-17 所示。人力资源管理中的职工信息主要关注姓名、性别、生日、身高、性格、特长等。

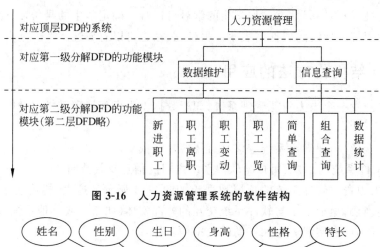

图 3-16　人力资源管理系统的软件结构

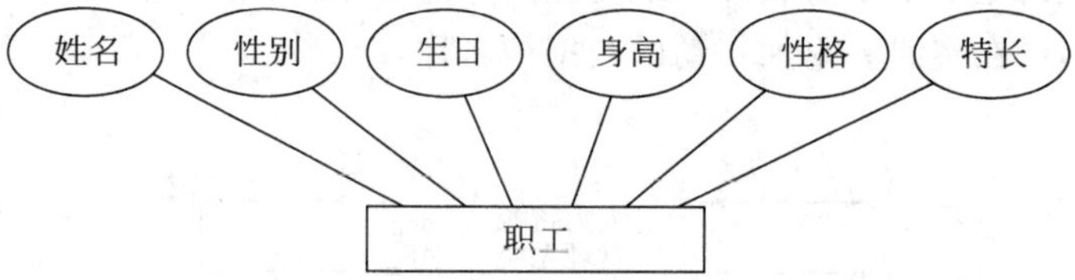

图 3-17　职工信息

概念建模是从现实世界到信息世界的第一层抽象,要求确定应用领域实体属性关系,一般用 E-R 图表示。E-R 图由实体、属性和关系三个要素构成。图中,用矩形表示实体,用椭圆表示属性,用实线连接实体和它的属性。

(2) 逻辑建模。

这是从现实世界到信息世界的第二层抽象,要求将前面的 E-R 图转换成相应的逻辑模型。逻辑模型有关系、层次、网状、面向对象等几种。一般使用的是关系模型。这是一种线性关系,可以把它想象成一张表格。表格包括标题、表头和表体等主要部分。标题一般表示这是一张什么样的表,即表体中记录的是什么实体。在关系数据库理论中,表格称为关系,表格的一列称为一个字段,表体中的一行数据称为一条记录。从 E-R 图向关系模型的转换就是将实体和实体间的联系转换为关系,并确定这些关系的属性和主键。主键用于识别记录。在表示关系模型时,一般用粗体表示关系名,用下画线表示主键。

对于人力资源管理系统,经过分析和设计,增加了身份证号、照片、备注等字段。其中,身份证号用于唯一标识一个职工,照片用于管理,备注用于记录职工的补充信息。职工的关系模型为

职工:<u>身份证号</u>,姓名,性别,生日,身高,性格,特长,照片,备注。

(3) 物理建模。

这是从现实世界到信息世界的第三层抽象,涉及逻辑模型的机器实现,与 DBMS 密切相关,包括数据表名、字段名、数据类型、长度、约束(主键、外码、索引、约束、是否可为空、默认值)等。职工的物理模型如表 3-6 所示。

表 3-6　职工

序 号	字段名称	数据类型	字段大小	约　束	说　明
1	id	文本	18	主键	身份证号
2	name	文本	6		姓名

续表

序号	字段名称	数据类型	字段大小	约束	说明
3	gender	文本	8		性别
4	birthday	日期	日期/时间		生日
5	stature	数字	字节型		身高
6	temperament	文本	100		性格
7	speciality	文本	30		特长
8	photo	二进制	OLE对象		照片
9	note	文本	备注		备注

3.3 面向对象方法

结构化方法有其局限性。对于复杂的系统，软件模块之间联系紧密、相互依赖，使得模块难以独立开发。随着模块的增多，软件复杂性也随之增加，导致软件的重用性降低。另外，模块之间的密切关系还会导致软件不够灵活，使得软件不易维护。面向对象方法可以提升软件的重用性和灵活性。程序的本质是数据和数据处理算法。使用传统的结构化方法编写的程序由数据结构和算法过程构成。使用面向对象方法编写的程序由类构成，类封装了数据结构和算法过程，在形式上相当于传统意义上的程序。类的封装粒度更大，适合用来组织更大型的程序。类的数据结构部分称为字段，相当于传统程序的变量，算法过程部分称为方法，相当于传统程序的过程。本节介绍面向对象方法的概念及其建模技术。

3.3.1 组件技术的发展

编程涉及描述计算对象的数据结构、描述计算过程的算法、描述程序的编程语言和运行程序的平台等。运行程序的平台也称计算环境。从早期基于单机的主机计算到后来基于互联网的分布式计算，计算环境发生着深刻的变革。在从主机计算向分布式计算过渡的过程中，软件系统的规模和复杂度呈几何级数增加，编程语言和软件开发方法都面临着前所未有的挑战。面对规模越来越大的软件，为了降低复杂度，提高开发效率，人们提出了基于组件的编程方法。基于组件的方法是"搭积木"思想在编程领域的开拓性应用。因为组件就像"积木"一样具有可重用性和互操作性，可以通过组件集成来高效地构建复杂的软件系统。

视频讲解

20世纪90年代以来，出现了CORBA、COM、JavaBeans三种典型的组件技术。其中，CORBA指公共对象请求代理体系结构，是对象管理组织（OMG）于1991年推出的组件技术；COM指组件对象模型，是微软于1993年提出的组件技术；JavaBeans是Sun于1997年推出的组件技术。

CORBA、COM、JavaBeans各有优缺点，都面临着不断改进和发展的要求。例如，继CORBA 1.0后，OMG分别于1996年8月推出CORBA 2.0、2002年7月推出CORBA 3.0、2004年3月推出CORBA 3.0.3。JavaBeans是Sun在Java的JDK 1.1中引入的组件技术，是一个面向对象编程接口，可以用它创建可重用的应用程序或能在主流网络操作系统平台配置的组件。Sun于2000年随J2EE(Java 2平台企业版)引入服务器端的组件技术EJB（企业级JavaBeans）和网页编程工具JSP(Java服务器网页)，使得Java成为一种功能完备的分布式计算环境。COM 是组件之间相互通信的一种方式和规范,是一种平台无关、语言中立、位置透明、支持网络的中间件技术,其发展路线如图 3-18 所示。

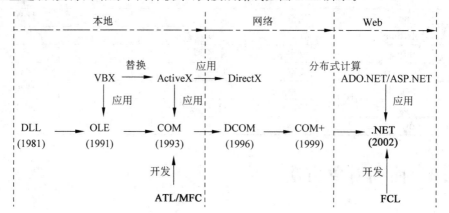

图 3-18　COM 的发展历程

COM 源自 OLE(对象链接和嵌入),OLE 源自 DLL(动态链接库)。ActiveX 控件是 COM 的具体应用,ATL/MFC(活动模板库/微软基础类库)是开发 COM 的主要工具。DCOM(分布式 COM)和 COM+是 COM 的发展,分别于 1996 年和 1999 年推出。20 世纪 90 年代末,使用微软平台的 Windows 编程已经演化出了许多分支。其中的大多数程序员使用的是 Visual Basic、C 或 C++。使用 C 和 C++的程序员中,有的使用 Win32 API(应用程序设计接口),有的使用 MFC,有的已经转向 COM。但这些技术都存在一定的问题。例如,Win32 API 不是面向对象的,使用它比使用 MFC 需要更多的工作量;MFC 是面向对象的,但缺乏一致性;COM 概念简单,但实际编码很复杂且代码也较难阅读。况且,这些编程技术主要针对的是桌面应用开发,对互联网则显得力不从心。早期的程序代码短小精悍。随着问题规模越来越大,程序代码也越来越复杂。难以阅读的程序代码必然会给开发和维护带来困难。程序员开始重温那"激情燃烧的岁月",希望用一种集成的、面向对象的开发框架把一致性和优雅性带回到程序中,回归到代码简洁的时代。为了满足这些需求,微软公司开始开发一个能满足这些目标的代码运行环境和应用开发环境,这就是.NET。.NET 将互联网作为构建新一代操作系统的基础,在理念中包含了对操作系统和网络设计思想的延伸。微软计划用.NET 彻底改变软件的开发、发行和使用方式,构建第三代互联网平台,解决各种协同合作的问题,实现信息的高效沟通和分享,让整个互联网为人类提供全方位的服务。

微软推出用来代替 COM 的.NET 是它面向第三代互联网的计算计划,是它继用 Windows 取代 DOS 之后的又一项战略性举措。.NET 是一个分布式计算环境,提供了一个安全、一致、标准的模型和环境,简化了分布式应用程序开发的难度,能大幅提高软件系统的生产率和质量。它面向异构硬件平台、操作系统和网络,为软件提供最大限度的可重用性、互操作性和可扩展性,以实现软件系统之间的智能交互和协同工作,提高整个网络的利用率和效率,特别是企业级的系统集成和资源优化,给开放性企业的生产力水平带来质的飞跃。

以上这些组件技术是各大公司为使软件开发更符合人类的行为习惯而开发的新技术。利用这些技术,可以开发出各种各样的功能组件,将它们按需组合,就可以构成复杂的应用系统。这样做不仅能提高软件定制的效率和软件产品的质量,也使得软件系统易于升级和维护。例如,可以"现场"替换软件系统中的组件、可以在多个软件系统中重用同一个组件、可以方便地将组件部署到分布式网络环境中等。

3.3.2 面向对象编程

当然,这些组件技术都与面向对象方法密切相关。要掌握基于组件的编程方法,面向对象编程是关键。

面向对象编程(OOP)是一种基于对象概念的编程范式。对象可以包含数据和代码。其中,数据以字段或域的形式体现,常称为属性;代码以过程的形式体现,常称为方法。对象有其自身的特性,如年龄、身高等,也有其自身的行为,如走路、微笑等。对象这个术语与现实世界、概念世界和程序世界有关,它与三个"世界"的关系如图 3-19 所示。

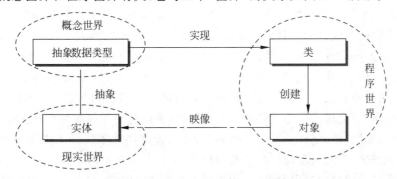

图 3-19 对象与三个"世界"的关系

现实世界的实体经过抽象变成概念世界的抽象数据类型,抽象数据类型在程序世界可用各种方法加以实现。结构化编程使用变量来实现,面向对象编程则使用类来实现。程序世界的类相当于一个模板,利用这个模板可以创建具体的对象。程序可以在机器世界里运行,运行的程序称为进程,机器世界的对象则称为实例。这些实例按一定的规则进行交互,就可以协同完成特定的任务。

例如,现实世界中的一个人事部门,有许多实实在在的职工"实体"。要对这些职工进行有效的管理,需要对他们进行了解。人事部门经理分析这些职工,在大脑(概念世界)中对职工信息进行抽象,形成了自己的看法(关注点),建立了信息模型(抽象数据类型),如图 3-17 所示。当然也要关注他们的行为表现,如签到、写作、说话等。作为软件工程师,要为这个部门经理开发一套人事管理软件,就得把部门经理的概念模型转换成程序世界的"类",如图 3-20 所示。

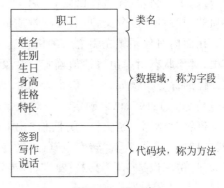

图 3-20 职工类

类为给定对象的类型或分类定义数据格式和可用过程,也可以包含数据和过程本身(称为类方法),即包含数据成员和成员功能。对象是类的实例。例如,对于"王婆卖瓜,自卖自夸"这个场景,在面向对象观点看来,"王婆"对象可归为销售人员类,"西瓜"对象可归为西瓜类。首先,为西瓜类取个名字,例如 Watermelon。其次,抽象出西瓜的属性和行为特征,例如用 weight 表示一个西瓜的重量,用 totalweight 表示已售西瓜的总重量,用 totalnumber

表示已售西瓜总个数,用 sale 表示卖瓜操作,用 return 表示退瓜操作,用 peddle 表示吆喝操作(自夸瓜好且显摆已售西瓜总重量和总个数)。其中,Watermelon 是对给定西瓜的类型的定义;weight 对应数据格式;sale、return 等对应可用过程;totalweight、totalnumber 不属于单个西瓜,是所有卖出西瓜的累计数,对应类自身的数据,即数据成员;peddle 不属于单个西瓜,用于显示所有已售西瓜的累计值,对应类自身的过程(类方法),即成员功能。要注意的是,Watermelon 只是一个定义,相当于一个模板,用它可以创建西瓜类的实例,对应现实世界的西瓜实体。

3.3.3 面向对象思想

视频讲解

面向对象是最接近人类思维方式的一种方法。面向对象方法的基础是分类思想。利用分类思想解决问题一般分为从具体到抽象、再从抽象到具体这两大步骤。"女娲造人"神话故事中,女娲娘娘等对看到的、听到的、嗅到的、触摸到的形形色色"事物"进行抽象,提取对解决问题有用的信息,分类建模。例如,根据有巢氏、燧人氏、伏羲氏、女娲氏等个体,定义"人"类(这是从具体到抽象),建立"人类"模型,再按"人类"模型捏造出一个个具体的人(这是从抽象到具体)。把这一思想用到软件开发领域,就演化出了面向对象软件开发方法。这种方法的核心,是用"类"创建一个个具体的"对象",让这些对象协同工作完成既定的任务。因此,面向对象软件开发的基础是"类"和"对象"。

在计算机科学领域,"面向对象"一词来源于对英文"Object-Oriented"的翻译(港澳台地区译为"物件导向")。"Object"可以是有固定形状或形式的任何东西,可以触摸或观看,不是活物,可以译为"物体"或"东西"。"Object"也可以指特定情感或反应的对象,即直接面向或引起情感或反应的人或事,可以译为"对象"。"Oriented"指某人重点关注的人或事,可以译为"以……为方向的""对……感兴趣的"或"重视……的"。"对象导向"相当于按梦中情人的标准去"找"对象,具体目标没定但选择倾向已定,这是一种导向;"面向对象"相当于"找到"对象去约会,具体目标已定,开启了浪漫之旅。软件开发方面的面向对象,显然既有导向性质的"找对象"以分类,也有面向性质的"用对象"来做事。

在面向对象领域先驱之一的格雷迪·布奇看来,一个对象具有状态、行为、身份等特征。其中,对象状态由一组属性值确定;对象行为指的是属性值的变更;对象身份是能区别其唯一性的标志。例如,从一份个人简介"张三,男,1.8 米,18 岁,软件工程专业 2021 级 3 班,学号是 20211219",可以确定一个对象,该对象具有"姓名""性别""身高""年龄""专业""年级""班级""学号"等属性,属性值分别是"张三""男""1.8""18""软件工程""2021""3""20211219"等,行为有"转专业"(改变"专业"属性的值)、"换姓名"(改变"姓名"属性的值)等行为,身份标识是学号"20211219",因为它能确定该对象的唯一性(假定对象限于一个学校内部)。

现实世界有着形形色色的对象,形状不同、大小各异、色彩缤纷。面对纷繁复杂的大千世界,为简化认识过程,人类按"物以类聚,人以群分"的原则将对象进行分类处理。例如,动物学家按种类、领域、族群对动物进行分类。《史记·陈涉世家》有言"燕雀安知鸿鹄之志"。不管志向大小,燕雀和鸿鹄具有鸟族群的共同属性,都会产卵并用羽毛孵化小鸟,骨头都是空心结构、都能飞,即结构和行为类似,因此都属于"鸟"类。利用面向对象方法解决问题,首先要将系统涉及的对象按其共同属性进行分类,即把具有共同属性和行为的一组对象定义为一个类。

面向对象方法具有抽象、封装、继承、多态等特性。抽象性表示所关注的对象的本质特征,这些特征使得所关注的对象不同于其他对象。例如,对于电视机,用户可能只关注品牌、性价比等特性,而维修工程师更关注的则是机器的构件以及可替换配件等特性。用户和工程师各自所关注的抽象层次不同,后者关注抽象层次比前者更低,即用户注意关键属性和行为,工程师观察得更细。封装性指的是一种信息隐藏能力,即对属性和行为的公开、不公开或半公开设置。其中,公开指的是外部可以随意访问,不公开指的外部不能访问,半公开指的是有条件地访问。例如,对于电视机,用户无须了解其内部的复杂结构而只需了解其开关、设置等功能,即封装了机器的内部构造。继承性的概念来自现实生活,类似于父子之间的继承机制,被继承类称为父类或基类,继承类称为子类或派生类。父类具有其所有的子类共用的属性和行为,子类可继承这些共用的属性和行为。例如,"电视机"是"机器"的一个子类,电视机的"机器"属性和行为可以从"机器"继承,只需具备"电视机"的特有属性和行为即可。多态性又称为多形性,是指对象在不同环境显示不同行为的特性。例如,在进行电视机设置时,在不同情况下相同的按钮会完成不同的功能。

面向对象方法把一个系统视为现实世界中对象的集合。一个对象表示一个具有身份、属性值、行为的实体。具有共同属性和行为的对象被定义为类。一个系统可以有若干对象和类,它们协同完成既定的任务。

总之,相较于结构化原则,面向对象思想更接近人类生活的现实世界,所建的模型更易于为包括非计算机专业的人员在内的利益相关者的理解,所定义的类更易于重用以缩短开发时间、减少工作量、降低成本,所建造的系统更易于改进。因此,面向对象开发方法更适用于规模可变、复杂性高的问题领域。用面向对象方法开发的系统更为稳定,且易于更新和升级。

3.3.4 类的继承与多态

人类,因继承而延续壮大,因多态而丰富多彩,面向对象方法学也是如此。继承与多态性是面向对象方法学的重中之重。有了继承和多态机制,程序变得易于维护、升级和扩展。支持抽象和封装但不支持继承和多态的编程语言只能称为基于对象的语言,只有全面支持了抽象、封装、继承和多态的编程语言才称得上是面向对象编程语言。

在现实世界,子女可以从父母那里继承 DNA,便有了类似的相貌。在编程世界,新事物可能与旧事物有相似的属性和方法,所以新事物同样可以从旧事物继承那些相似的属性和方法。程序中的类继承指的就是在已有类的基础上派生出新类。已有类称为父类或基类,新类是父类的子类或派生类。例如,人力资源管理系统中的职工继承结构如图 3-21 所示。

多态的原意是多种形态,指为不同类的对象提供一个统一的接口。一种实现多态性的办法如图 3-22 所示。职工类对外提供统一的接口,即职工及其派生类具有一致对外的方法,这些方法统一在顶层的职工类中作为接口列出。例如,职工、管理者、部门经理等都具有以"管理"为名的方法,统一向外提供"管理"方法名,但各自实现的管理模式不一样。客户端程序在使用这个职工系列类时,只与顶层的"职工"类交互。例如,它访问"张三"对象,只知道是一名职工,使用其"管理"方法时,可能表现出不同的管理形态,即"张三"表现的可能是

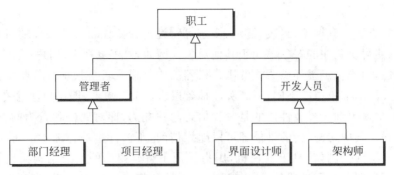

图 3-21 职工继承结构

普通"管理"方法,也可能是特殊"管理"方法,视"张三"属于继承结构的层次而定。在客户端看来,"张三"这个对象就具有多态性。

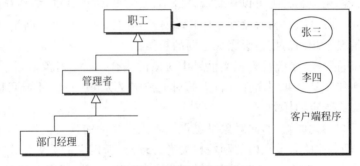

图 3-22 多态性示例

接口是一种与类相似的类型定义,但只是纯粹地表示对象及其用户之间的协议,既不能直接实例化为对象,也不定义任何数据成员。所以,接口只声明方法和属性。例如,电视机要通电,需要有电源插孔;要与录像机等设备共同组成家庭影院系统,需要有相应的视频音频插孔……。这些插孔是有标准的,是行业约定,也就是接口。电器工程师会面向这些接口进行产品设计,否则生产出来的电器产品就没法正常使用。所以,接口是非常重要的概念。作为设计师,最好的实践原则之一是面向接口而不是面向实现进行编程。

要注意的是,对象的类和对象的类型是不同的。前者定义了对象是如何实现的,包括对象的内部状态和对状态的操作的实现。后者定义了接口,包含一套可以响应的请求。一个对象可以有多种类型,多个不同类的对象也可以有相同的类型。

3.3.5 面向对象方法的应用

视频讲解

假设需要开发一个宠物系统,以饲养宠物狗为主。

现在采用面向对象方法进行开发。设计宠物狗类是显然的。调研显示,用户关注较多的是宠物狗的毛色、发声、忠诚度、开心度等属性和行为特征。经过抽象后,第一代宠物称为迷你狗,如图 3-23(a)所示。其中,昵称、忠诚度、开心度是私有成员,体重是保护成员;进食能使迷你狗的体重增加、忠诚度增加、开心度增加;娱乐能使迷你狗的体重减少、忠诚度增加、开心度增加;训练能使迷你狗的体重减少、忠诚度增加、开心度减少;冷落能使迷你狗的体重减少、忠诚度减少、开心度减少。

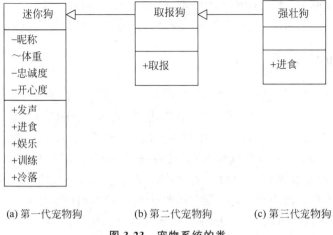

　　　　(a) 第一代宠物狗　　　　(b) 第二代宠物狗　　　　(c) 第三代宠物狗

图 3-23　宠物系统的类

　　第一个版本上市后,反响较好,用户也提出了新的需求,要求扩展宠物系统的功能,例如,可以饲养能够为主人取报纸的迷你狗。

　　显然,如果重新设计迷你狗类,一切都得重来。为节省时间,可以利用面向对象的继承机制来扩展迷你狗的能力。现在为第二代迷你狗类取名为取报狗。取报狗类从迷你狗类派生而来,具有迷你狗类的属性和行为特征,也有一项特殊本领,那就是取报,如图 3-23(b)所示。

　　由于继承了迷你狗类,取报狗类的实现只需要很少的代码。用继承机制能大幅度减少工作量且能快速达到目的。

　　第二个版本上市后,反响更好,用户又提出了新的需求,要求修改宠物系统的功能,例如,取报狗在进食之前要发出声音、进食后的体重增长速度比迷你狗快一倍。现在为第三代迷你狗类取名为强壮狗。强壮狗类从取报狗类派生而来,具有取报狗类的属性和行为特征,但是它的进食与前两代的宠物狗不同,进食前要吠,进食中体重增加快,如图 3-23(c)所示。注意,第三代宠物狗和前两代的进食行为的名称是一样的,都是"进食"。

　　在客户端创建和使用对象时,要注意把对象声明为第一代的迷你狗。例如,先声明"阿福"为迷你狗类。在实例化时,可以把"阿福"实例化为任何一代的宠物狗。由于每代宠物狗的进食名称是一样的,在为"阿福"喂食时,"阿福"可能表现出不同的行为特征。如果"阿福"是第一代或第二代取报狗,就是普通的进食过程。如果是第三代的强壮狗,进食前会发出声音且体重增加较快。这种现象,在客户端看来,"阿福"就表现出了多态性。

　　也就是说,这套宠物系统经过三代演化,已经具备了抽象、封装、继承和多态特性,具备了良好的可重用性和可扩展性。

3.4　统一建模语言

　　作为一种建模语言,UML 有严格的语法和语义规范。UML 中的所有概念和要素均有严格的语义规范。UML 采用一组图形符号来描述软件模型,这些图形符号具有简单、直观和规范的特点。UML 所描述的软件模型,可以直观地理解和阅读,由于具有规范性,所以

视频讲解

能够保证模型的准确、一致。本节介绍 UML 的基本元素,通过一个简单的 UML 应用快速掌握这门语言的思想和概念,为读懂 UML 模型及建立基本模型打下基础。

3.4.1 UML 的基本元素

开发软件与建造大厦类似。例如,建造大厦需要水泥、沙子、砖块、塑料、铁件等基本要素,这些要素在建造过程中不会变化,开发软件需要类、对象、接口、用例、协作、组件和节点等静态基本要素,它们在软件构造过程中也不会改变;建造大厦需要了解房间的门、窗如何开关,这相当于大厦的行为,开发软件需要静态要素之间进行交互,如在类之间传递消息等,这些消息、状态等就是软件系统的动态要素;墙、门、窗、天花板、地板等构成各种房间,卧室、厨房、卫生间等房间构造套房,类、接口等组合在一起可构成包要素,包要素构成了软件系统;每个套房有拥有者的备注信息,注释要素可以对结构、行为和组合等要素进行解释。

为此,UML 提供有开发软件需要的相关要素,包括事物(thing)、关系(relation)、图(diagram)三种基本元素。其中,事物有结构、行为、分组和注释;关系有依赖、关联、泛化、实现等;图有类图、对象图、组件图、用例图、顺序图、通信图、状态图、活动图、部署图、包图、时序图等。

1. 结构(structural)事物

结构事物描述概念或物理元素,表示模型的静态部分,包括类(class)、接口(interface)、协作(collaboration)、用例(use case)、动作类(active class)、组件(component)、工件(artifact)、节点(node)等。这些结构事物的含义及其图符如表 3-7 所示。

表 3-7 UML 提供的结构事物的含义及其图符

名 称	含 义	图 符
类	是具有相同属性、操作、关系和语义的对象的描述	类名 属性名 操作名
接口	用于描述对象的外部可见行为	<<接口>> 接口名 操作名
协作	用于定义对象之间的交互	(协作名)
用例	用于描述一组动作序列	(用例名)
活动类	是其对象拥有进程或线程的类	类名 属性名 操作名

续表

名 称	含 义	图 符
组件	是系统设计的组成部件	组件名
工件	是系统中的物理部件	<<接口>> 接口名 操作名
节点	是系统运行时的物理部件	节点名

接口是操作的集合,每个操作描述了类或组件的一个服务。要注意,接口定义的只是一组操作的约定,而不是操作的实现。一个接口可以描述一个类或组件的全部或部分行为。类可以实现一个或多个接口。例如,一个圆类及其接口如图 3-24 所示。

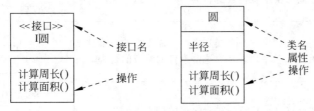

图 3-24　接口与类的图形表示示例

类与接口的关系可以用如图 3-25 所示的形式表示。其中,类自己提供的对外接口用小圆表示,类向其他类发出请求的接口用小半圆表示。

协作是由一组共同工作以提供某种协作行为的角色和其他元素构成的一个群体,这些协作行为大于所有元素各自行为的总和。类或对象可以参与若干协作。用例是对一组动作序列的描述,系统执行这些动作将产生对特定参与者有价值的可观察的结果。用例用于构造行为事物,并通过协作实现。两者的示例如图 3-26 所示。

图 3-25　类与接口的关系的图形表示示例　　图 3-26　协作(左)与用例(右)的图形表示示例

活动类可以控制活动,其图形表示示例如图 3-27 所示。

组件将实现隐藏在一组外部接口之后。共享相同接口的组件可以互相替换。工件通常代表的是对源码文件、可执行程序或脚本的物理打包。节点表示计算资源,一般具有存储和处理能力。组件可以驻留在节点内,可

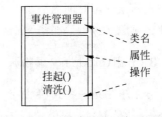

图 3-27　活动类的图形表示示例

以从一个节点搬移到另一个节点。三者的图形表示示例如图 3-28 所示。

图 3-28 组件(左)、工件(中)、节点(右)的图形表示示例

UML 模型中可包含的基本结构事物还有参与者、信号、实用程序、进程、线程、应用、文档、文件、库、页、表等变体。

2. 行为(behavioral)事物

行为事物描述跨越时间和空间的行为，表示模型的动态部分，包括交互(interaction)、状态机(state machine)、活动(activity)等。这些行为事物的含义及其图符如表 3-8 所示。

表 3-8 UML 提供的行为事物及其图符

名称	含义	图符
交互	是由在特定语境中共同完成一定任务的一组对象或角色之间交换消息构成的行为	交互中的消息的表示： 动作→
状态机	是描述一个对象或一个交互在生命周期内响应事件所经历的状态序列以及对这些事件的响应的行为	状态机中的状态的表示： 状态名
活动	是描述计算过程执行的步骤序列的行为	活动中的动作的表示： 动作名

一个对象群体的行为或单个操作的行为都可以用一个交互进行描述。交互涉及消息、动作和对象间的连接。消息由动作名、参数(如果有)和顺序构成，表示为一条有向直线，以及相应的动作名。状态机包括状态、状态转移、事件和活动。单个类或一组类之间协作的行为可以用一个状态机来描述。活动的一个步骤称为一个动作。三者的图形表示示例如图 3-29 所示。

图 3-29 消息(左)、状态(中)与动作的图形表示示例

注意这三种行为事物的区别。其中，交互事物注重的是一系列相互作用的对象；状态机注重的是一定时间内一个对象的生命周期；活动注重的是步骤之间的流向而不关心步骤由什么对象来执行。在语义上，这些事物通常与各种类、协作或对象相关。

3. 分组(grouping)事物

分组事物是一些由模型分解成的类似"盒子"的东西，是 UML 模型的组织部分。包(package)是 UML 提供的用于对设计本身进行组织的通用机制，它可以对结构事物、行为事物以及其他分组事物进行组织，其图形表示及其示例如图 3-30 所示。

注意包与类、组件的区别。类用来组织实现构造物,组件在运行时存在。包只是概念上的,只在开发时存在。包有框架、模型、子系统等变体。

4．注释(annotational)事物

注释事物用来描述、说明和标注模型的任何元素,是 UML 模型的解释部分。注解(note)是 UML 提供的依附于元素上对它进行约束或解释的简单符号,其图形表示及其示例如图 3-31 所示。

图 3-30 包的图形表示(左)及其示例(右)　　图 3-31 注解的图形表示(左)及其示例(右)

5．关系

关系是指元素之间的关系,UML 提供的关系描述有依赖(dependency)、关联(association)、泛化(generalization)、实现(realization)4 种。这些关系的含义及其图符如表 3-9 所示。

表 3-9 UML 提供的关系及其图符

名　　称	含　　　　义	图　　　符
依赖	是两个模型元素间的语义关系,其中一个元素(独立元素)的变化会影响另一个元素(依赖元素)的语义	------------→
关联	是类之间的结构关系,用于描述对象之间的连接	────────
泛化	是一种一般—具体关系,一般元素称为父元素,由一般元素派生的具体元素称为子元素,子元素是基于父元素而建立的,可以共享父元素的结构和行为	─────▷
实现	是结构事物之间的语义关系,是一个结构事物指定由另一个结构事物保证执行的协约	----------▷

6．图

图是一组元素的图形表示,大多数情况下把图画成代表事物的顶点和代表关系的弧的连通图。对系统进行可视化,可以从不同的角度画图。这些图是对系统的投影,是系统组成元素的简略视图。UML 提供的图及其含义如表 3-10 所示。

表 3-10 UML 提供的图及其含义

名　　称	含　　　　义
类图 (class)	表示一组类、接口、协作和它们之间的关系,是系统的静态设计视图。含活动类的类图是系统的静态进程视图。组件图是类图的变体
对象图 (object)	表示一组对象以及它们之间的关系,是在类图中建立的事物的实例的静态快照,是系统的静态设计视图或静态进程视图,是从真实案例或原型案例的角度建立的

续表

名称	含义
组件图 (component)	表示封装的类和它的接口、端口以及由内嵌的组件和连接件构成的内部结构,是系统的静态设计实现视图。适用于任意类的组合结构图可以视为组件图的变体
用例图 (use case)	表示一组用例、参与者以及它们之间的关系,是系统的静态用例视图。用例是角色使用的单个工作单元的行动序列
交互图 (interaction)	由一组对象或角色以及它们之间可能发送的消息构成,是系统的动态视图,包括顺序(sequence)图、通信(communication)图、时序(timing)图。其中,顺序图表示收发消息的时间次序,强调消息的相对顺序;通信图表示收发消息的对象或角色的结构组织,强调消息流经的数据结构;时序图表示消息跨越不同对象或角色的实际时间,强调消息交换的实际时间
状态图 (state)	表示由状态、转移、事件和动作组成的状态机,强调事件导致的对象行为,是对象的动态视图,对于接口、类或协作的行为建模很重要,有助于对反应式系统的建模
活动图 (activity)	把进程或其他计算的结构表示为计算机内部一步步的控制流或数据流,是系统的动态视图,强调对象之间的控制流程,对系统的功能建模很重要
部署图 (deployment)	表示对运行时的处理节点以及在其中生存的组件的配置,是系统的静态部署视图,一般一个节点包含一个或多个工件。包括文件、数据库和类似物理比特集合的系统物理结构的工件图可以视为部署图的变体
包图 (package)	表示由模型本身分解而成的组织单元以及它们的依赖关系

3.4.2 UML 的规则

UML 的基本元素不能随意堆放,而应该如同其他语言一样按照一定的规则进行结合。这些规则使得模型的结构是良好的,即模型在语义上具有一致性。UML 的语法和语义规则包括命名(为基本元素起名)、范围(使名字具有特定含义的语境)、可见性(名字如何让其他元素看见和使用)、完整性(事物如何正确而一致地相互联系)、执行(运行或模拟动态模型的含义是什么)。

在整个软件开发的生命周期中,随着系统细节的深入和变动,不可避免地会出现一些不良结构的模型,包括省略(隐藏某些元素以简化视图)、不完全(可能遗漏了某些元素)、不一致(不保证模型的完整性)等。UML 的规则鼓励专注于重要的分析、设计和实现问题,促使模型随着时间的推移而具有良好的结构。

UML 提供有详述、修饰、划分、扩展等机制。

详述是对基本元素的语法和语义的文字描述,用于说明系统的细节。详述提供一个语义底版,图只不过是对底版的简单视觉投影,每个图展示的是系统的一个特定的关注方面。例如,类的图符背后的详述用于全面描述该类所拥有的属性、操作和行为。

UML 的基本元素都有一个基本符号,可以对这些基本符号进行修饰。例如,对类的详述可以包含其他细节,如是否是抽象类、其属性和操作是否可见等,可以把这样的细节表示为图形或文字修饰,加到类的基本图符上。在如图 3-32 所示的示例中,对操作进行了可见性修饰(其中,+表示对外公开,#表示半公开,-表示不公开等)。

划分包括抽象与具体、接口与实现、类型与角色等方法。

例如,类是一种抽象,对象是这种抽象的一个具体表现。两者使用同样的图符,可以用在类名或对象名的下面画线的方式加以区别。如图 3-33 所示的客户类有三个对象:明确标记为客户类的张三、未命名的标记为客户类的对象(称为匿名对象)、李四(在详述中加以说明)。这种划分法还有诸如用例与用例执行、组件和组件实例、节点和节点实例等。

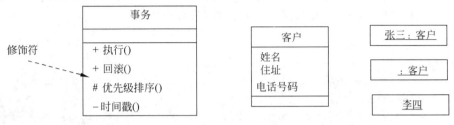

图 3-32　类的修饰示例　　　　图 3-33　类(左)与对象(右)的区别

在接口及其实现方面,接口声明一份合约,其实现则分离出来,负责如实地实现接口的完整语义。如图 3-34 所示的拼写组件实现了未知接口和拼写接口,还需要一个由其他组件提供的字典接口。这种划分法还有诸如用例和它们的协作、操作和实现它们的方法等。

在类型与角色方面,类型声明实体的种类,角色描述实体在语境中的含义。作为其他实体结构的构成部分的实体具有两方面的含义。一是从它固有类型派生的含义,二是从它在语境中的角色派生的含义。如图 3-35 所示的示例中,某实体的类型是人,作为订单(语境)的属性,扮演顾客的角色。

图 3-34　接口(左、右)与实现(中)的分离　　　图 3-35　角色与类型

作为一种可扩展的开放式语言,UML 提供有定型(stereotype)、标值(tagged value)、约束(constraint)等扩展机制。其中,定型用于创建新的构造元素(可以针对要解决的问题从现有构造元素派生而来),以扩展 UML 的词汇;标值用于创建定型的详述的新信息,以扩展定型的特性;约束用于增加新规则或修改现有规则,以扩展构造元素的语义。如图 3-36 所示的示例是对中间的事件队列类进行扩展。其中,右边的异常事件溢出是新的构造元素,用适当的定型标记后,就可以像对待基本元素那样对待它们;左上的版本和作者不是 UML 的基本概念,引入新的标值后,就可以加入构造元素中,对事件队列类进行了扩展;左下的排序是为增加操作添加的一个约束,即要求所有的增加操作都按序排列。

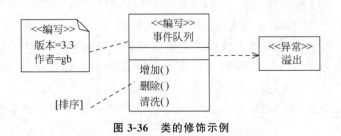

图 3-36　类的修饰示例

视频讲解

3.4.3 UML 应用示例

学习一门新编程语言的方法是用它编写程序,学习 UML 的方法就是用它绘制模型。一般来说,输出字符串"Hello,World"是介绍一门新编程语言的经典入门代码。例如,要在 Web 浏览器输出"Hello,World",可以用 Java 编程,程序代码为:

```
import java.awt.Graphics;
class HelloWorld extends java.applet{
    public void paint(Graphics g){
        g.drawString("Hello, World!", 10, 10);
    }
}
```

在这段程序代码中,第一行代码使得其后面的代码可以直接使用图形类 Graphics 而无需指定前缀 java.awt,这个前缀表面了 Graphics 所在的 Java 包;第二行代码声明了一个名为 HelloWorld 的新类,这个新类从 java.applet 包中的小应用程序类 Applet 扩展而来,具有 Applet 的行为和特征;第三行代码声明了一个名为 paint 的操作,其参数是类型为 Graphics 的名为 g 的对象;第四行是 paint 的实现,这个实现调用了对象 g 的名为 drawString 的操作,这个操作负责在指定位置(10,10),输出字符串"Hello,World!"。

如果用 UML 对这段程序代码建模,对应的类图如图 3-37 所示。

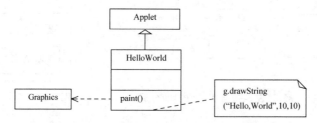

图 3-37 HelloWorld 程序的 UML 类图模型

新编写的 HelloWorld 类依赖于 Java 包,如图 3-38 所示。

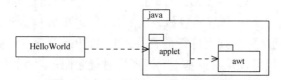

图 3-38 HelloWorld 类与 Java 包的依赖关系

这个 HelloWorld 程序作为某个网页的一部分而存在。当用 Web 浏览器打开含有该程序的网页时,一些 Thread 线程对象开始执行该程序。但它们执行的并不是类 HelloWorld,而是用 Java 编译器生成的该类的二进制形式,即 HelloWorld.class。因此,从物理的角度观察,HelloWorld 程序对应的相关工件及其关系如图 3-39 所示。其中,逻辑类 HelloWorld 位于右上方,其源代码是名为 helloworld.java 的工件,其二进制代码是名为 HelloWorld.class 的工件; hello.html、world.jpg 等图符是从 UML 的基本表示法扩展而来的。

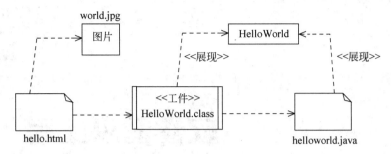

图 3-39 HelloWorld 工件

习题

本书提供在线测试习题，扫描下面的二维码，可以获取本章习题。

在线测试

第 4 章

软件需求工程

CHAPTER 4

　　开发软件系统面临基于软件的创新、日益增加的复杂性、降低成本的压力、更短的开发时间、更高的质量要求等挑战。软件需求工程是应对这些挑战的关键要素,是成功的系统开发必不可少的、贯穿项目全程、跨越产品生命周期的持续活动。确定正在开发的软件系统的目标的过程被称为软件需求工程,涉及需求获取、需求分析、系统分析以及需求管理等活动。本章介绍需求工程的基本知识。

4.1 需求工程概述

众多研究表明,需求工程方面的问题是项目失败最重要的原因。需求工程的重要性经常被低估。需求工程与组织的环境密切相关,包括产品管理、市场营销、客户关系管理等组织过程等。那么,什么是需求?需求是如何分类的?为什么需求工程如此重要?它与其他软件开发阶段有着什么样的关系呢?本节将回答这些问题。

4.1.1 需求工程的重要性

视频讲解

斯坦迪什集团(Standish Group)是美国一家专门从事追踪 IT 项目成功或失败的权威机构,相关调查数据会在每年的 CHAOS 报告中给出。*Standish Group 1995* 指出,在它所追踪和分析的所有项目中,完成的项目占 52.7%,而且这些项目的预算超支达到了 189%,最终实现的系统功能平均只达到了原计划的 42%,能在预算内按期完成原计划全部功能的项目仅为 16.1%,被取消且没有交付预期结果的项目却占到了 31.1%。斯坦迪什的《CHAOS 研究》提供 1994 年到 2009 年的项目成功率如表 4-1 所示。

表 4-1 项目的成功率

年 度	成功率/%	失败率/%	超支或功能不完整/%
1994	16	31	53
1996	27	40	33
1998	26	28	46
2000	28	23	49
2002	34	15	51
2004	29	18	53
2006	35	19	46
2009	32	24	44

2009 年的项目成功率高于 1994 年一倍。但也可以明显看出,这些成功率数据一直停滞在 30% 左右,失败、超支或没能完成原计划全部功能的项目至少占 65%。也就是说,1996 年以来并没有什么显著的变化。

造成超支、没能完成原计划全部功能等问题的原因,*Standish Group 1995* 提供的数据如表 4-2 所示。这些数据表明,与需求工程相关的原因占了多数,包括缺少用户参与、不完整的需求、需求变更、不现实的期望、模糊的目标等,占了将近一半的比例。

表 4-2 造成项目不成功的原因

排 序	原 因	比例/%	需求工程相关
1	其他	23.0	
2	缺少用户参与	12.8	√
3	不完整的需求	12.3	√
4	需求变更	11.8	√
5	缺乏管理	7.5	

续表

排序	原因	比例/%	需求工程相关
6	技术能力不足	7.0	
7	缺少资源	6.4	
8	不现实的期望	5.9	√
9	模糊的目标	5.3	√
10	不切实际的时间要求	4.3	
11	新技术	3.7	

斯坦迪什的多项研究表明，需求工程方面的问题是项目失败的最重要的原因。其他研究也揭示了类似的结果。例如，欧洲软件研究所的欧洲用户调研分析报告 ESI 1996 指出，50%的企业认为，需求规格说明和需求管理是他们在系统开发中遇到的最大挑战之一；针对英国 12 家软件企业的一项调查指出，需求缺陷导致约一半的系统开发问题。

总之，由于需求问题导致软件项目失败的例子举不胜举，需求工程的重要性日益凸显。

4.1.2 需求及其分类

视频讲解

IEEE Std 610.12—1990 把"需求"定义为：①用户解决某个问题或达到某个目标所需要的条件或能力；②一个系统或系统组件为了实现某个契约、标准、规格说明或其他需要遵循的文件而必须满足的条件或拥有的能力；③对①或②中所描述的条件或能力的文档化表示。

这个定义涵盖了三方面的视角。一是人的角度，即用户"需要"什么；二是软件的角度，即系统"满足"什么；三是制品的角度，即文档"描述"什么。其中，文档化的需求是执行所有其他开发活动的基础。

IEEE 830—1998 把需求分为功能、质量和约束三种类型。其中，功能需求说明系统应该向用户提供的功能，一般用数据、功能和行为三个视图进行文档化；质量需求定义系统、系统组件、服务或功能的质量属性，既包括用户关心的质量，也包括开发者关心的质量；约束是一种限制系统开发方式的组织或技术要求。

功能需求是关于系统应该提供的服务、系统针对特定的用户事件如何响应、系统在特定情形下的行为的描述。在某些情况下，功能需求还会陈述系统不应该做什么。总之，功能需求详细描述了系统的功能、输入输出和异常等。

质量是软件工程的基石，质量需求非常重要。一般来说，用户关心的质量主要有可用性、效率、灵活性、完整性、互操作性、可靠性、健壮性、易用性，以及性能、安全性等；开发者关心的质量主要有可维护性、可移植性、可复用性、可测试性等。Wiegers 2003 定义的系统质量属性如表 4-3 所示。

约束是对开发过程或待开发系统属性的限制，例如文化背景、法律、组织、物理、项目等方面的限定。每个约束定义一个对功能需求和质量需求的实现的限制，即约束限制了能够实现需求的可选方案的范围，限制了能够实现整个系统的可选方案的范围。约束还有可能导致需求的变更或新需求的定义。

表 4-3 质量属性

关心者	属性	说明
用户	可用性	系统处于实际可用且完全正常运行的时间的百分比
	效率	对系统有效利用硬件资源的程度的衡量
	灵活性	表示系统扩展新功能时需要付出多大的努力
	完整性	系统面对非法访问、信息丢失、病毒感染等时受到保护的程度
	互操作性	系统与其他系统交换数据或服务的难易程度
	可靠性	系统在特定时间段内无失效运行的概率
	健壮性	系统在面对非法输入、组件故障、非预期运行环境时能持续正确运行的程度
	易用性	表示用户为准备输入、操纵系统、解读系统输出需要付出多大努力
开发者	可维护性	修复缺陷或实施变更的难易程度
	可移植性	从一个运行环境迁移到另一个运行环境需要付出多大的努力
	可复用性	组件的重复使用程度
	可测试性	测试以查找缺陷的难易程度

有的人在对需求进行分类时,把除了功能需求之外的需求归类为非功能需求。但是,不少人在实际划分时,把一些不明确的功能需求归类为非功能需求。非功能需求经常会掩盖不明确的功能需求,从而导致对所期望的系统属性的多种不同的解读。在这种情况下,建议对不明确的功能需求进行细化,定义为功能需求。

4.1.3 需求工程框架

视频讲解

需求工程就是确定待开发软件系统的目标的过程。开发者与客户一起建立和开发软件需求。开发者应该遵从需求工程过程,以避免软件开发失败。如果在需求工程的过程中做得不足,软件就有可能无法满足需求。这些不足可能包括开发者不能完整而正确地对需求进行文档化处理或因缺乏技术训练而难以把需求与软件系统的功能对应起来、客户没有参与软件需求规格化的审核过程或因缺乏相关知识而无法验证软件需求规格文档的正确性等。

软件需求工程一般包括开发和管理两方面,如图 4-1 所示。

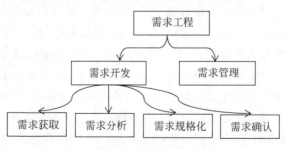

图 4-1 需求工程

需求管理过程跨越整个开发生命周期。需求开发过程可划分为收集需求、分析需求、创建需求规格文档、验证需求等阶段,相关工作流程如图 4-2 所示。其中,收集需求指的是,开发团队理解客户的需求、软件的约束条件,以及开发软件的任务;分析需求指的是,开发团队分析已收集的需求,为目标软件系统定义软件需求;创建软件需求规格文档指的是,开发团队对软件需求进行文档化处理,形成开发软件的基础性文档;确认需求指的是,开发团队检查软件需求规格文档是否覆盖了所有需求、是否符合文档标准、是否足以使开发团队进入设计阶段。

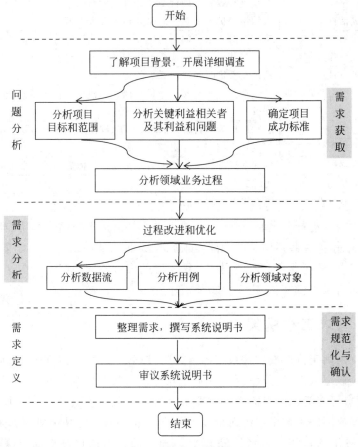

图 4-2　需求工作流程

可以用一个框架来表示需求工程,如图 4-3 所示。这个框架由系统环境、核心活动、需求制品、横切活动(管理、确认)4 部分构成。其中,系统环境可划分为主体、使用、开发、IT 4 个刻面;核心活动包括需求的抽取、协商和文档化;需求制品包括目标、场景、需求等文档;横切活动指的是需求的确认和管理,跨越其他三部分,为核心活动提供支持,以保证需求工程结果的正确性。核心活动对应图 4-2 中提到的需求获取、需求分析和需求规范化与确认,它们以迭代方式在系统环境中建立系统的愿景。需求获取是从无到有、由少到多采集知识的过程。开发者需要理解用户的工作,了解用户和客户期望软件在哪些方面为他们提供帮助。一般来说,初步获得的需求信息处于不同的层次,有的可能是主观或错误的信息。需求分析就是在已掌握的知识的基础上挖掘和整理知识的过程。经过分析,需求信息会更加系统、条理和全面。需求分析的成果是系统需求说明书。系统需求说明书精确地阐述了一个软件系统必须提供的功能、必须达到的质量属性指标,以及必须遵守的约束。

成功地完成软件需求工程的好处显而易见。例如,曲解、遗漏、返工等会大幅减少,可用性和可维护性会得到改善,为确定具有合适技能的人员以及估算成本、时间和设备等提供了

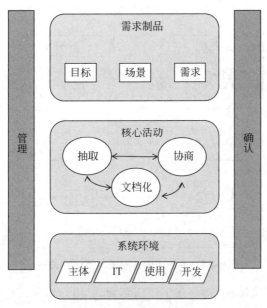

图 4-3 需求工程框架

基础,开发者与客户可就最终软件的接受标准达成共识等。

4.2 系统环境

系统总是处于某种环境当中。系统环境对系统需求的定义有着重要的影响。充分理解系统环境是开发良好需求规格说明的根本前提。忽视或错误地理解系统环境的重要方面,会导致需求规格说明存在严重的缺陷。只有适当地对系统所在环境进行考虑才能研究和定义系统需求。本节介绍系统环境方面的内容,包括使用、开发、主体、IT 4 方面。

4.2.1 系统环境的构成

视频讲解

系统环境包含与待开发系统相关的多个不同的方面。例如业务过程与工作流、现有硬件与软件组件、接口与交互、客户与用户、法规与定律等。这些都会对系统的需求产生很大的影响。为便于分析,可以对系统环境进行划分。系统需求涉及客户、开发、现实和机器 4 个世界,包括客户方的期望与使用问题,开发方的开发过程、方法与工具问题,现实世界对象和事件的表示问题,机器世界的数字化转换与处理问题。因此,可以将系统环境划分为使用、开发、主体和 IT 4 个刻面。其中,使用刻面对应客户方的问题,开发刻面对应开发方的问题,主体刻面对应现实世界的问题,IT 刻面对应机器世界的问题。它们的逻辑关系如图 4-4 所示。

主体刻面指那些与系统相关的对象和事件,IT 刻面指待开发系统最终要部署在上面的现有 IT 基础设施,使用刻面指那些与人或其他系统对本系统的使用相关的事情,开发刻面指与系统开发过程相关的过程准则与约束、开发工具、质量保证方法、成熟度模型、质量认证等手段或技术。系统使用现有技术(存在于 IT 刻面)实现现实世界对象(存在于主体刻面)信息的数字化表示;系统根据所定义的功能来处理(存在于 IT 刻面)所表示的信息,把处理

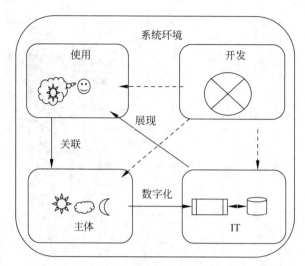

图 4-4 系统环境各刻面及其逻辑关系

结果通过适当的接口展现给用户(存在于使用刻面);用户对系统输出进行解读,与现实世界的对象关联;系统是开发过程的产品,开发过程既要考虑自身,也与主体、IT、使用等其他三个刻面密切相关。

把系统环境划分为不同的刻面可以在需求工程中为利益相关者提供支持。例如,利益相关者在刚开展需求抽取活动时可以只关注某个刻面,然后再针对另一个刻面开展经过取舍的需求抽取活动。另外,把系统环境划分为不同的刻面还可以确保利益相关者在需求工程中不会忽略某些重要的刻面。例如,不会只考虑四个刻面中三个或仅涉及两个刻面的利益相关者。

系统环境的每个刻面还可以继续细分。例如,可以把每个刻面细分为需求来源、环境对象、环境对象的属性和关系三方面,如图 4-5 所示。其中,需求来源是定义系统的根源;环境对象是每个刻面需要在需求工程中考虑的人、物质和非物质对象;环境对象的属性和关系是对环境对象的补充,用于精确地描述这些对象。这种细分的好处是,在每个需求工程活动中,每个方面的环境刻面都可以单独进行系统化处理;可以为每个刻面定义标准化的模式以用于对每个刻面的标准化解释;可以在方面之间以及方面和需求之间定义不同类型的关系。

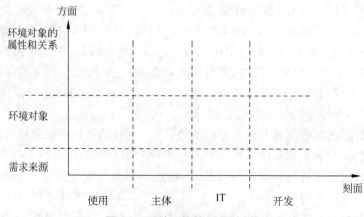

图 4-5 系统环境的刻面和方面

需求来源有利益相关者、现有文档、现有系统等。利益相关者是指那些与待开发系统有利益关系的人或组织,可以划分为高级管理者、系统开发者、项目管理者、客户和用户5类。其中,高级管理者定义对软件项目有重大影响的业务问题;系统开发者使用自身的技能构建软件系统;项目管理者计划、激励、组织和控制系统开发者的软件构建活动;客户对系统的需求进行说明;用户是指最终使用软件系统的功能完成任务的人。利益相关者通常具有一个或多个刻面中的一个或多个方面的知识,也有各自的需求。一个人可以代表不同群体的利益,一个利益相关者可以有多个角色并代表多个利益相关者,包括潜在的利益相关者。诸如组织文件、法规文件、原有系统文档等现有文档包含定义系统需求所需的大量信息。可以作为有价值的需求来源的文档可能有市场分析报告、客户咨询信件、现有系统的文档、遗留系统的文档、业务过程文档、技术过程描述、法规、指南等。现有系统包括遗留系统和原有系统、竞争对手的系统、类似系统三类。其中,遗留系统和原有系统指与待开发系统具有相似目标且在与开发相关的某个组织内可获得或使用的系统;竞争对手的系统指竞争对手所拥有的与待开发系统具有相似目标的系统;类似系统指为其他领域开发的但提供了一些对于待开发系统同样重要的特性的系统。通过对现有系统的分析或使用,可以了解和定义待开发的系统。例如,可以复制或改进现有系统的特性、避免现有系统的缺陷和错误等。

环境对象是存在于系统环境中的人员、物质或非物质对象。例如,客户、用户、管理者等人员对象,商品、设施等物质对象,业务过程、计算公式等非物质对象。除了识别环境对象,还需要获取这些对象的属性及其相互关系。例如,"学生"对象具有"姓名""学号"等属性,与"教师"对象具有"教学"关系等。

4.2.2 系统环境需求举例

视频讲解

假设要开发一套汽车安全系统。该系统监控驾驶员的注意力并采取措施防止驾驶员在驾驶过程中打盹。

1)主体刻面

首先是需求来源方面。利益相关者包括法律专家、数据隐私保护官员、医生、事故调查员、制动系统和驱动控制系统专家等。现有文档包括领域模型、教材以及相关法律等。相关信息还可以从现有系统中获得。

其次是环境对象方面。人员对象包括驾驶员和副驾驶员等汽车使用者,以及行驶过程中的行人等。物质对象有引擎、轮胎、刹车等汽车本身及其相关部件,以及汽车行驶过程中的前面行驶的汽车等。非物质对象有温度、路况等汽车所处的外部环境状况等。

再次是属性和关系方面。例如,要考虑"驾驶员"对象的"注意力"属性、"车胎"对象的"压力"属性、"前面行驶的汽车"对象的"距离"属性等。有的属性还要考虑其精确性、法律约束等。例如,通过GPS定位"汽车"的"位置"属性,精度应该在若干米以内,法律规定"汽车"的"位置"和"速度"必须每隔多长时间记录一次等。

2)使用刻面

首先是需求来源方面。利益相关者是待开发系统的直接或间接用户。直接使用系统的用户是主用户,例如驾驶员;间接使用系统的用户是次用户,例如副驾驶员。次用户的工作内容与系统的主要输出直接相关。现有文档有定义用户接口质量或允许使用流程的标准、法规,以及业务过程模型等。此外,还要考虑以相似方式使用的现有系统,例如参观具有新型人机接口的飞机驾驶仿真活动等。

其次是环境对象方面。了解不同用户组的期望和要求是定义系统使用需求的关键。例如,可以把驾驶员分为运动和安全导向型两组,系统可以为这两类驾驶员做出相应的调整,避免为运动型驾驶员提供过多的警告以及为安全导向型驾驶员提供太晚的干预。其他要考虑的还有用户交互的类型和流程,例如触摸、声控、可视化等。

再次是属性和关系方面。例如,驾驶员应该能够自然地把警告信息与现实世界的具体风险联系起来,风险"与前车的距离小于安全距离"和"前面行驶的汽车"对象相关。必须在系统中对这种风险的发生进行充分的说明。

3) IT刻面

首先是需求来源方面。利益相关者是进行IT系统规划、分析、设计、实现、运维的所有人员。例如,传感器、执行器、刹车控制单元、安全气囊控制单元等器件开发人员,汽车通信协议专家,技术咨询人员,软硬件组件供应商等。现有文档有客户方和开发方的策略、描述系统运行的基础设施等。通过分析IT刻面中的现有系统的结构同样可以获得待开发系统的需求。

其次是环境对象方面。车内安装的车轮速度传感器、用于事故预防的加速度传感器、执行器、总线系统、操作系统等就是IT刻面的环境对象。其他的环境对象还有交互协议、IT策略等。

最后是属性和关系方面。诸如性能、失效率等技术性能,以及成本、可用性、责任义务等都是在这个层次需要考虑的。

4) 开发刻面

首先是需求来源方面。利益相关者有过程工程师、过程管理者、过程执行者等。现有文档有开发标准、开发指南、方法描述、最佳实践、项目计划等。

其次是环境对象方面。这些对象包括角色定义、制品定义、活动定义、工具、资源可用性和资源约束等。可用开发人员的数量、能力、预算,以及规定所使用的形式化语言、模拟环境、编译器与配置工具等会对需求工程活动能够在多大程度上开展产生影响。

最后是属性和关系方面。同样需要对开发刻面的环境对象进行细化和补充。

4.3 需求制品

需求工程框架把需求制品划分为目标、场景、需求等类型。目标涉及利益相关者的期望。目标引出场景,可以用目标对场景进行分类。场景涉及系统使用的具体实例,用于描述交互序列,它的定义将导致目标的细化。场景为需求提供环境信息。需求用于满足目标和场景,导致目标和场景的进一步细化,为系统的实现提供基础。本节介绍需求制品相关的内容。

视频讲解

4.3.1 目标

目标是关于系统的目的、属性或使用的意图。目标可以划分层次。在需求工程过程中,可以通过分解高层次目标细化为具体目标。具体目标定义利益相关者关于系统使用和属性的期望,即系统的功能、质量属性或服务。

每一个需求工程过程都开始于一个致力于改变当前现状的目标。不管项目有多复杂，都应该简要而精确地定义所期望的改变的本质。这种所期望的改变就是系统的愿景。愿景只定义应该改变什么而不说明如何改变。它定义目标但不说明如何实现目标。愿景与实现目标的时间点有关。也就是说，它定义的目标是可以验证而不是不切实际的。愿景是利益相关者在整个开发过程中的指导思想。愿景与系统环境是需求工程过程的两种根本性的输入源。在需求工程过程开始时，愿景一般能被清晰地定义，但系统环境却难以被充分认识和理解。因此，需求工程的主要目标是在现有系统环境中建立一个愿景。

愿景定义的目标往往是高层次的，需要进行分解。被分解的目标称为父目标，分解后的目标称为子目标。在分解过程中，要注意父目标与其子目标之间的"与""或"关系。"与"分解指要满足某父目标，其子目标必须全部满足；"或"分解指要满足某父目标，其子目标部分满足即可。除此之外，目标之间还有"需要""支持""阻碍""冲突""等价"等关系。如果满足 A 是满足 B 的前提，就说 B"需要"A；如果满足 A 对满足 B 有正面影响，就说 A"支持"B；如果满足 A 对满足 B 有负面影响，就说 A"阻碍"B；如果满足 A 与满足 B 互相排斥，就说 A 与 B 有"冲突"；如果满足 A 导致满足 B 且 B 满足也导致 A 满足，就说 A 与 B"等价"。

在对目标进行描述时，一般应该遵循简明扼要、主动语态、利益相关者的意图准确、从抽象到具体进行分解、目标所创造的价值、引入目标的原因、避免不必要的约束等规则。目标及其关系可以用自然语言或建模语言进行描述。一个建模语言是由其语法和语义定义的。语法定义了所允许的原子符号（也就是建模元素）以及将符号组合为语言表达式的规则；语义定义了每个符号的含义以及所允许的符号组合。常用的目标建模语言有基于"与/或树"的各种变体、GRL（面向目标的需求语言）、i*、KAOS 等。使用建模语言描述目标的内容超出了本书的范畴，感兴趣的读者请参阅相关资料。

在开始阶段，人们习惯于用非结构化的自然语言来描述目标及其关系。举例如下。

目标 M：方便的导航。

将目标 M 进行"与"分解，其子目标如下。

M1：选择目的地；

M2：根据用户的特定参数自动规划路线；

M3：展示交通路况并自动重新规划路线避免堵塞。

使用自然语言描述目标简明易懂，但也有可能存在二义性问题。一般来说，使用结构化的自然语言可部分地消除描述中的二义性。例如，可以设计一个模板对非结构化的自然语言描述加以改进，如表 4-4 所示。该表对上述子目标 M2 进行描述，第 1、2 行用于唯一地标识一个目标；第 3~7 行用于管理，"作者"指该目标的责任人，"版本"指目标文档的当前版本号，"变更历史"指对目标描述变更的列表，含每次变更的时间、作者等，"优先级"指目标的重要程度，"关键程度"指目标对整个系统的成功所起的关键作用等；第 8~10 行用于描述引用关系，"来源"指产生目标的来源，如利益相关者、现有文档、现有系统等，"责任利益相关者"指负责该目标的利益相关者的姓名，"使用利益相关者"指从该目标受益的利益相关者；第 11~16 行用于描述目标的特有属性，"目标层次"指目标所在的抽象层次的标识符，"目标描述"指按目标描述应该遵循的规则来描述目标，"父目标"指对父目标的引用，"子目标"指对子目标的引用，"其他目标"依赖指与其他目标之间的关系，"相关场景"指对场景的引用；第 17 行对该目标进行补充，是一些附加信息。

表 4-4 基于模板的目标描述

编号	描述项	内容/解释
1	标识符	M2
2	名称	自动导航
3	作者	张三,李四
4	版本	V1.1
5	变更历史	V1.0.12.01,2010,李四 V1.1.14.02,2010,张三
6	优先级	高
7	关键程度	中
8	来源	王五(产品经理)
9	责任利益相关者	张三
10	使用利益相关者	汽车驾驶员(使用刻面)
11	目标层次	系统级
12	目标描述	系统应该自动引导汽车驾驶员到期望的目的地
13	父目标	M:方便的导航
14	子目标	M2-1:通过 GPS 定位汽车 M2-2:按需下载电子地图
15	其他目标关系	与目标 B 冲突:降低汽车开销 支持目标 Z:在中型汽车中处于技术领先地位
16	相关场景	C2:目的地导航
17	补充信息	竞争者 SX-23-44 实现了该目标

视频讲解

4.3.2 场景

在沟通需求时,用户经常举例说明自己的需要。例如,用户想要描述想象中的"自动刹车控制",可以这样举例:自己驾车以每小时 40 公里的速度行驶时,意识到前方的车辆突然急刹车,也急忙踩刹车减速;"自己的车载计算机监控到两车已打破安全距离,发出警告;两车持续拉近,计算机启动自动紧急刹车并通知自己自动刹车控制信息以避免追尾;两车距离不再拉近时,计算机停止紧急刹车控制;两车恢复安全距离时,计算机停止车速控制并通知自动控制结束。"这种实例就是一种场景,涉及参与者、角色、目标、前置条件、后置条件、资源、场所等环境信息。其中,"参与者"指与系统交互的人或其他系统,如"自己";"角色"指参与者的类型,如"驾驶员";"目标"指场景要满足的目标,如"保持安全距离";"前置条件"指执行场景前要满足的条件,如"汽车以每小时 40 千米的速度行驶";"后置条件"指执行场景后应该满足的条件,如"没发生追尾恢复安全距离";"资源"指执行前需要满足的特殊前置条件,如"与某车的距离";"场所"指执行场景的现实或虚拟环境,如"公路"。

场景很适用于记录特定的环境信息。它介于抽象概念和具体现实之间,是一种中间层抽象,如图 4-6 所示。

可以按不同的标准对场景进行分类。例如,可以根据系统及其环境的状态分为当前状态场景和期望状态场景;根据目的分为描述性场景(表示支持需求抽取的交互序列)、探索性场景

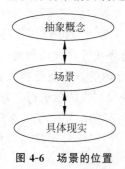

图 4-6 场景的位置

(描述潜在的可替换实现方式)和解释性场景(为特定的交互序列提供背景和原理性解释);根据抽象层次分为实例场景(描述具体参与者之间的具体交互序列)、类型化场景(对具体参与者及其交互进行抽象)和实例/类型化混合场景;根据范围分为内部场景(系统内部的交互)、边界场景(系统与外部参与者之间的交互)和外部场景(外部参与者之间的交互);根据对目标满足的贡献分为主场景(描述满足一组特定目标的一般方式)、可替换场景(描述满足一组特定目标的其他可能途径)和例外场景(描述系统对异常事件的响应方式)。

在对场景进行描述时,一般应该遵循一般现在时、主动语态、主谓宾句式结构、避免使用情态动词、明确地把每个交互与其他交互分开、为每个场景步骤编号、每个场景只包含一个交互序列、以外部视角加以描述、明确地命名相关参与者、明确描述场景目标、关注证明目标是如何被场景满足的等规则。场景及其交互序列可以用自然语言或建模语言进行描述。在开始阶段,人们习惯于用非结构化的自然语言来描述场景及其交互序列。例如前面描述的"自动刹车控制"场景。当然也可以设计一个模板对非结构化的自然语言描述加以改进,如表4-5所示。表中,第1~2行是场景的标识属性,第3~7行是场景的管理属性,第8~9行是系统环境引用属性,第10~20行是场景的内容和特殊属性。

表 4-5 基于模板的目标描述

编号	描述项	内容/解释
1	标识符	C2
2	名称	目的地导航
3	作者	张三
4	版本	V1.1
5	变更历史	V1.0,12.01,2010,李四 V1.1,14.02,2010,张三
6	优先级	中
7	关键程度	高
8	来源	钱六(系统导航领域专家)
9	责任利益相关者	李四
10	简述	汽车驾驶员输入目的地后,导航系统估算路径,引导驾驶员到达目的地
11	场景类型	边界场景
12	目标	M2:自动导航
13	参与者	驾驶员,导航系统
14	前置条件	导航系统至少能够接收3个GPS卫星的GPS信号
15	后置条件	驾驶员到达预期目的地
16	结果	逐步导航到目的地
17	场景步骤	(1) 驾驶员启动导航系统 (2) 导航系统判断汽车的当前位置 (3) 导航系统请求目的地 (4) 驾驶员输入目的地 (5) 导航系统识别地图 (6) 导航系统显示目的地地区的地图 (7) 导航系统请求路径 (8) 驾驶员选择路径

续表

编号	描述项	内容/解释
17	场景步骤	（9）导航系统规划路径 （10）导航系统告知驾驶员路径规划完成 （11）导航系统创建一组途径点 （12）导航系统显示下一个途径点
18	质量	Q7：路径规划时间不超过 3 秒
19	相关场景	C1：方便地到达目的地 C3：避开交通拥堵路段 C8：导航目的地不在数据库中
20	补充信息	竞争者 SX-23-44 已经实现了一个类似的场景

UML 的用例与该模板类似，区别在于：把参与者划分为主参与者和次参与者，把用例划分为概览、用户级、功能组级等层次，把场景划分为主场景、可替换场景、例外场景等。例如，在表 4-5 中，把"参与者"划分为"主参与者"和"次参与者"，内容分别为"驾驶员"和"信息服务器"；添加内容为"用户级"的"用例层次"描述项；把"场景步骤"更名为"主场景"，添加"可替换场景""例外场景"两个描述项，"可替换场景"的内容为"（4a）驾驶员通过点击导航系统显示的地图来选择目的地：①驾驶员在地图上搜索目的地；②驾驶员在地图上标记目的地；③导航系统识别目的地坐标；④导航系统显示目的地详细地图；⑤导航系统请求在详细地图上标记目的地；⑥驾驶员标记目的地；⑦导航系统识别街道和门牌号。进行第⑥步。""例外场景"的内容为"（5a）导航系统找不到驾驶员输入的目的地：①导航系统提示输入的目的地未知；②导航系统请求重新输入目的地。"

使用 UML 的用例图可以对系统中不同用例之间以及参与者与用例之间的关系进行可视化描述。用例图的建模元素有用例、参与者、系统边界、参与者与用例的关系、用例之间的关系、参与者之间的关系等，如图 4-7 所示。其中，用例用椭圆标识，参与者用小人图标标识，系统边界用矩形标识，各种关系用带不同箭头或不带箭头的直线标识。

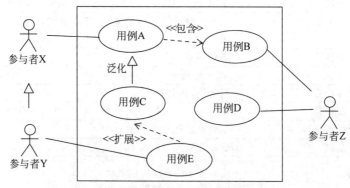

图 4-7 用例图的建模元素示例

参与者指处于系统之外且与系统存在交互行为的人或其他系统。例如，参与者 X 使用用例 A，参与者 Y 使用用例 E，参与者 Z 使用用例 B 和用例 D 等。用例指用例的名称。用例之间可能存在泛化、包含或扩展等关系。例如，用例 A 和用例 C 之间是泛化关系，用例 A 为用例 C 的泛化，即一般化，用例 C 为用例 A 的特化，即具体化，它们之间是一般与具体的关系。例如"动物"是"老虎"的泛化,"老虎"是"动物"的特化。用例 A 与用例 B 是包含关系,即用例 A 包含了用例 B 的交互序列。用例 C 与用例 E 是扩展关系,即用例 E 扩展了用例 C 的交互序列。另外,参与者之间也可能存在泛化关系。例如,参与者 Y 具有参与者 X 的行为,即参与者 Y 除了可以使用用例 E,还可以像参与者 X 那样使用用例 A。

使用 UML 的时序图可以对交互序列进行可视化描述。时序图描述了参与者之间的消息交互序列。时序图的建模元素有角色、生命线、激活期、消息等,如图 4-8 所示。其中,角色可以是用小人图标表示的人或用带冒号名称的矩形表示的系统等参与者;生命线是用虚竖线表示的参与者在一段时间内的存在性;激活期是用竖条表示的在生命期上这一段时间是激活的;消息是用带箭头的直线表示的参与者之间发送的消息。

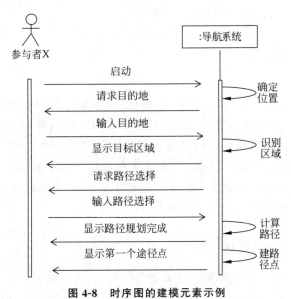

图 4-8 时序图的建模元素示例

4.3.3 需求

视频讲解

需求定义系统需要实现的属性和特征,主要有数据、功能、行为三种视图。其中,数据视图关注需要由系统处理的信息;功能视图关注系统需要提供的信息处理过程,即信息流;行为视图关注系统对外部事件的响应。需求与目标和场景一起构成了系统实现的基础。它们之间既有联系,也有区别,如图 4-9 所示。

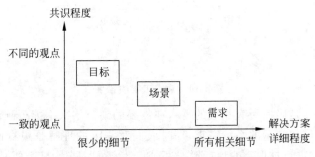

图 4-9 目标、场景、需求之间的主要区别

在目标和场景的描述中可能存在部分冲突,但需求定义应该已经解决这些矛盾,描述的视图应该是单一和统一的。

需求可以用自然语言或建模语言进行描述。由于自然语言具有普遍、灵活和可理解等优点,依然是最常用的需求描述方式。当然,在实际工作中,需要用术语表、语法需求模式、受控语言等方法来消除自然语言固有的二义性问题。其中,术语表定义了每一个术语的特定含义;语法需求模式定义了使用自然语言描述需求的语法结构和语法结构中每个组成部分的含义;受控语言定义了一套受限的自然语言文法和一组允许使用的术语。

当前,更为专业的是使用建模语言来描述需求。例如,使用传统的 E-R 和面向对象的类图来描述数据需求,使用传统的 DFD 和面向对象的活动图来描述功能需求,使用传统的 CFD 和面向对象的状态图来描述行为需求等。

4.4 核心活动

需求工程过程涉及内容、共识、文档三个维度,对应需求工程框架的抽取、协商、文档化三个核心活动。其中,抽取活动的目标是通过抽取新的需求以及细化现有需求的信息在内容维度上取得进展;协商活动的目标是通过识别冲突、分析冲突和解决冲突在共识维度上取得进展;文档化活动的目标是记录执行需求工程核心活动或横切活动时所抽取或开发的重要信息在文档化维度上取得进展。这些活动相互关联,一个维度上进行的活动会影响到另外两个维度。本节介绍核心活动相关的内容。

视频讲解

4.4.1 需求工程的维度

需求工程是一个协作式的、不断迭代及增量的过程,旨在确保所有相关的需求在需要的细节层次上能得到清晰的理解、在利益相关者之间达成对系统需求的共识、所有需求能按规范进行描述。因此,需求工程具有内容、共识和文档等维度,如图 4-10 所示。

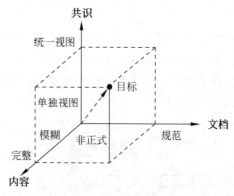

图 4-10 需求工程的维度

内容维度的目标是确保所有相关的需求在需要的细节层次上能得到清晰的理解。需求工程开始于系统愿景和少量的系统需求,那时人们对需求的理解是模糊而不完整的。在随后的过程中,对需求进行抽取,包括捕获、分析或开发新的需求。随着需求抽取活动的开展,人们对系统需求的理解越来越清晰,最终形成精准而完整的内容。共识维度的目标是确保在利益相关者之间达成对系统需求的充分共识。利益相关者站在不同的角度,以不同的视角形成自己单独的视图。不同的利益相关者对系统需求的理解不一定是一样的,甚至存在一定的冲突。应该尽可能在需求工程的早期发现相互之间的冲突并进行协调。随着需求协商活动的开展,相互之间的冲突会越来越少,最终达成共识。文档维度的目标是对所有需求按规范进行描述。抽取的信息通常是以非正式的方式记录的,例如口头陈述、手工绘图等。这些记录有可能存在二义性和缺陷,需要按一定的规范进行处理并清晰地记录下来。随着需求文档化活动的开展,对需求的描述会越来越明确,最终形成规范化的文档。

4.4.2 需求抽取

视频讲解

需求以各种形式存在,例如人们头脑中的想法、工作中的文档等。需求抽取是为软件开发从不同的来源收集需求的过程。这些来源可能包括:员工、供应商等外部实体;手册、政策、报表、报告等文档;已实现自动化的当前系统的文档;开发者、主管、经理等利益相关者提供的非文档化信息;关于业务过程的常规活动等制度信息;音视频记录等提供的关于核心业务过程的信息。持续寻找相关的需求来源非常重要。找到需求来源后,需要从中抽取需求。另外,还有可能开发一些具有创意性的新需求。因此,需求抽取活动包括识别需求来源、抽取现有需求、开发新的需求等子活动。

识别需求来源子活动的目标是寻找并确认系统环境中所有的相关需求来源。系统环境是系统所处的环境中与定义、理解和解释系统需求相关的那些部分,由主体、使用、IT、开发等刻面构成。有的需求来源很明显,如遗留系统、各种文档、提出愿景的人。有的需求来源却是未知的,需要进行挖掘。对于未知的需求来源,可以先从系统环境中寻找潜在需求来源,再评估它们的相关性进行确认。例如,通过访谈以及会议等形式向已知的利益相关者咨询、检查已识别的文档中引用、分析现有系统的参与者等识别出可能还存在的需求来源,用列表形式记录新识别出来的潜在需求来源,对每个新识别出来的需求来源重复这个过程,直到再也难以识别出新的需求来源为止。最后再以小组会议等形式对识别的需求进行相关性评估。抽取现有需求子活动的目标是从已识别的需求来源抽取现有的需求。例如,在分析现有文档的基础上,与利益相关者交谈或下发调查问卷等进行需求抽取。对于那些利益相关者无法直接表达的需求,可以通过观察或使用现有系统进行抽取。开发新的需求子活动的目标是抽取那些无法通过访谈、会议、分析现有文档和观察现有系统等获得的需求。这类需求属于创造性需求,可以通过一些创新性技术进行抽取。

项目是否成功与需求收集质量的高低密切相关。收集信息的方法有很多,都有各自适用的场合,有的用于收集业务需求,有的用于收集用户需求,有的用于收集操作需求。较为常用的有资料收集、人员访谈、实地考察、问卷调查、样板观摩、专题小组、头脑风暴、原型开发等。

资料收集:要理解企业及其业务目标,可以收集和研究企业的背景。例如,阅读企业的报告、图表、政策手册、工作描述、当前系统的文档等。例如,在决定系统输入输出什么以及以什么样的格式输入输出时,可以抽取企业的部分文档做参考,有现成计算机系统更方便对文档进行采样。

人员访谈:访谈可以分为标准化访谈、探索性访谈、非结构性访谈等。其中,标准化访谈需要提前准备相关的问题且访谈期间不偏离这些问题,非结构性访谈较为随意,可以自由地提出问题,探索性访谈针对受访者对某些需求的观点和看法。在实际工作中,可以采用电话交流或面谈等采访形式收集需求。其中,最为常用的是面谈。毕竟面对面的沟通可以与访谈目标及时互动,包括对访谈内容的反应和理解、深入讨论其工作情况等。访谈一般分为随机采访和计划访谈。与社会大众或企业基层职工交流,可以采用随机访谈的形式来了解其具体工作和信息需要等群体需求。与管理层人员交流则采用计划访谈形式以了解企业级目标和信息需要等战略战术需求,但不管以哪种形式,都要经历选择访谈目标、设计访谈大纲、准备访谈、进行访谈、访谈后跟进等步骤,即确定访谈目标、准备要询问的问题、负责访谈议程并控制访谈进程、反馈所理解的信息等。只是计划访谈要求更高,它可以提升交流质量、确保完整地收集需求。需求收集者需要更加有效地设计访谈内容并制定实施访谈的大纲,知道什么样的信息需要重点收集,让访谈目标提前了解访谈内容和访谈时间并做好准备。当然,这种方法,需要双方同时有时间,也比较耗时,收集信息的质量与项目组成员的经验有关,也难以鉴别访谈目标之间的需求冲突。

实地考察:观察指通过观看利益相关者的工作现场或现有系统的运行情况等抽取需求,可以分为直接观察和亲身体验等形式。在工作现场跟随用户收集信息可以对用户的任务有直观的印象,可以了解用户在做什么以及为什么要这么做,可以理解当前系统存在的问题以及这些问题对用户的工作所产生的影响。这种方法当然不可能面面俱到。也就是说,在跟随收集信息这段时间内,用户所做的事情不一定涉及他的全部工作。例如,录入学生成绩的工作,一个学期一般只做一次,跟随收集需求的这段时间可能并没有录入成绩这项工作。当然,在开发团队成员从客户的角度体验问题时,也可以采用角色扮演等形式,即扮演用户角色执行用户要采取的行动。例如,扮演销售人员角色在销售数据库中输入记录等。这样做可以充分认识用户所面临的问题,了解当前系统的主要缺陷,知道需要采取哪些行动解决问题。

问卷调查:调查问卷意味着利益相关者填写自己对系统的需求,适用于涉及群体或人员分散的情况。问卷中的问题由行业专业人员设计,一般包括选择和简答等形式。其中,选择题提供两个及以上的选择;简答题用于答案不固定的情况,可以自由回答。这种方法在从大量人群收集信息时成本较低,设计良好的问卷也有利于对数据进行分析总结。所以,良好的调查问卷的设计是关键。

样板观摩:参观成功的同行业或同类型的系统,以此为样板进行观摩,可以对系统的功能、作用、特效、人机交互模式等产生直观的认识,通过类比思维获得新系统的需求,减少需求分析的时间。不同于前面几种需求调查方法,样板观摩以及下述各种方法本质上同属于需求引导方法,对于拓展眼界并快速获取需求非常有效。

专题小组:研讨会涉及一组利益相关者,大家共同开发系统需求,如果准备得当,效率很高。可以成立专题小组专门针对一个选定的主题抽取相关的需求。专题小组可以分为探索、比较、优先级排序等小组。其中,探索性专题小组关注模糊性的主题,主要目标是抽取新的需求,比较性专题小组的目标是在竞争对手的产品或系统老版本的基础上抽取初始的需求集合,排序性专题小组的目标是对已经抽取的需求进行优先级排序并识别可能遗漏的需求。

头脑风暴:这是一种集体讨论方法,参与人员分享知识,从各个角度提出需求,形成对业务过程的完整描述。使用这种方法易于获取软件产品应包含什么样的功能特性、软件产品应提供什么样的服务等问题的答案。头脑风暴包括集思和精华两个阶段。在集思阶段，参与者提供尽可能多的想法并记录下来。但要注意，不要批评任何想法，要激发参与者的动力和想象力。在精华阶段，对集思阶段的所有想法进行浓缩。例如，消除不能实现的想法，对相似想法按特性、性能、用户接口等进行分类，并明确这些想法的优先级。这种方法可以集思广益，获得问题的多种解决方案。

原型开发：用户定义了软件的目标，但难以描述输入、处理、输出等需求，或开发团队不能确定算法是否有效、操作系统是否合适、如何进行人机交互等，可以使用原型开发方法。这种方法意味着，了解软件总体目标和大致需求后就集中于用户可见部分进行初步设计并构造原型，让用户评估原型后进一步细化需求。重复这个过程，逐步调整原型使其满足客户的要求。一般来说，原型本身就可以作为标识软件需求的一种机制。当然，原型可以像在纸上画图一样简单，也可以像实际工作软件一样复杂。

在进行需求抽取时，应该尽量避免犯以下错误。

需求理解各异：项目组成员对需求的详细程度有不同的期望。由于项目利益相关者提到的"需求"没有进行限定，大家从各自的角度解读"需求"，造成理解上的不同。例如，客户提供的需求只是想法，他们眼中的需求可能就只是产品的抽象概念，但开发者眼中的需求则可能是用户接口方式等具体设计。因此，要解决这个问题，首先就是要承认并理解必然存在不同类型的"需求"，其次要让团队成员了解需求工程的概念和术语。

客户参与度低：如果缺乏客户的参与或双方交流较少，开发者就可能在没有获得足够知识的情况下确定了需求，而客户也"以为"开发者已经明确了需求，等到提交最终产品时才与自己的"想法"不符，导致项目失败。要解决这个问题，可以有两种方法。一种是开发者走近用户工作现场，识别不同用户组及其使用产品的特性；另一种是客户代表走进开发现场（一般称为现场客户），为开发组成员收集和提供需求。现场客户还可以评估原型以确定需求的完全性和准确性。

需求说明书模糊：如果需求说明书具有模糊性，会造成二义性的理解。不同的阅读者会以不同的方式解读需求而且都自认为理解正确。在缺乏交流的情况下，难以发现并解决这些模糊性。到了项目的后期，这种冲突就会凸显出来，那时解决问题的成本会非常高。要解决这种问题，在撰写需求说明书时就应该避免使用诸如健壮、用户友好等主观和模糊的用词。对这类词语，不同的人有不同的理解。需求说明书要尽可能精准。可以采用测试计划、原型开发等方法验证需求说明的精准性。

需求优先级不正确：月有阴晴圆缺，事有轻重缓急。很多时候，项目组没有区分需求的优先级或区分不正确。如果大部分需求都有较高的优先级，项目组就难以应对新的需求、项目进度的变化以及质量目标的调整。另外，在客户难以区分重要特性和不常用特性的情况下，开发者可能会把一些宝贵的时间用在不常用特性的开发上，例如专注于美观但不常用的功能。要解决这类问题，就要与客户就需求的价值划分优先级，并评估其实现成本和可能存在的技术风险等。再有就是追踪每个功能需求到其源头，诸如高层系统需求、业务规则或行业标准等，以此识别出重要特性并重点关注。

需求范围不定：需求范围就是系统的边界。需求范围不明确的项目的失败率通常会非常高。需求获取过程必须明确需求的范围，即必须建立系统的边界，确定系统的主要组成部分及其功能特性。因此，在建立系统边界时，要充分考虑组织、环境、项目等方面的因素。其中,组织因素指组织的目标、任务、愿景;环境因素指系统的硬件、软件、与其他系统的交互等约束条件;项目因素指诸如管理方式和领域经验等利益相关者的特性、需求获取过程相关人员局限以及诸如成本时间质量等管理方面的约束条件等。

4.4.3 需求协商

待开发的系统应该尽量考虑并实现不同利益相关者的所有要求和期望。但是,这些要求和期望有可能存在冲突,包括互相矛盾和无法实现等。需求协商的目的就是通过识别冲突、分析冲突和解决冲突在需求工程的共识维度取得进展。开发方不应该自己去解决那些发现的冲突,应该与利益相关者一起共同商量并加以解决,以利于系统的验收。需求协商是需求工程的核心活动之一,目标是识别冲突、分析产生冲突的原因、通过适当的策略解决冲突以及记录冲突解决方案和原理。

需求冲突可能在所有的需求工程活动中出现。单个需求工程活动中的冲突并不明显,所以应该在所有需求工程活动中积极发现可能存在的冲突及合并相似的需求。需求冲突可能体现在数据、利益、价值、关系、结构等方面。缺少信息、错误信息、对同一问题的不同理解等可能会引起数据冲突,利益相关者的不同利益或目标可能会引起利益冲突,评价问题时采用的不同准则可能会引起价值冲突,人际交往过程中的不同行为可能会引起关系冲突,而权力的不平衡可能会引起结构冲突。对于关系、结构等需求冲突,属于组织管理问题,需要与相关管理人员一起协商解决。对于其他类型的冲突,一般采用启发式方法,按数据、利益、价值的顺序进行检查和分析。首先检查数据冲突,即让利益相关者解释冲突的需求,检查是否存在不符合实际需求的情况;其次询问利益相关者的利益,即询问利益相关者关于冲突需求的目标,检查是否存在矛盾的地方;第三是阐明利益相关者的评价背景,即了解他们的评价方式,检查不同评价背景的差异情况。确定存在冲突后,可以使用协商、提出新方案、责任人拍板等基本策略来解决冲突。协商的目的自然是通过沟通和交流来解决问题,矛盾各方利用自己的信息、论据和观点来说服对方。在达不到共识的情况下,可以抛开各方的观点,提出一个能解决冲突的新的解决方案,看看能否达成共识。如果还不行,就由决策者来做最后的决定。最终决策者可能是上级,也可能是指定的责任人。对于数据冲突,适合采用协商策略;对于利益冲突,适合采用协商和拍板策略,也可以在一定条件下采用提出新方案策略;对于价值冲突,适合采用提出新方案策略,其他两种策略也可以在一定条件下采用。当然,任何矛盾及其解决过程和结果都应该记录下来,以备将来的追踪和检查。

常用的需求协商技术是双赢法。传统观点"商场如战场"把市场视为一种"零和"游戏,即一方的成功意味着对手的失败。其实最有效率的市场策略是使得市场游戏参与各方都能成为赢家。双赢法的目标就是使所有的利益相关者都能成为赢家,把一个商业活动构想为一个参与者都赢的机会。为此,需要先设定一些需要利益相关者共同遵守的原则,例如,共同讨论有冲突或不现实的期望,设身处地以理解其他利益相关者自身的利益,客观地定义期望,参考专业人士的专业经验改进期望等。双赢法支持协商和提出新方案策略,不支持责任人拍板策略。责任人拍板策略往往是在矛盾各方相持不下的情形下迫不得已才采用的,一般会使得一方的利益得到满足而导致另一方的不满,难以做到双赢,应尽量避免。

4.4.4 需求文档化

需求工程活动会产生大量的信息。有的信息需要通过适当的方式加以记录以形成文档,这就是文档化活动。文档具有持久性、共同参照、促进交流、提升客观性、支持新员工培训、保存专家知识等优点,所以文档化活动非常重要。文档化活动根据定义的文档和规格化说明规范将抽取的需求进行文档化和规格说明描述并记录诸如决策过程或原理依据等重要信息。文档和规格化说明规范可以分为总体文档规范、文档规范、规格说明规范等。其中,总体文档规范用于定义文档布局、文档头部信息、文档作者、历史版本等文档管理信息;文档规范用于需求工程各阶段定义的每项需求;规格说明规范对需求描述语言或语法做出规定,比文档规范更严格。

从需求工程的文档维度来看,从非正式到规范,文档化信息可以分为文档化信息、文档化需求和规格说明需求等层次,如图 4-11 所示。文档化信息包括需求工程中记录的所有信息。如果文档化信息记录的是需求且符合为需求定义的文档规范,它就是文档化需求。当文档化需求符合为需求定义的规格说明规范时就是规格说明需求。这些文档应该正确、完整、一致、无歧义、可追踪、可理解、可验证、最新、原子级、已评级等。

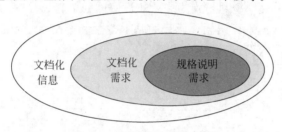

图 4-11 文档化信息的层次

一般来说,可以根据各种开发方法提供的需求文档模板进行文档化记录。较为典型的需求文档有需求陈述文档、项目愿景文档、用户需要说明书、系统需求说明书等。

习题

本书提供在线测试习题,扫描下面的二维码,可以获取本章习题。

在线测试

第 5 章

软件设计工程

CHAPTER 5

　　任何工程从拟定计划到投入使用都要遵循一定的过程,通常包含编制任务书、分析、设计、施工,以及交付使用等阶段,设计工作是其中比较关键的环节。软件设计是软件工程的技术核心,是建模活动的最后一个软件工程行动。通过设计,把计划中有关设计任务的文字资料转换为表达建设实体的全套设计图,为施工构造奠定基础。本章介绍软件设计的基本概念和原则、设计模型和设计过程以及架构设计、设计模式等。

5.1 设计工程概述

软件设计会随着新的方法、更好的分析和更广泛的理解而不断变化。虽然大多数软件设计方法学依然缺乏传统工程设计学所具有的渊博、灵活以及定量等特性,但也有自己的方法、质量标准和建模符号。设计阶段的关注点转移到系统划分原则、从软件的概念表示提取功能或数据结构细节、定义软件设计的技术质量标准等方面,与此相关的软件设计概念层出不穷,为软件设计师提供了解决复杂问题的基础思想和原则。本节探讨设计的重要性、设计的要求和步骤以及设计的目标和原则,为理解架构设计、设计模式等建立基础。

5.1.1 设计的重要性

视频讲解

任何大中型系统的建设都是一个复杂的物质生产过程,从立项、设计、施工、验收到使用,涉及政策、法规、资金、材料、设备、规划等多方面因素,建设周期随系统的规模、复杂度及条件不同而不同,短则数月,长则数年。因此,在施工之前综合考虑各种因素、划分必要的设计阶段、做出完整的设计方案等,对多快好省地建造系统有着极为重要的作用。

流行的建设过程一般可划分为常规与非常规两大类。常规过程的基本模式是以"建设单位→设计师→承包商"三边关系为基础,基本过程是"设计→发包→建造"。非常规过程有些不同,例如,软件工程发展早期的主程序员开发模式和后来出现的敏捷开发模式等。但不管是哪种类型、模式如何变化,设计工程都居于核心地位。

对于大中型系统的开发,较为基本的建设过程大致可以分为 7 个阶段。首先是提出项目建议书阶段,即提出拟建项目的轮廓设想,拟订总的要求,做出工作计划,以及在特殊情况下成立筹建机构、聘用设计师等。其次是编制可行性报告阶段,即对建设项目在技术、工程和经济上的合理性进行全面分析、论证和多方案比较,包括研究用户的需要、具备的条件,向建设单位提出评价意见及有关建议以确保项目的实用性、经济性及技术可靠性。第三是项目评估阶段,即在可行性研究报告的基础上对项目进行社会、经济、环境等方面的效益评估。第四是编制设计文件阶段,即按要求进行设计并编制设计文件。第五是施工前准备阶段,即开工前的各项准备工作,包括场地、材料、设备,以及可能的施工招标等。第六是组织施工阶段,即进行项目建设施工(对应软件开发的编程实现)。最后是验收和使用阶段,即进行项目验收,投入使用。在这些阶段中,设计是重中之重,包括大纲设计、方案设计、详细设计、施工设计等工程活动。其中,大纲设计指进一步研究用户的需要以及有关的经济问题,提出总的方案;方案设计指提出总体、外观、构造、施工、概算等全面设计;详细设计指组织各专业咨询师对全部设计及预算做出最后决定;施工设计指组织各专业咨询师编制施工所需要的模型、说明及项目进度表等施工文件及可能的工程招标所需要的工程量表及招标文件。

5.1.2 设计的要求和步骤

视频讲解

系统由构件体系、结构体系和基础设施体系构成。其中,构件体系指构成系统的元素,例如构成软件的程序语句、过程、类、组件、服务或子系统等;结构体系指构件之间的关系;基础设施体系指对构件及其关系起支撑作用的基本配置,根据系统的重要性和使用性质的不同而有所相同。因此,系统的设计包括构件设计、结构设计和基本设施配置设计等部分。

设计工程受到多方因素的制约,包括与环境的关系、经济实用、美观易用、技术方案等。第一,任何系统都从属于更大的系统,是总体规划的一个构成部分,要符合总体规划提出的要求。因此在进行设计时,要注意它与环境的关系,例如原有系统的状况、使用者、与其他系统的关系等,即要充分考虑是否符合总体规划的要求。第二,设计工程要满足经济实用性。满足使用功能要求是设计的主要任务,也就是要解决实用性问题。建设工程需要大量人力、物力和资金,在设计和建造中,要因地制宜、就地取材,尽量做到节省劳动力,节约材料和资金,即要考虑具有良好的经济效果。第三,在满足使用要求的同时,还需要考虑人们在美观易用方面的要求,考虑使用者在精神上的感受和使用上的方便性,例如要考虑软件界面的美观要求。第四,应该采用合理的技术措施,包括正确选用构成材料,根据系统特点选择合理的结构、施工方案,使系统易于构造和维护,坚固耐久。这些要求并无顺序关系,要综合考虑,有的要求之间存在冲突,要进行权衡和取舍。

设计工程依据的文件一般包括有关建设任务的要求和总投资等文件、工程设计任务书、委托设计工程项目表等。有的工程经常采用投标方式,委托其他单位进行设计。设计师根据这些文件,通过调查研究,收集必要的原始数据和设计资料,综合考虑总体规划、当前环境、功能要求、框架选项、元素材料、工程经济以及建造技艺等多方面的问题进行设计,绘制设计图,编写主要设计意图的说明书,编制各工种的计算书、说明书以及概算和预算书。这些设计图和相关文件是后续施工的依据。

作为设计师,一般要经历设计前的准备工作、初步设计、技术设计、施工图设计等阶段。在具体着手设计前,要熟悉计划任务书,以明确建设项目的设计要求。计划任务书的内容一般有建设项目总的要求和建造目的的说明、系统的具体使用要求、建设项目的总投资、待建系统的范围和规模描述及调研报告、基础设施方面的要求、设计期限和项目的建设进程要求等。要认真熟悉计划任务书,在设计过程中严格掌握建设标准、功能范围、性能指标等有关约束。必要时可对任务书中的一些内容提出补充或修改意见,但应征得建设单位的同意。由于建设单位主要是从使用要求、建设规模、造价和建设进度等方面提出计划任务,系统的设计和构造还需要收集有关的原始数据和设计资料,在设计前做好调查研究工作。例如,认真调查同类已有系统的实际使用情况,通过分析和总结,对所设计的系统有一定的了解;了解现有构件的种类和规格,掌握新型构件的性能、价格以及获得的可能性;结合使用要求和构件特点,了解并分析不同结构方案的选型,现有施工技术和设备条件;了解组织遗留系统的设计布局、构造经验和使用习惯,结合待建系统的具体情况创造他们喜闻乐见的使用形式。有了充分准备后进入初步设计阶段。

初步设计阶段是系统设计的第一阶段,主要任务是提出设计方案,即在明确的范围内,按照设计要求,综合技术和艺术要求,提出设计方案。初步设计的模型和设计文件有系统架构、概算书,以及说明设计方案的主要意图、主要结构方案及构造特点、主要技术经济指标等的说明书。下一步是初步设计具体化的阶段,即技术设计阶段。

技术设计阶段的主要任务是在初步设计的基础上,进一步确定各设计工种之间的技术问题(对于不太复杂的工程可省去该阶段)。各工种的设计图要标明与具体技术工种有关的详细信息,编制构成部分的技术说明书。例如,结构工种应有系统结构布置方案图并附有相关说明、基础设施工种应提供相应的设施图及其说明书。

施工图设计是系统设计的最后阶段。在这个阶段中,应确定全部工程规模和用料,绘制构件、结构、基础设施等全部施工图,编制工程说明书、结构说明书和预算书。施工图设计的模型和设计文件有总架构、构件、结构、构件连接点,以及各工种相应配套的施工图、说明书、工程预算书等。

5.1.3 设计的目标和原则

视频讲解

设计涉及两个世界,一个是人类的欲望世界,一个是实现人类欲望的技术世界。设计师的任务就是尽量把这两个世界结合在一起。例如,人们都希望有一个良好的生活和工作环境,期待建筑物具有稳定、实用和舒适等特性。稳定性指的是不存在影响功能的漏洞,实用性指的是能满足预期的目的,舒适性指的是带给使用者的愉悦感。设计的目标就是获得具有稳定、实用和舒适等特性的模型或表示。为此,设计师需要具备发散思维和综合能力,即先考虑各种可能的备选方案,再从众多的可选方案中选择最合适的。这有赖于凭借个人经验的直觉以及基于建模原则或启发式、质量评价标准、迭代过程等进行的判断。

一个好的设计方案应该具备的特征包括:既实现了需求模型中的所有显式需求也考虑到了利益相关者的所有隐式需求,从实现的角度提供目标物在数据、功能和行为方面的完整描述,便于施工人员和维护人员阅读和理解。这些特性就是设计过程的目标。

要达到这些目标,需要考虑一些准则。较为常用的准则有:使用有辨识度的建造风格或模式创建便于用演化方式实现的架构,使用模块化思想在逻辑上分解系统,明确地表示架构、构件、接口和数据,用便于实现的类来表示数据结构,构件独立且具有良好的设计特征,使用接口以降低连接复杂性,用需求分析所获得的信息驱动设计,使用能有效表达含义的符号,充分考虑现有的实现技术。

设计包括概念、原则和实践。设计工作需要遵循一定的设计原则,设计实践的结果是待建系统的各种表示,这些表示是接下来的施工活动的依据。但在实践之前,应该充分理解与设计相关的各种概念。其中,"分而治之"和"复用"是设计原则的重中之重,与许多设计概念相关。

"分而治之"原则是指一个系统的模块化的过程,即把复杂问题分解为若干便于管理的模块来降低问题求解的难度。模块化概念与系统的抽象性、信息的隐蔽性、功能的独立性等密切相关。系统的抽象性涉及问题抽象的级别,高层次抽象使用面向问题的语言和术语描述解决方案,低层次的抽象使用面向实现的语言和术语描述解决方案。在系统的抽象过程中,人们的第一感觉是分解得到的模块越细越容易理解和实现,即抽象级别越多越好。实际上,总的开发工作量或成本并不会随着模块数量的增多而减少。模块化是一个逐步求精的过程,也是一个由小到大逐步集成的过程。模块数量越多,模块间的联系越复杂,相应的集成工作量或成本也越大。所以,在抽象时,既要避免不足的模块化也要避免过度的模块化。信息的隐蔽性涉及信息封装的级别,可根据用户需求设计为全公开、半公开或不公开。这类似于一台电视机,内部实现被严密封装起来,对外提供各种接口,外部用户可以使用遥控器通过这些接口对电视机进行操作。功能的独立性涉及功能实现的宽泛程度。良好的模块设计应该具有高内聚低耦合的特征。内聚性指的是一个模块内部各功能之间的关联程度,当然是越强越好;耦合性指的是模块之间的关联程度,当然是越低越好。正如一个家庭影院系统,可以分解为电视机和录像机两部分。其中,电视机和录像机各自独立,各自内部的芯片之间的关联程度很高,一个完成影像解码任务,一个完成影像显示任务;两者之间的关联很弱,把连接线插入两边对应的接口即可。

"复用"原则是指一个模块在若干系统的重复使用过程,旨在提高设计和实现效率。复用分为思想复用和实体复用。侧重思想复用的有架构与设计模式。其中,架构是一个系统的风格和结构规划,设计模式是针对某些经常出现的问题而提出的行之有效的设计解决方案。两者都不是实体,具有抽象和普适性,前者属于战略思想复用,后者属于战术思想复用。侧重实体复用的有工具和框架。在软件行业,诸如 C 语言的函数库、C++语言的类库等属于工具复用,Java 领域的 Struts、Spring、Hibernate 等属于框架复用。工具和框架都是实体(例如代码的集合),都提供一些应用接口,但设计理念却截然不同。在软件行业,工具的意义在于使开发人员摆脱底层编码,专注特定问题和业务逻辑,而框架则是一组协同工作的过程或类,利用控制反转机制(由框架代码调用业务代码)实现对各模块的统一调度。没有规矩不成方圆,正如行军打仗的排兵布阵,框架是预先布置的阵,业务代码就是阵中要排的兵。因此,工具因提供"武器装备"而为编程人员带来自由,框架则是在语言语法规则之上再添一层"枷锁"而为编程人员带来约束。对于较为复杂的软件实现,通常的设计原则是:在宏观管理上选取合适的框架以控制整体的结构和流程,在微观实现上利用工具来解决具体的细节问题。

5.1.4 构件设计原则

软件设计不能僵硬、脆弱、固定和黏糊,否则其可维护性就会很差。可复用的构件对软件的可维护性有良好的支持作用。基于面向对象方法的构件由若干的类构成,在设计这类构件时应该遵循一些设计原则,例如开闭、依赖倒转、代换、组合、接口分离、保持距离等基本原则,以及公共封装、公共复用、发布复用等价等打包原则。使用这些原则有利于创建易于变更的设计,降低变更发生时波及的范围。

开闭原则是指"对扩展开放,对修改关闭",即在对构件内部不做任何改变的情况下拓展系统的功能。这是面向对象可复用设计的第一块基石,即设计的首要目标。"对扩展开放"强调的是"拥抱变化",使软件具有较强的适应性和灵活性而得以进化;"对修改关闭"强调的是"封装变化",使进化中的软件具有一定的稳定性和延续性。对一个系统进行分解,越分解越具体。从分解的层次来说,越往上层越抽象,越往下层越具体。发生变化的层次越抽象,向下波及的范围越大。所以通常应该尽量把"可变性"封装在上层以使得系统有更好的稳定性。因此,实现开闭原则的关键是抽象化以及从抽象化导出具体化。

代换原则是开闭原则的补充,是对实现抽象化的具体步骤的规范。代换原则是指"用派生类代换基类,不影响使用基类的构件"。代换原则是继承复用的基石,强调"任何基类可以出现的地方,其派生类一定可以出现;派生类代换基类时软件功能不受影响,基类才能被真正复用,派生类才能够在基类的基础上增加新的功能"。满足代换原则的设计可以保证使用基类的构件在基类被其派生类代换时保持不变并继续正常工作。该原则要求从基类派生的任何类都必须遵守基类与其使用者之间的约定。例如,构件 A 要使用构件 B,只要与构件 B 的基类约定使用方式即可。由基类派生的任何类只要不违背这个使用约定,就可以随时代换基类并与构件 A 进行交互。当然这种代换只是在构件 B 的内部完成,不会影响构件 A 的使用方式。换句话说,构件 A 并不需要"知道"构件 B 内部的代换情况。

在一个面向对象系统里，类与类之间存在零耦合、具体耦合、抽象耦合等关系。其中，零耦合就是指两者之间没有耦合关系；具体耦合指的是一个类对另一个类的直接引用；抽象耦合指的是两个类通过接口进行交互。显然，抽象耦合具有更好的灵活性。依赖倒转原则是指"依赖于抽象，不要依赖于具体"，强调系统内构件之间关系的灵活性，是达到开闭原则的途径和手段。依赖倒转是针对结构化方法而言的。在结构化方法中，上层模块被分解为下层模块，上层模块调用下层模块，导致抽象依赖于具体，模块之间是具体耦合关系。依赖倒转就是把这种关系"颠倒"过来：从构件内部来看，强调下层的具体实现依赖于上层的抽象定义；从构件外部使用者角度来看，强调针对接口编程而不要针对实现编程，构件之间是抽象耦合关系。

构件之间的关系除了要强调抽象耦合以实现开闭原则之外，还应该遵循对接口进行分离的原则，以及双方保持一定距离的原则。接口分离原则是指"多个特定客户接口比一个通用接口更好"。通常来说，一个构件对外提供若干操作服务，可以只开设一个统一的接口为所有使用者所共用，也可以针对不同类别的使用者分别提供接口。接口分离原则指的是后者，即根据使用者的类别对接口进行分离，为每类使用者创建相应的专门接口以提供特定的操作服务。保持距离原则也称"最少知识原则"，强调构件之间应该尽可能少"了解"对方的细节，类似于生活中的"不要和陌生人说话""只与好朋友通信"等处事原则，避免"你跳（海），我也跳（海）"式的相互影响。保持一定的距离可使得系统更加安全和稳定。

构件内部的关系涉及如何打包的问题，也应该遵循一定的原则。例如，"一起变化的类应该放在一起"（称为公共封装原则）"没有一起重用的类不应该放在一起"（称为公共复用原则）"复用的粒度就是发布的粒度"（称为发布复用等价原则）等。满足公共封装原则的构件，其中的类处理相同的功能域或行为域，域一旦发生变化，只修改该构件即可。不满足公共复用原则的构件，其中的类一旦发生变化，整个构件都会重新打包、测试和发布，导致无关类也进行不必要的集成和测试。发布复用等价原则使得版本演进、变更控制和发布管理更为自然和有效。

5.2 软件设计过程

在需求工程阶段建立的模型可能有场景模型、行为模型、流程模型、结构模型等，这些模型提供了在设计工程阶段进行架构、构件、界面、数据等设计所需要的信息。软件设计是一个迭代过程，设计的结果会成为构造软件的"蓝图"。这些"蓝图"从高度抽象的总体设计开始，经过多次迭代，产生更低抽象的详细设计。本节介绍与软件设计过程相关的概念。

5.2.1 从需求到设计

视频讲解

在需求工程阶段，会开展类似"瞎子摸象""庖丁解牛"等活动。"象""牛"等实体是待开发的软件或拟建设的系统。"瞎子摸象"就是从实体外部感知实体的界面、观察实体的行为、了解实体所具有的功能，活动的主体主要是客户方的利益相关者。"庖丁解牛"就是从实体内部查看实体的构成和结构、分析实体功能的实现流程，活动的主体主要是开发方的利益相关者。这些活动所产生的视图就是需求模型，包括在"瞎子摸象"活动中描绘的场景模型、行为模型,以及在"庖丁解牛"活动中描绘的流程模型和结构模型。其中,场景模型是系统"参与者"的功能视图;行为模型是系统对外部"事件"的响应视图;流程模型是数据变换视图,描述了系统具有的功能是如何实现的;结构模型是系统的构成视图,描述了构成系统的元素及元素之间的关系。

另外要注意的是数据模型和类模型。其中,数据模型表示的是问题的信息域,它是其他模型的基础;类模型表示的是"类"粒度的模块以及类的协作方式等,"类"封装的是编程级别的数据结构和算法,抽象程度较低,易于用编程语言实现。这两种模型都很重要。

设计建模建立在需求模型的基础上,包括架构、界面、构件和数据等设计。需求模型主要关注"做什么",设计模型主要关注"怎么做"。但是,两者并不是截然分开的。系统处理什么东西、执行什么功能、表现什么行为,系统有什么界面、什么交互、什么约束,这些是需求工程阶段要回答的问题。但是,正如"瞎子摸象",客户也许并不明了系统在某些方面需要什么,开发者也可能并不确定所采用的方法是否适合完成客户说明的功能或性能。在需求和设计这两个重要的工程之间明确地划分分析和设计任务显然是不现实的。有的设计会作为分析的一部分出现,有的分析也会在设计过程中进行。因此,经常会采用迭代的方式进行分析和设计。

需求模型要实现的目标包括描述客户需要什么、定义一组在构建后可以验证的需求、为设计工程打基础。因此,可以把需求工程活动划分为需求获取、需求分析、系统分析等活动。其中,需求获取活动主要收集资料;需求分析活动面向客户,分析人的"需要",专注"要什么";系统分析活动面向系统,分析系统的"需求",要考虑"做什么"。对于设计工程活动,也可以划分为系统分析、总体设计、详细设计三大活动。其中,系统分析活动就是需求工程中的系统分析活动,要考虑"怎么做";总体设计活动对系统进行高层次的抽象;详细设计活动对系统进行低层次的抽象。经过这样的划分,显然系统分析介于两大工程之间,既要分析做什么,也要设计怎么做。分析模型是系统级描述和设计级描述之间的桥梁。其中,系统级描述是指用软硬件、数据、人及其他系统元素等对整个系统或业务功能进行的描述;设计级描述是指对应用程序的架构、用户界面、构件结构进行的描述。因此,系统分析人员可以采用迭代的方法对已知内容建模,这些模型作为增量设计的基础,经过增量式迭代,逐步完成全部设计。

需求模型的所有元素都可以直接成为设计模型的某些部分,它们的关系如图 5-1 所示。

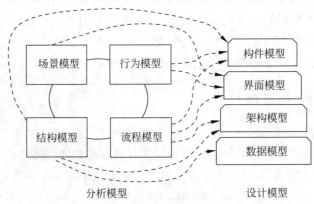

图 5-1 从分析模型到设计模型

软件开发方法有很多,都有着各自的特点和适用场合。例如,结构化方法具有功能模块化、自顶向下逐步求精等特点,强调使用数据流或数据结构来定义设计;面向对象方法具有类型化、自底向上逐步集成等特点,强调从分析类等概念模型自然导出设计;基于组件的开发方法的组件模块比类模块粒度大,面向服务的开发方法的服务模块比组件粒度大,粒度越大越适合更高层次的抽象设计。不过,这些方法都有一些共同的特征,如将需求模型转换为设计表示、表示构件及构件之间的接口、分解和细化、评估质量等。因此,在开发过程中适当对这些方法进行组合以适应实际开发,组合示例如表 5-1 所示。其中,组合 6 使用的都是面向对象的术语,不存在术语转换问题,各阶段的过渡和迭代较为自然,是当前较为常用的软件开发方法。

表 5-1 开发方法组合

阶 段	组合 1	组合 2	组合 3	组合 4	组合 5	组合 6
分析	SA	SA	OOA	OOA	OOA	OOA
设计	SD	OOD	SD	OOD	OOD	OOD
实现	OOP	OOP	3GL/4GL	3GL/4GL	SP&OOP	OOP

注:字母 S 表示结构化方法,OO 表示面向对象方法,A 表示分析,D 表示设计,P 表示编程,3GL/4GL 表示第三代和第四代编程语言。

如果采用的是结构化方法,数据设计是将 E-R 图等概念模型转换为物理模型的过程,架构设计是把 DFD 等流程模型转化为架构或结构模型的过程,构件设计是将状态图等模型转换为过程或函数的过程。如果采用的是面向对象方法,数据设计是将分析类等概念模型转换为设计类的过程,架构设计是将协作图、活动图等模型转换为架构或结构模型的过程,构件设计是将状态图、时序图等模型转换为组件的过程。界面设计是对系统与外界的关系进行设计的过程,包括系统与其他系统如何通信、用户与系统如何交互等。图 5-2 从抽象和过程两个视角对采用面向对象方法建立的模型进行观察。其中,抽象维表示详细程度,过程维表示工作阶段。

5.2.2 从抽象到具体

视频讲解

设计包括架构设计、构件设计、界面设计及数据设计。这些设计都是一个从抽象逐步到具体的过程。

作为设计师,"架构"是一个绕不开的概念,因为设计基本上就是围绕它展开的。这个术语来自英文单词"architecture"。它有许多含义,可以译为建筑学、建筑式样、建筑风格、体系结构、结构、架构等。从字典解释来看,它有三个层次的含义。首先,它表示规划、设计和建造建筑物的技艺(art),即建筑学或建筑术;其次,它表示建筑物的风格(style),即建筑式样或建筑风格,如现代建筑或摩洛哥建筑;最后,它表示事物的结构(structure),即事物由部件构成,这些部件以一种有序的方式连接起来,如知识结构、肌肉纤维结构等。

在我国软件行业,一般将"architecture"译为"架构"或"体系结构",将"structure"译为"结构"。因此,将设计划分为较为宏观的"架构设计"和较为微观的"结构设计"。本质上,架构设计包含了结构设计,即架构设计涉及风格设计和结构设计。风格涉及样式样貌,结构涉及分解和细化。高层结构对应行业术语"架构",细化后的结构对应行业术语"结构"。结构分解的层数视问题复杂度而定,哪些层属于"架构"范畴,哪些层属于"结构"范畴,并没有明确的界限。因此,有时也没必要把这两个术语截然区分开来。架构设计包括风格设计和结构设计,而结构是分层的,每一层的构件都是上一次构件的分解。例如,系统可以分解为子系统,子系统可以分解为服务,服务可以分解为组件,组件可以分解为类,类可以分解为过程,过程可以分解为语句块等,构件的粒度随着分解的进行越来越小,直至可以直接编程实现。

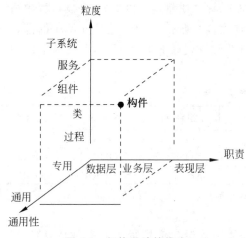

图 5-2 架构设计的维度

对于结构中的构件,既可以按粒度进行分类,也可以按职责、通用性等进行分类,如图 5-2 所示。

构件按粒度从小到大可划分为过程、类、组件、服务、子系统等,按通用性从专用到通用可划分为若干级别,按职责从数据到表现可划分为若干层次。在实践中,人们归纳提炼了很多实用的实现技术,例如,对类进行组合的设计模式和组件技术、面向服务的架构(简称SOA)、包含基础设施的框架技术等。

以人体系统为例,可把人体分解为运动、神经、内分泌、循环、呼吸、消化、泌尿、生殖等子系统。这些子系统协调配合,完成各种复杂的生命活动。这些子系统及其关系就是人体高度抽象的架构。这些子系统进一步分解为各种器官。例如直观的眼、耳、鼻、舌、身等感觉器官,内在的肝、心、脾、肺、肾、胆、小肠、胃、大肠、膀胱等脏腑器官。这些器官及其关系是子系统级抽象的架构。这个分解过程还可以继续进行。例如,人们把由多种组织构成的能行使一定功能的结构单位称为器官,器官的组织结构特点与它的功能相适应。也就是说,器官可分解为组织。而组织则是介于细胞和器官之间的细胞架构,由许多形态相似的细胞及细胞间质所构成,有上皮组织、结缔组织、神经组织、肌肉组织之分。可见,组织又可分解为细胞。组织及其关系、细胞及其关系已是人体较为具体的架构了。从各层架构的构件粒度维看,如果人体子系统对应软件子系统,那么,器官可以与服务对应,组织可以与组件对应,细胞可以与类对应。

构件设计指的是对构成程序的基本构件的内部细节进行描述。这与开发方法有关。例如,面向服务的开发方法的基本构件是服务,基于组件的开发方法的基本构件是组织,面向对象开发方法的基本构件是类。构件设计定义了数据的结构和处理过程。在类这一级,就是定义构成类的数据域和数据处理算法。以人体细胞为例,细胞是人体结构和生理功能的基本单位,是生长和发育的基础。人体细胞形态多样,大小各异,但其结构基本相同。细胞一般由细胞膜、细胞质和细胞核构成。细胞膜是包围在细胞最外面的一层薄膜,将细胞与外界环境隔开,使细胞具有相对独立和稳定的内环境。通过细胞膜,细胞与环境之间可以进行物质运输、能量转换及信号传导。细胞核由核膜、核仁、染色质和核基质构成,是调节细胞生命活动、控制分裂、分化、遗传、变异的控制中心,在细胞的代谢、生长、发育、繁殖和分化中起着重要作用。细胞质是存在于细胞膜和细胞核之间的物质,包括基质、细胞器和包含物等,是细胞进行物质代谢的场所。从面向对象开发方法的角度看,细胞质与类构件的数据结构对应,细胞核与类构件的算法集合对应,细胞膜体现了类构件的封装性。

界面设计描述信息如何进入和流出系统，以及如何在构成架构的构件之间通信。前者是外部界面设计，例如用户界面，与其他系统、设备、网络及其他信息生产者或消费者的接口等。后者是内部接口设计，也就是各构件之间的接口。例如，人体的眼、耳、鼻、口等是人体的外部界面，细胞膜是细胞之间的内部接口，这些界面或接口用于物质运输、能量转换或信号传导等。

数据设计也称为数据架构，数据的架构是软件设计的重要组成部分。数据设计也是先从客户和用户的视角创建一个高度抽象的数据或信息模型，再逐步细化成能被计算机系统处理的更加具体化的实现表示。对于信息系统类的应用程序，数据的架构对处理它的软件架构会产生很大的影响。例如，从业务的角度看，采集各数据库中存储的数据并重组为数据仓库以促进数据挖掘或知识发现，会对业务的成功产生影响；从系统的角度看，将需求工程导出的数据模型转换为数据库，会对业务目标的实现产生影响；从构件的角度看，数据结构和算法的设计对高质量系统的构建会产生影响。

在从需求向设计的转换过程中，采用面向对象方法，由于使用同一套术语，各阶段模型之间的转换相对比较容易。有时，结构化方法或组合方法会因各阶段使用的术语差异会让人困惑。请回顾第三章的 DFD 模型到软件结构模型的转化、E-R 模型到数据模型转换实例，结合本节的内容进一步理解需求工程与设计工程之间的内在逻辑联系，体会需求工程对设计工程的导向作用。

5.3 软件的分合与框架

网络经济时代，信息量非常庞大，快速反应是反映企业竞争力的关键因素。为适应市场的变化，企业的分工与合作机制也会追踪改变，支撑企业提升竞争力的软件系统同样需要随之调整。在软件设计时应该充分考虑这种变化，理解领域概念的稳定性和业务过程的易变性，以领域知识架构主导分解过程，以业务流程引导集成过程。软件的"分"以知识架构作为依据，从领域概念设计软件构件；软件的"合"以业务流程为依据，把软件构件组合为各种应用服务。以这种模式设计软件系统，可以增强企业的快速反应能力。本节介绍软件的分合原则。

5.3.1 模块与组件

各行各业都存在一些易于引起混淆的概念，软件技术领域同样如此。人们在描述一个概念术语时，有时是泛指，有时是特指，这两种情况可能有很大的不同。例如，对于一个事物的构成部分，可以简称为构件（构成部分）、组件（组成部分）、元件、元素、模块等。从泛指的角度，这些术语的含义是一样的，经常互换使用。但是，从特指的角度，有时差异会非常大。对于软件的构成部分来说，结构化方法用"过程"特指功能，用"模块"特指相关"过程"的集合；面向对象方法用"类"特指字段（数据域）和方法（数据操控，类似于结构化方法的"过程"）的封装体，用"包"特指相关"类"的集合；基于组件的方法用"组件"特指软件的构成部件，面向服务的方法则用"服务"特指软件的构成部件。因此，从特指的角度，可以说"模块化"方法代表传统，"组件化"方法代表现代。

模块译自英文单词"module",组件译自英文单词"component"。两者看上去颇为接近,其实不然,后者体现了更好的稳定性、灵活性和多样性。用组件构建的软件能节省大量的管理和维护成本。因为涉及范式(思维习惯)的变迁,一个模块化高手转到组件化的门槛很高,软件团队整体转型更是工程浩大,项目管理、系统分析与设计、编程、测试等各阶段都存在很大的差异,不可等闲视之。

软件的目标是对企业的管理制度形成支撑作用,因此软件开发技术会随着企业的管理制度而演变。20世纪20年代到80年代,主流管理制度是面向任务的层级式组织模式,任务导向的软件架构是主流,如财会、采购等系统都是相互独立的应用程序。80年代到90年代中期的主流管理制度是面向过程的扁平式组织模式,进行业务过程再造(BPR),任务导向的应用程序因难以促进过程的顺畅而无能为力,软件设计也就逐渐转向了过程思维,模块化方法迅速普及开来。90年代中期到21世纪初的主流管理制度是面向网络和知识工作者的价值网络组织模式,强调快速组装、量身定做,过程导向的构成应用程序的模块因灵活性不足而难以支持快速的流程变迁和产品组装。软件设计随即转向组件思维,知识工作者和组件融为一体(知识工作者是企业里的组件,组件是软件里的知识工作者),组件可快速组装以支持知识工作者,知识工作者可快速组合以支持过程,为顾客提供快速反应和服务。

模块和组件本质相同,模块化和组件化的目的也差不多,但基本思维却相去甚远。模块和组件本质上都是一些数据和对数据进行处理的代码的集合体。模块化和组件化也都采用"治大国如烹小鲜"式的"分而治之"思想来化解软件固有的复杂性。但是,两者背后的理念几乎没有交集,"分而治之"的"手艺"也并不相同:用传统"手艺"切分出来的软件部件被称为功能模块(简称模块),用新"手艺"切分出来的软件部件被称为组件模块(简称组件)。组件化思维类似"庖丁解牛",依循牛的架构而游刃有余,模块化思维则不然,切块较为随意。由此可知,作为系统分析师,既要确定企业工作流程及用户怎样使用系统,也要像"庖丁"那样解析企业和软件的架构,依循架构切出组件。组件化的软件稳定而又不失灵活性,能快速组装以支持多样化的服务,边际成本也低,促成组件化思维成为软件项目成功的关键。

5.3.2 三位一体

视频讲解

进行模块化思维的系统分析师专注于业务部门的客户需求而较少关注生产部门需要的部件,模块由开发者随心所欲的切分而得(从上至下把应用程序分割为树状的功能模块),进而使用这些模块组合并装配出多样化的应用程序。这种思维把业务流程作为企业的架构,从流程来切分应用程序,再从应用程序切分组件。但是,流程是经常变化的,从不稳定的流程切分出模块会导致模块不稳定,用不稳定的模块是难以组合出稳定的软件系统的。显然,如果"分"得不好,"合"就难快,规格和品质也会经常出现问题,从而导致维护成本的增加。

传统企业的目标是批量生产,基本组件是部门。现代企业的目标是快速量身定做,组件是知识工作者。目标变了,支持企业组件的切分方法也就要改变。改变切分方法的目的是更容易组合以达成企业目标。企业分合方式的改变促使软件的分合的改变,即依循流程分出模块要转变到根据架构切分组件、根据流程组合组件。也就是说,组件化思维的核心是:企业领域架构主导"分",企业业务流程引导"合"。因此,它与模块化思维的本质区别是:模块化是把流程切成模块,组件化是组件组合以支持流程的变化。"分"得好才能"合"得好,既能缩短上市时间,也能提高组件的复用性。把客户需求当成"合"的引导,就不会在刚获得需求或流程时就想着"分",就可能发现一些意想不到的组合搭配,大幅降低成本、改善品质、提升经济效益。

软件是用户需要的由开发人员组合装配出来的产品。软件"合"的目标由用户决定,软件的"分"及如何"合"则是由开发者决定。由开发者决定组件的组织,组织不受使用者的限制,组件的组织就有了调整空间,使得组件化软件具有很高的灵活性。

企业领域架构就是领域知识架构,领域知识包含许多基本概念,这些基本概念是知识架构的组件。概念是稳定的,是企业的基因。用这些稳定的概念作为软件系统的基因就是组件化思维的出发点。企业领域知识架构作为"分"的依据,概念一一对应程序组件和数据实体,使得企业、数据和程序因相同的基因而具有高度的一致性和统一性,达成三位一体,如图 5-3 所示。

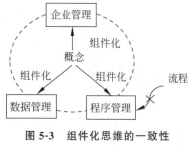

图 5-3 组件化思维的一致性和统一性

概念代表一群实体,是抽象的类别,具有符号、内涵、外延等要素,内涵清晰而稳定。从企业管理的角度看,它是人们日常沟通的基础,具有相同概念易于达成共识。从数据管理的角度看,数据的切分一直是根据知识领域的概念进行的,也具有一致、清晰、稳定等特性。在程序管理方面,模块化是根据流程等进行切分的,各模块切分与命名因人而异,难以达成共识,导致模块难以复用。用概念来切分具有高度共识且易于沟通、复用和维护。程序架构与企业知识工作者的概念架构相同还会促进知识的分享,组件化的软件更易于支持企业的独立、连结、共享与组合。

寻找领域知识的概念就是找出软件系统的组件。例如,快餐企业有薯条、特餐、订餐、顾客、职工、分店等概念,对应软件系统,就会有相同类别的组件。需要指出的是,切分组件的目的是支持企业的工作流程,流程顺畅性是检验切分质量的基础。软件架构只要符合企业领域架构,就能保证装配出高品质的软件。当然,领域知识架构虽然稳定,但也会存在变化,导致软件复杂性的增加。在进行领域分析、组件化、模式创造时也要考虑这种复杂性,"分"的过程多些艺术感和文化性,"合"的过程尽量工程化和自动化,尽量使切分出的组件及其关系可以随着领域架构或流程的改变而能稳定地调整,对各种创新性流程形成有力的支撑。

5.3.3 组件框架

当前,软件业界最为流行的开发方法是用 OOAD 方法开发基于组件或组件式的系统。采用组件化技术的系统具有很强的竞争力。

首先,组件化方法能大幅降低系统的成本,如图 5-4 所示。传统的非分布式模块化系统的复杂度不高使得其成本不高,分布式模块化系统因为复杂度较高而导致成本居高不下。基于组件的分布式系统的复杂度降低,成本大幅下降。

其次,应用系统具有高度灵活性的关键因素包括组件化而不是模块化、逐步演进而不是大规模再造、动态配置而不是静态配置系统、多策略外包和伙伴关系管理等。其中,组件化是最为关键性的因素,组件式系统具有极高的灵活性;利用动态配置可以按需装配系统,支持产品的多样化。

在激烈的市场竞争中能有效降低成本、增强灵活性的还有企业组件框架。企业组件框

视频讲解

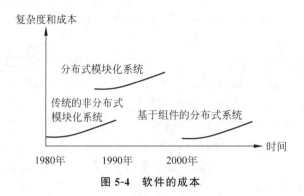

图 5-4 软件的成本

架是软件组件化之后的必然产物。这是因为同行业领域的软件系统有相当部分的架构是一致而稳定的,其他部分是易变而多样化的。稳定部分的架构只需设计一次,留下稳定的接口,以便容纳进易变部分进行组合并提供多样化服务。组件框架思想源于应用框架,两者的基本设计理念和技术是一致的。但应用框架注重于应用程序的快速开发,组件框架则着重于可复用业务组件的开发。

组件框架由稳定的组件组成,提供"插座"(接口)以"插入"为用户量身定做的可变组件。如果说组件是树叶,框架就是树干;组件是水,框架就是杯子。组件框架是应用系统的基础设施,提供稳定的基础架构,具有高度的灵活性与延展性,支持多样化的应用系统。

组件化是基于变与不变的思维,组件框架是组件化思维技术下的架构设计产品。设计组件框架的基本思路是:分清稳定与可变的边界,分为两类不同的组件,稳定的组件具有一致性,可变的组件具有特殊性,两者通过接口连接,可根据用户的多样性需求组合成各种服务或产品。组件框架能与多样化的可变组件搭配以满足各种用户的需要,因此组件框架具有很好的复用性,经济价值很高。总之,多样化的高品质组件能有效降低生产成本,稳定的框架能有效降低管理成本,框架接口提供了容纳其他组件的弹性空间,组件易于更换,使得整个系统能快速地升级换代,用户更容易享受到高品质的服务。

从框架的建构技术来看,组件框架可分为基于类继承的白盒框架、基于对象组合和委托的黑盒框架两类,各有优缺点:前者容易开发,但使用者要了解其内部结构和操作才能设计出适当的子类,后者难以开发,但是易于使用;前者依赖编程语言的继承机制来容纳多样性的类,框架与多样性的类之间的依赖性较高,后者依赖接口容纳多样性的组件,框架与多样性组件之间的独立性较高。应用框架大多属于白盒框架。组件框架大多属于黑盒框架。这是因为在网络环境下,组件一般是分布的,基于接口的黑盒框架独立性较高,灵活性大,更适合于这样的开放和分布式环境。无论是开发组件框架还是购买组件框架,都需要搞清楚需要哪种类型的组件框架。

5.4 架构风格

架构设计的特征之一是系统组织的惯用模式的使用。系统组织的惯用模式也就是架构风格。在实践过程中,设计师发现一些特定的组织原则和软件结构的价值,开发了不少的架构风格。本节介绍一些架构风格,旨在展示架构选择的丰富性以及如何选择。

5.4.1 经典架构风格

在工程实践中,设计风格和模式的使用都非常普遍。设计风格包括设计术语、结构模式、处理模型、不变项、使用样例、优缺点、具体化等。结构模式是对风格进行结构化描述。一个特定系统的结构由各个部分构成,这些部分以一定的方式连接在一起。架构风格依据一种结构化组织的模式定义一类系统。具体来说,就是定义构件和连件的类型的术语和一组如何构成的约束。很多风格还有语义模型。这些模型用于说明如何从系统的构件属性决定系统的总体属性。

软件也有其组织风格。常见的架构风格如表 5-2 所示。有的风格与开发方法有关,如面向对象组织、数据流组织等。有的风格与系统类型有关,如编译器的传统组织、ISO 的 OSI 模型等。

表 5-2 常见的软件架构风格

类 别	风 格
数据流系统	批处理、管道-过滤器等
调用-返回系统	主程序-子例程、面向对象系统、分层系统
独立组件	通信处理、事件系统等
虚拟机	解释器、基于规则的系统等
仓储式系统	数据库、超文本系统、黑板等

数据流系统类的风格关注数据的流动过程。其中,管道-过滤器风格类似于自来水厂对水的处理过程。在这个过程中,水在水管中流动,在水池进行杂质过滤处理,如图 5-5 所示。

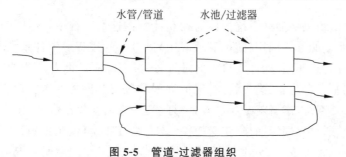

图 5-5 管道-过滤器组织

管道-过滤器风格中的管道类似于水管,过滤器类似于水池。每个过滤器有输入端和输出端。过滤器从其输入端读取数据流,对输入流做变换,在输出端产生数据流。管道连接过滤器,把一个过滤器的输出端流出的数据传输到另一个过滤器的输入端。这种风格的主要特征,一是过滤器必须是独立的实体,即一个过滤器不应该与其他过滤器共享状态,二是过滤器不知道其上游和下游过滤器的情况。在规格说明中,可以对管道中的数据流加以限制,但可以不用了解管道两端的过滤器的情况。进一步讲,管道-过滤器网络输出的正确性不依赖于过滤器的顺序。较为常见的具体化管道-过滤器风格是管线。在管线架构中,过滤器的拓扑结构是线性序列,管道中驻留的数据流量有限制,两个过滤器之间流动的数据的类型要进行清晰的定义。当每个过滤器作为单个实体处理其所有的输入数据时,管线风格就退化为批处理系统了。

调用-返回系统类的风格关注构件之间的互动过程。例如,主程序-子例程就是最为传统的软件风格之一。这种风格的系统围绕一个主程序和若干子例程进行组织。其中，主程序以控制循环的方式按序驱动各子例程。面向对象的组织风格是基于数据抽象的，即把数据表示和数据操作封装在抽象数据类型（ADT）中。这种风格的构件是抽象数据类型的实例，也就是对象。对象因为负责保存资源可视为管理者，对象之间通过过程调用实现交互，如图 5-6 所示。面向对象组织风格的主要特征是由对象保存数据、隐藏数据（其他对象看不见）。

分层系统也属于调用-返回系统类的风格。这种风格按层级组织系统，每层使用下一层的服务并为其上一层提供服务。除了相邻的层级，每层对其他层都是不可见的。每层的下一层可以视为一个虚拟机（构件）。各层之间的连件用协议来定义，协议确定了层级之间的互动。分层风格的拓扑结构如图 5-7 所示。这种风格的典型例子是 ISO 的 OSI 通信协议模型。在该协议中，每层按一定的抽象级别为通信提供一个子层，各层定义了相应层次的交互，最底层的交互通常是硬件连接。

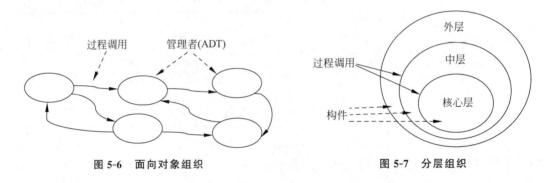

图 5-6　面向对象组织　　　　　　　　图 5-7　分层组织

独立组件类组织风格强调系统构件的独立性。在这类系统中，构件接口提供有过程的集合，一般是以明显的方式调用（简称显示调用）接口中的过程。事件系统风格则是以隐晦的方式调用（简称隐式调用）构件接口中的过程，还具有反应式集成、选择式广播等特征。这种风格源于那些基于参与者、满足约束、守护进程和包交换网的系统。简而言之，它类似于生活中的杂志订阅系统，读者就是参与者，要订杂志（约束），杂志社的工作就是守护进程，杂志刊印后（事件），通过邮局等网络（包交换网）分发给订阅者（满足约束）。事件发生后对事件的响应就是反应式集成，只分发给订阅者就是选择式广播。也就是说，在一个事件系统中，有的构件可以宣布或广播一些事件，其他构件可以注册（订阅）感兴趣的事件。某事件一旦发生，系统自己会调用所有注册了该事件的构件的过程，相当于把事件广播给感兴趣的那些构件。由此可知，这不是构件之间的直接调用，而是系统以广播的形式调用，所以称为隐式调用。事件处理模型如图 5-8 所示。

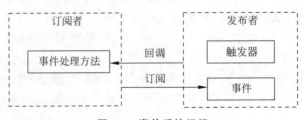

图 5-8　事件系统组织

虚拟机类的组织指的是把一个系统看成一个"虚拟"的机器。例如，操作系统、微软的公共语言运行环境(CLR)等都可以视为虚拟机，如图 5-9 所示。对于工作在操作系统一层的人或其他软件系统来说，操作系统就是虚拟机；对于用 C#等.NET 语言编写的应用程序来说，它们运行在 CLR 上，CLR 相当于操作系统之上的又一层虚拟机。CLR 对程序执行的细节进行了包装，程序员无须关注程序的执行环境，只需专注于程序的业务逻辑和功能流程，从而提高开发效率。

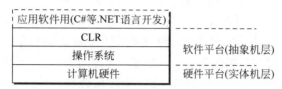

图 5-9　基于 CLR 的主机计算环境

广义而言，任何能为上层提供服务的软件平台都可以视为虚拟机，解释器风格就属于虚拟机类的组织方式。解释器由解释引擎、解释器状态、程序和程序状态 4 种构件构成，如图 5-10 所示。其中，解释引擎负责做解释工作；解释器状态表示解释引擎的内部控制状态；程序是需要解释的伪代码；程序状态表示被解释的程序的当前状态。解释器通常用于构建虚拟机，以弥合程序的语义要求的计算引擎与可用的硬件计算引擎之间的差距。

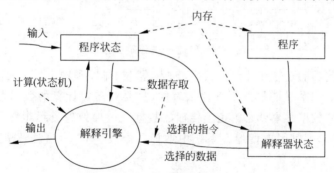

图 5-10　解释器组织

仓储式系统的典型特征是以数据为中心。它有两类明显的构件，一是表示当前状态的中心数据结构，二是对中心数据存储进行操作的独立构件集合。黑板就是一类仓储式组织的风格，如图 5-11 所示。

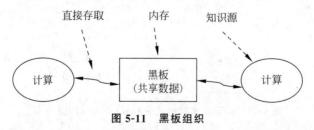

图 5-11　黑板组织

黑板风格由知识源、黑板数据结构和控制三部分构成。其中，知识源指可以直接存取黑板共享数据的独立计算构件；黑板数据结构指的是中心数据，包括解决问题的状态数据等，可被知识源改变；控制指的是由黑板状态直接驱动知识源响应。这种风格本质上就是传统的基于黑板的课堂授课模式，教师、学生等就是知识源，黑板由这些共享，黑板状态会随着教师的讲解和学生的提问而变化，也会对学生接受知识产生直接影响(驱动学生学习)。

5.4.2 经典架构风格的应用

假设要开发一个索引系统，该系统要求接收的所有的数据都按关键字排好序，即所有的行、每行的单词、每个单词的字母都是字母表顺序的有序集合。

从软件架构的角度考虑，不同的问题分解方法在应变能力方面存在较大的差异。在设计时应充分考虑各种可能存在的变化。例如，在排序方面，既可以一边读取一边排序，也可以全部读完后再排序。这是属于处理算法方面的变化。再如，行、单词和字符可以按各种方式存储，可以显式或隐式地存储循环位移的结果。这里，循环移位指的是在对每行进行处理时把行首单词移动到行尾，隐式存储指的是按"索引-偏移量"对进行存储。这是属于数据表示方面的变化。还应该考虑的变化有：是否消除虚词、系统交互方式、是否允许用户进行删除操作等增强系统功能的变化，空间、时间等性能的变化，组件的复用性等。

根据一个索引系统的基本要求，可以把问题分解为输入、移位、排序、输出等基本功能。其中，输入是指从输入媒介接收字符序列；移位是循环移位；排序是按字母顺序排列；输出是向输出媒介输出排序后的结果。

管道-过滤器解决方案如图5-12所示。

图 5-12 管道-过滤器解决方案

该解决方案使用的是管线方法。其中，输入、移位、排序和输出是过滤器，每个过滤器处理数据并发送到下一个过滤器。不管什么时候，只要有需要计算的数据，过滤器都可以运行。过滤器之间的数据共享就是管道上传输的数据。这种处理流程非常直观，每个过滤器都可以独立地运行，可以很方便地在系统中增加和修改。但是，这种解决方案的交互性较差，空间使用效率也较低。

可以使用一种基于共享数据的主程序-子例程风格来解决这个问题，如图5-13所示。

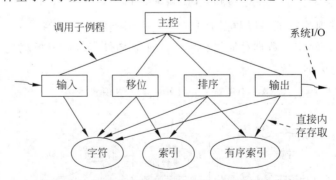

图 5-13 基于共享数据的主程序-子例程解决方案

该解决方案由一个主控程序、四个子例程(输入、移位、排序、输出)和三个共享数据区(字符、索引、有序索引)构成。主控程序协调各子例程，即主程序依次调用它们进行排序。子例程之间没有直接关系，而是通过共享存储通信，即子例程直接存取内存。由于有主程序协调，子例程与共享数据之间的通信无须施加限制，数据可以进行有效的表示。但也要注意到它的应变能力的不足。例如，如果数据存储格式发生变化会影响到所有访问它的模块，这种分解对复用性的支持度也不高。

也可以使用 ADT 风格来解决这个问题，如图 5-14 所示。

这种解决方案把系统分解为输入、字符、循环移位、按字母移位、输出等构件，每个构件提供了一系列接口，允许其他组件通过调用该接口中的过程来访问其数据，数据不再直接共享。看上去，ADT 解决方案与主程序-子例程对处理模块的逻辑分解相同，但它在设计上的应变能力却比后者更强。例如，数据表示和处理算法的改变是在单个构件中进行而不影响其他构件，它对复用性的支持度也更高。当然，该方案也有一定的局限性。例如，要增加新功能，要么修改已有构件，要么添加新的构件。前者影响现有构件的简单性和完整性，后者可能导致性能下降。

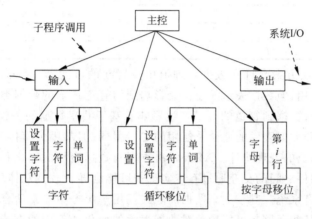

图 5-14　ADT 解决方案

最后再来看一种基于共享数据的隐式调用风格解决方案，如图 5-15 所示。

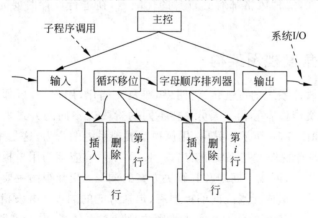

图 5-15　隐式调用解决方案

这种解决方案与共享数据的主程序-子例程方案类似，但数据抽象级别更高，修改数据时的调用方式也不一样。首先，它以诸如列表或集合等形式抽象地访问数据而不会为其他构件公开其存储格式，所以其存储数据的接口更加抽象。其次，它基于"活动数据"模型对数据进行修改。例如，增加新行到行存储的动作使得一个事件被发送到循环移位构件，该事件导致循环位移，即隐式调用移位功能。显然，该方案的扩展性较好。例如，新构件以注册到事件的方式添加到系统,可很容易增强系统的功能。另外,由于数据访问的抽象性,该方案可以把计算与数据表示中的变化分隔开来,而基于隐式调用的构件仅依赖于某些外部触发的事件的存在,也使得这种分解对复用性有一定的支持度。不过,这种方案的缺点也很明显。例如,隐式调用构件的处理顺序难以控制、数据驱动调用使得这种分解的最自然的实现比其他分解需要更多的存储空间。

上述几种解决方案的对比如表 5-3 所示。

表 5-3 解决方案对比

对 比 项	管道-过滤器	主程序-子例程	ADT	隐式调用
算法变化	+	−	−	+
数据表示变化	−	−	+	−
功能变化	+	+	−	+
性能		+	+	−
复用性	+	−	+	−

管道-过滤器解决方案允许在数据处理流中放置新的过滤器,因此支持处理算法的变化、功能的变化和复用,但数据表示的变化会影响到沿管道传输的数据类型的定义,交换格式的不同也会对解析数据到管道的开销产生影响。基于共享数据的主程序-子程序解决方案对总体处理算法和数据表示的变化及复用的支持很弱,但却因为直接共享数据而导致性能较高,也易于添加新的处理构件。ADT 解决方案对数据表示的变化和复用的支持较好,也不影响性能,但构件之间的交互通过互连实现却可能会导致改变总体处理算法或添加新功能时大量更改现有系统。基于共享数据的隐式调用解决方案非常适合于添加新的功能,但共享数据方法的某些问题却可能导致对数据表示的变化和复用的支持不足,还可能会引起一些额外的运行开销。

从这个例子可知,每种风格都有其自身的优缺点,在进行设计时要充分考虑其适用场合,不能盲目选择。

5.4.3 多角度视图架构

软件开发涉及软件系统的可视化、说明、构造及文档化,用户、分析师、设计师、程序员、测试者、项目经理、文档作者等相关人员会在不同的阶段以不同的方式来看待系统,形成多角度的视图架构,如图 5-16 所示。其中,用例视图展现系统的行为,这是用户、分析师、测试者所关心的方面;设计视图支持系统的功能需求,关注系统应该为用户提供什么样的服务,它包含类、接口、协作等,形成了问题及其解决方案的词汇;交互视图主要针对性能、可伸缩性、吞吐量等,展示系统组成元素之间的控制流,包括可能的同步与并发机制,着重于控制系统的活动类及它们之间流动的消息;实现视图主要针对系统发布的配置管理,包括用于装配与发布物理系统的成品,它由一些独立的、可用各种方法装配以产生运行系统的文件构成,关注从逻辑构件到物理成品的映射;部署视图用于描述构成物理系统的构件的分布、交付和安装,包含形成系统硬件拓扑结构的节点。

在视图的静态方面,用例视图可以使用用例图进行展示,设计视图和交互视图可以使用类图、对象图等进行展示,实现视图可以使用组件图进行展示,部署视图可以使用部署图进行展示。在视图的动态方面,这些视图均可以使用交互图、状态图、活动图等进行展示。这

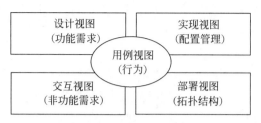

图 5-16　多角度视图架构

些视图可以独立使用,也要注意其关联性。例如,部署视图中的节点有实现视图的构件,这些构件又是设计视图和交互视图中的类、接口、协作、活动类的物理实现等。

不同的人可以专注于各自最为关心的问题,但作为架构设计师,不仅要关心系统的结构和行为,还要考虑其用法、功能、性能、弹性、复用、可理解性、经济与技术约束及其折中,以及审美的考虑。

习题

本书提供在线测试习题,扫描下面的二维码,可以获取本章习题。

在线测试

第二篇

实践篇

- 需求开发
- 需求管理
- 静态结构建模
- 动态行为建模

第6章

需求开发

CHAPTER **6**

人们一般认为,需求开发是一项很简单的工作:客户知道自己需要什么、用户明白信息系统应该提供什么样的功能、应该具备什么样的特性。但很多情况下并非如此。即使他们确定了需求,这些需求也可能会在项目生命周期中改变。理解问题域的需求是系统分析员面临的最困难的任务,需求开发是重中之重。它起始于收集问题域的资料,进而引导利益相关者定义需要什么,协商解决需求冲突,确保利益相关者对问题的理解达成共识。需求开发的目的是向各方提供对问题的书面理解,工作成果有用户需要说明书、系统需求说明书等。本章对需求开发过程中的需求获取、需求分析、需求规范等活动进行实践,涵盖问题域的调研、流程建模、撰写用户需要说明书和系统需求说明书等内容,锻炼需求开发能力。

6.1 需求获取

俗话说,万事开头难。千里之行始于足下,需求陈述是需求工程的第一份文档,用于在项目开始的时候了解客户的背景和需求,是开发团队的起点。任何项目都起始于一个计划改变当前环境现状的目标。不管项目有多复杂,都需要简明扼要地定义期望改变的本质。这种构想的改变就是项目的愿景。系统分析员在获得或建立需求陈述文档后,下一步工作就是与客户共同创建项目愿景文档,用它来强调项目的整体意图和目的。从这两份文档出发,开发团队开始从各种来源收集需求,即开展需求获取活动。需求获取活动针对问题域进行调查和研究,以了解项目的背景、目标、范围、利益相关者、成功标准、业务过程等。项目的成败与需求获取的质量密切相关,需要掌握一定的方式方法。常见的需求获取方法有调查法和引导法。其中,前者是识别需求和建立系统逻辑模型的基础,包括业务处理过程、怎样完成过程、谁负责完成、输入、输出等;后者对客户进行引导和启发,让客户获得信息系统的感性认识,引导他们发现现行组织管理和业务处理中所存在的问题,发掘需求并找到解决方案。本节介绍需求陈述文档、项目愿景文档、需求来源、常见需求获取方法等。

6.1.1 需求陈述文档

需求陈述文档描述信息系统的需要,说明信息系统的目的、对问题解决所提供的帮助、宏观特征等。

需求陈述文档由组织简介、用户需要、系统需求、开发计划和潜在风险等构成。其中,组织简介部分说明组织的业务,用于理解组织的要求;用户需要部分说明信息系统的目的,用于理解用户的需要;系统需求部分说明信息系统的主要特征、关键过程、相关约束,用于理解信息系统要完成的任务;开发计划部分说明开发信息系统的计划、阶段和需要的时间,用于理解信息系统开发过程;潜在风险部分说明开发信息系统的风险,用于了解在信息系统开发过程中可能遇到的风险以制定风险缓减和应急计划。

案例:

Exquisite Gifts 精品连锁店开设于 2018 年元旦前夕,主要经营中高端精品礼物业务。连锁店管理层有总裁、CEO、销售总监、财务总监等,各分店配有店长、出纳员和库管员。店长负责分店营业收入,管理分店工作人员;出纳员负责记录销售情况;库管员负责管理库存商品。由于选择的地理位置优越,自成立之日起,Exquisite Gifts 销售状况良好且一直非常稳定。

2019 年新冠疫情发生后,Exquisite Gifts 销售业务迅速下滑,使得 Exquisite Gifts 领导层开始重视连锁店的信息化建设。2020 年末,Exquisite Gifts 成立了信息化建设小组。他们对世界零售业信息化现状进行了充分的调研,了解到当前的零售业信息化建设已经形成了三个层次。一是对信息化认识处于表面层次的初涉连锁业的低端企业,其信息系统建设还需要一段时间的探索;二是从分散营运向集中管理转变的中端企业,其进销存核心结构系统正在由分散单店管理与销售核算向连锁管理与进价核算过渡;三是进销存核心结构体系基本运作正常的高端企业,他们面临的主要问题是数据的深挖掘和加工、财务业务系统的高度集成、根据企业的并购重组保证系统和数据的统一和稳定。为此，Exquisite Gifts 管理层制定了"把握趋势、兼顾现实、统一规划、逐步实施"的信息化发展策略。

Exquisite Gifts 意识到自己是尚处于信息化建设探索阶段的"低端"企业。由于实体店销售业务难以开展，为了提高市场占有率，管理层决定先开发在线销售信息系统。这个系统被命名为 EGOSIS，并随之成立了 EGOSIS 项目组。

注 1：Exquisite Gifts 是一个虚构的企业名称，仅用于本教材的整个实践环节。

注 2：EGOSIS 是 Exquisite Gifts Online Sale Information System 的首字母缩写，即 Exquisite Gifts 在线销售信息系统的简称。

经过整理和简化，项目组为 EGOSIS 编写了如下的需求陈述。

标题：在线销售信息系统需求陈述

副标题：系统开发和维护说明

作者：Ada

电子邮件：ada@mail.excellence.com

说明：用于软件公司投标

版本：1.00

1. 组织简介

Exquisite Gifts 是专门销售精品礼物的连锁店，目前已有 36 个分店。总店开设于 2018 年，现有员工 1000 余名……

2. 用户需要

Exquisite Gifts 计划开发一套在线销售信息系统（以下简称系统），主要用于在线销售管理，并涉及供应链和库存管理等，旨在大幅度提升连锁店的销售量。

3. 系统需求

系统用户是连锁店工作人员，包括管理层领导和各分店员工。系统应该提供供应商管理、商品管理、库存管理、商品浏览与选择、提交订单、库存查验、缺货申报、确认订单、订单支付、商品配送、打印收据、开具发票、顾客管理、生成报表等功能。

4. 开发计划

分阶段进行系统开发，开发周期为半年。

5. 潜在风险

系统开发存在的风险可能有开发无计划、需求不充分、开发过程无规范、产品无评价手段等。

实践：

Edward Bank（虚构名称）是一家有名的银行，提供对公业务、个人业务、共同基金、理财与贷款等服务。Edward Bank 的业务已经计算机化，客户利用其银行服务系统可以方便地查询自己的账户以快速获得相关数据、打印对账单，利用其 ATM 系统可以方便地提现和存款。通过服务创新，Edward Bank 的客户满意度屡创新高。为拓宽业务，Edward Bank 计划开展移动银行服务，包括提现、充值、理财、贷款等，成立了移动银行部门。

移动银行部门的业务范围包括处理各类申请表的内容、解决存在的问题、转发信息到其他部门，与移动服务提供商协作以提供移动银行服务，对系统进行监控以追踪所有的申请，发送详细信息给银行业务经理进行审核，为客户生成事务报表，给客户发送账单，利用移动事务信息分析市场趋势并进行移动营销。

银行客户想要获得移动服务，需要填写在线申请表。移动银行部门对银行客户填写的申请表进行处理并发给银行业务经理进行审核。移动银行对获得批准的银行客户生成唯一的身份识别码并发给银行客户确认。银行客户对收到的身份识别码进行确认后提交绑定的银行账户账号。移动银行收到银行客户确认消息后为该银行客户开通移动银行服务，把其身份识别码与提交的账号进行关联。

Edward Bank 草拟了一份移动银行服务的功能，具体如下。

- 提现：客户向银行发送含有身份识别码和现金提取额的申请。移动银行业务人员根据客户是否有个人或企业账户、现金提取额是否超过提取限额、账户余额是否足够等对客户的现金申请进行审核，把通过审核的款项发送到客户的注册地址。
- 充值：客户发送身份识别码和账户到银行。银行回复所支持的移动服务提供商选项。客户把充值金额和所选移动服务提供商代码发送给银行。银行检查客户的账户余额，扣除指定金额，把扣除的金额转到移动服务提供商的账户。移动银行收到移动服务提供商的确认消息或数据库更新信息后，更新移动服务提供商的数据库为最新金额，移动服务提供商向客户发送确认消息。
- 理财：客户向银行发送理财的申请。银行回复含有基金代码的清单供客户选择。客户向银行发送所选基金代码。银行根据客户选择的代码为客户提供理财服务。
- 贷款：客户向银行发送贷款申请，银行回复可用贷款及其代码的清单。客户向银行发送所选贷款代码。银行根据客户申请的贷款种类让客户填写相应信息。贷款部门对客户的信息进行处理，并使用移动银行向客户发送消息。

请为 Edward Bank 的移动银行计划编写需求陈述文档。

6.1.2 项目愿景文档

一个项目有两个根本性的输入源，一个是系统环境，另一个就是愿景。在项目开始阶段，一般能清晰地定义愿景，但却难以充分认识和理解系统环境。所以，在现有的系统环境中建立一个愿景就很重要。愿景是整个开发过程的指导思想，无须定义系统的所有需求细节。愿景定义要改变什么，不涉及怎样改变，即愿景只定义目标，不说明如何实现目标。愿景描述的是可以清晰定义也可以验证的目标，不是表达不切实际的幻想。愿景描述的目标可以很大，也可以很小，如仅仅表达诸如提升系统安全级别这类对当前现实情况的一个小改变。

项目愿景文档也称为项目章程、产品需求文档或市场需求文档，宏观描述目标信息系统的概况，其目的就是确保信息系统的开发有明确的目标，使得开发团队清楚项目的目的和范围。开发团队可以根据愿景文档把项目活动分解为项目计划、设计和实现等阶段。愿景文档的内容一般包括组织简介、需求概述、项目目标、系统用户、系统主要功能、项目约束等。

其中,组织简介部分用于在开发之前了解组织及其业务;需求概述部分用于理解用户对目标系统的需要;项目目标部分用于理解目标系统应该达到的目标;系统用户部分用于了解获取需求应该联系的人;系统主要功能用于理解目标系统的关键能力;项目约束部分用于了解必须考虑的各种约束条件。

案例:
EGOSIS 项目组根据其需求陈述建立了项目愿景,具体如下。
标题:EGOSIS 项目愿景
副标题:系统开发和维护说明
作者:Thomas
电子邮件:thomas@mail.excellence.com
说明:用于项目组制定计划
版本:1.00

1. 组织简介

Exquisite Gifts 是专门销售精品礼物的连锁店,目前已有 36 个分店。总店开设于 2018 年,现有员工 1000 余名……

2. 需求概述

EGOSIS 的目的是实现 Exquisite Gifts 销售业务的在线化。

3. 项目目标

开发在线销售信息系统,销售系统与供应链管理系统、客户关系管理系统集成。

4. 系统用户

- 系统用户是连锁店工作人员,包括管理层领导和各分店员工。
- 注册为连锁店会员的顾客。
- 为连锁店供货的供应商。

5. 系统主要功能

供应商管理、客户关系管理、商品管理、库存管理、商品浏览与选择、提交订单、库存查验、缺货申报、确认订单、订单支付、商品配送。

6. 项目约束

体系结构要便于扩充功能;为供应商的ERP系统提供事务接口。

实践:
请为 Edward Bank 的移动银行计划编写项目愿景文档。

6.1.3 需求来源

最常见的需求来源主要是组织内的各种文档和利益相关者。

文档有手册、政策、报表、报告、音频、视频,以及当前系统的各种资料。

项目利益相关者主要包括对项目有重大影响的那些指出业务问题的高层管理者,计划、激励、组织和控制开发人员的项目经理或技术经理,利用自身技能构建信息系统的开发人员,说明目标系统需求的客户,与最终的信息系统交互的用户等。

案例:

Shining Ray 是一家为中小型企业提供 IT 服务的软件公司,以优质的服务赢得了行业口碑。公司员工经验丰富,在产品和项目方面都有着很强的管理能力,总是能为客户提供完整的解决方案,使得客户对公司有着很高的忠诚度。

由于 EGOSIS 项目对于成功开展在线销售业务至关重要,Exquisite Gifts 委托 Shining Ray 软件公司开发在线销售信息系统。Shining Ray 的系统分析员 Michael 需要了解相关需求,在创建与需求获取相关的文档之前,想要确定需求来源。EGOSIS 项目的需求来源有哪些呢?

经过了解,Michael 确定了 EGOSIS 项目的需求来源:

- Exquisite Gifts 的高层管理人员,例如,总裁 Aldrich、CEO Kennedy、销售总监 Janet、财务总监 Amanda 等。
- Exquisite Gifts 各分店的店长、出纳员和库管员。
- 在 Exquisite Gifts 连锁店购过物的顾客。
- 未在 Exquisite Gifts 连锁店购过物的顾客。
- 为 Exquisite Gifts 供货的供应商。
- 未为 Exquisite Gifts 供货的供应商。
- Exquisite Gifts 的销售记录。
- Exquisite Gifts 的库存记录。
- Exquisite Gifts 的销售账单。

实践:

请为 Edward Bank 的移动银行计划列出需求来源。

6.1.4 需求获取方法

对于 Exquisite Gifts 的在线销售信息系统,知道了需求来源,要怎样从这些来源收集需求呢?一般来说,企业管理层对在线销售信息系统存在的问题很清楚,可以和他们面谈,了解这些问题。各分店的库管员管理商品库存,出纳员管理销售账目,可以通过向他们提供调查表以收集库存明细、销售情况和账单记录等。也就是说,需要根据来源类型的不同而使用不同的获取方法。

获取需求的方法有很多,各有其适用的场合。例如,有的方法用于收集业务需求,有的方法用于收集用户需求,有的方法用于收集操作需求。较为常用的方法有资料收集、人员采访、实地考察、问卷调查、样板观摩、原型开发、头脑风暴、根因分析等。其中,前四种方法较为传统,属于调查法范畴;后四种方法则属于引导法范畴。

1) 资料收集法

最简单易用的方法就是资料收集,具有从现有文档获取客观事实的优点。要理解组织及其业务目标,可以从收集和研究组织的背景入手,包括组织机构、部门职能、岗位职责、业务流程等说明性资料,操作规程、管理工作等文件,单据、报表、报告,以及遗留系统的分析文档等。例如,在决定系统的输入输出内容和格式时,可以抽取组织的部分文档做依据,或参考现有信息系统的文档进行设计。

2) 人员采访法

人员采访也是较为常用的需求获取方法,包括电话采访或面谈(interview)。面谈具有客户主动性,近距离接触可获得隐性信息等优点。面谈时可以及时沟通,深入讨论其工作状况、加深对访谈内容的理解,所以更为常用。人员采访一般分为随机采访和计划访谈,准备的问题分为结构化的专门问题和非结构化的开放式问题。对于社会大众或组织基层员工,一般采用随机采访的形式来了解其具体工作和信息需要等群体需求;对于管理层人员,则采用计划访谈的形式来了解组织级目标和信息需要等战略战术需求。计划访谈可以提升交流质量、确保完整地收集需求,因此其要求更高。在进行需求收集时,需要更加有效地设计访谈内容、制定实施访谈的大纲,确定需要重点收集的信息,让被采访者提前了解访谈内容和访谈时间并做好准备。当然,面谈也具有耗时、成本高、取决于系统分析员的人际交往能力、受制于地理位置等缺点。也就是说,这种方法需要双方同时有时间,也比较耗时,收集信息的质量与双方的经验密切有关,也难以鉴别各被采访者之间可能存在的需求冲突。当然,不管采用哪种形式,都要经历选择采访目标、设计采访大纲、准备访谈、进行访谈、访谈后跟进等步骤,即确定访谈目标、准备要询问的问题、控制访谈议程、反馈所理解的信息等。

案例:

Exquisite Gifts 的员工聘用、培训、升职、赔偿、奖惩、退休等工作由 HR(人力资源)部门负责。近年来,随着分店的增加,员工迅速增多,现有的 HRMIS(人力资源管理信息系统)难以适应新的形势,包括在赔偿金方面没有考虑员工的国别、货币补贴、分店所在国家的相关规章制度的要求,以及员工跨国调动可能引起的更改津贴费、税收程序等。

由于 HRMIS 的有效性对于成功拓展培训业务非常重要,Exquisite Gifts 委托 Shining Ray 软件公司开发一套新型人力资源管理系统。Shining Ray 的系统分析员 Michael 需要了解相关需求,在创建与需求获取相关的文档之前,需要采访 Exquisite Gifts 的 HR 部门经理 Thomas。为了有效地从 Thomas 那里收集所有的需求,Michael 应该准备一些什么问题呢?

针对 Exquisite Gifts 的具体情况,Michael 可以准备如下一些问题:
- Shining Ray 现在有多少员工?员工分为哪几类(例如全职、合同或兼职等)?
- 预计未来十年员工的规模有多大?每年平均有多少员工会退休?
- 目前分店都位于哪些国家?员工可以在国家之间调动吗?
- 当前的 HRMIS 存在哪些约束?
- 当前的员工招聘流程是怎样的?如何衡量员工的技能、水平或特长?
- 对于员工的补偿,采用什么货币进行支付?怎样为员工调节汇率变化?
- 员工的节假日是根据各地区节假日不同而不同还是统一的呢?
- 目前采用什么形式来保存员工信息?当前有哪些文档可以提供?
- 员工的培训过程是怎样的?
- 哪类用户可以查询或修改员工记录?

3) 实地考察法

耳听为虚，眼见为实。实地考察或观察(observation)，就是直接参与组织活动，观察他们执行活动以了解系统，获得感性认识，了解环境和事务背景，收集到的信息更加可靠。使用这种方法，可以对现场实际工作情况进行直接观察，了解工作人员在做什么以及为什么要这么做，理解当前系统存在的问题以及这些问题对工作产生的影响。这种方法的不足是被观察者因不自然可能与常规表现有差异，观察有可能被打断，也有可能漏掉特殊情形下的任务。而且，在现场收集信息这段时间内，工作人员做的事情不一定涉及其全部工作，使得考察无法面面俱到。例如，学校教师录入学生成绩的工作，一个学期一般只做一次，现场获取需求这段时间内可能没有录入成绩这项工作。当然，系统分析员可以从工作人员的角度进行工作体验，即扮演其角色执行工作人员要采取的行动。例如，扮演教师角色在数据库中输入成绩等。这可以充分认识到用户面临的问题，了解当前系统的主要缺陷，知道需要采取什么行动来解决问题。

4) 问卷调查法

调查问卷(questionnaire)可收集大规模事实，适用于群体或人员分散的情况。问卷分为只能选择问题答案的固定格式调查表和允许自由填写文字的自由格式调查表，或者混合调查表。问卷罗列的问题一般由专业人员设计，包括选择、简答等形式。其中，选择题提供两个及以上的选项；简答题用于答案不固定的情况。这种方法的优点是方便填写、廉价、允许匿名、可以低成本地从大量人群收集信息、可以进行快速表格分析等，缺点是不够灵活、无法保证能深入回答问题、无法保证问卷回收数量、设计好的调查表困难等。设计良好的问卷有利于对数据进行分析总结。所以，良好的调查问卷的设计是关键。

案例：

对于 Exquisite Gifts 的在线销售信息系统项目，关于销售、顾客等信息需要从分店工作人员那里获得，而去每个分店采访工作人员却非常困难。因此，Michael 设计了一张调查问卷，分发给各分店的工作人员。这份调查问卷涉及如下问题。

(1) 平均每天有多少顾客在连锁店购买礼品？
(2) 顾客的支付方式：a. 现金　　　b. 信用卡　　　c. 其他（请填写）
(3) 连锁店的礼品分为哪几类(如食物、图书)？
(4) 连锁店礼品会赠送给顾客吗？ a. 赠送　　　b. 不赠送
(5) 想保存顾客的哪些信息呢？
(6) 向顾客发放并回收意见反馈表了吗？ a. 发放　　　b. 不发放
(7) 现有系统打印日报吗？ a. 打印　　　b. 不打印
(8) 日报应该包括哪些信息呢？

其中，问题(1)主要针对系统性能的评估；问题(2)用于设计与支付平台的接口；问题(3)用于在数据库中对商品进行分类存储，以简化管理；问题(4)有助于制定奖励规则、提醒促销人员，以根据奖励计划抽取赠送对象；问题(5)用于追踪顾客的消费情况，并根据奖励计划、顾客住址和电话赠送商品；问题(6)可以用于改进服务或者对分店的服务进行评估；问题(7)有助于追踪所有分店的日销售记录；问题(8)有助于决定在报告中包含什么信息。

5) 样板观摩法

在系统开发之初，可以让用户参观同行业或同类型成功的信息系统，对系统的功能、作用、有效性、人机交互等进行直观认知，通过类比思维获得目标系统的需求，减少需求分析的时间。样板观摩法对于拓展眼界并快速获取需求非常有效。当然,开发团队也可以采用研究类似产品或解决方案来替代观摩。

6）开发原型法

很多时候,客户能清晰定义信息系统的目标,却难以描述处理和输入输出等需求。又或者,开发团队难以确定算法的有效型、操作系统的合适性、人机的交互性等。这些情况可以采用原型开发法,即开发团队根据客户的初步需求,利用快速开发工具构造出信息系统的初步原型。原型可以是在纸张上绘制的图形,也可以是能够显示用户交互界面但未实现功能的应用程序。采用这种方法,在了解信息系统的总体目标和大致需求后,就可以集中于用户操作界面的初步设计并构建原型,请用户对原型进行评估,进一步细化需求。重复这个过程,逐步调整原型使它满足用户的要求。一般来说,原型本身就可以作为表示软件需求的一种机制。显然,这种方法的优点是便于调查人员与用户进行深度沟通,能准确地反映用户的需要,能澄清和纠正模糊和有冲突的问题。

7）头脑风暴法

头脑风暴法是一种集体讨论方法。它把所有利益相关者集中在一起,讨论和解决最重要的问题。参与人员包括领导/主持人、记录员、客户、开发人员等,从各个角度提出需求,分享知识,形成对信息系统的完整描述。这种方法可以集思广益,易于获取目标系统的功能特征或服务,获得问题的多种解决方案。它的优点是群体智慧,提高生产力,以及更理智的判断,降低犯错,缺点是会议长度难以控制,人员之间容易受干扰和影响。头脑风暴法包括集思和精化两个阶段。其中,集思阶段激发参与者的积极性和想象力,使得他们能够提出尽可能多的想法并记录下来;在精化阶段,对集思阶段的所有想法进行浓缩,消除不能实现的想法,对相似想法按特性、性能、用户接口等进行分类,明确这些想法的优先级。

案例:

Michael 在为 EGOSIS 收集需求期间,观摩了一个类似的信息系统。从那里了解到的一个情况引起了他的注意。当时的开发团队从企业的主要领导处收集了需求,设计了调查问卷分发给所有用户,获得的需求重点是要求开发易于理解和友好的界面以及强大的功能。他们还采访了部分可能购买商品的潜在顾客,顾客的要求是,系统上线后,可以在网站注册成为会员。随着时间的推移,开发团队收集到了所有关于系统的详细需求,开发了友好的用户界面,系统原型得到了用户的认可。系统投入运行,用户反映非常好,对使用界面都很满意,注册的会员也越来越多。在"五一"前,那家企业发布了节日打折的消息,在线点击数量激增。但是,就在"五一"当天,系统崩溃,给那家企业造成了巨大的损失。究竟是哪一步出了差错？为什么会发生这么大的问题？怎样才能预测到这些问题呢？

Michael 得出的结论是,在需求获取阶段,开发团队的大多数时间都用于收集用户在功能特征等方面的需要,没有考虑与顾客购买行为、性能和峰值负载等因素相关的需求,即没有注意到旺季交易量的激增情况,没有评估系统的性能。显然,他们如果采用头脑风暴法,就可以集思广益,最大限度地避免遗漏系统需求的情况。Michael 认为,作为系统分析员,既要考虑系统的功能需求,也应关注系统的性能需求。

8）根因分析法

根因分析法是指查找问题的根本原因并加以解决的过程,主要用于识别问题及相关的补救措施,避免再次发生这些问题。

鱼刺图是常用的根因分析法之一。利用鱼刺图，可以很方便地找出一个问题的深层次原因，以及对问题采取相应行动的关键原因。鱼刺图又称为因果图、特征图或树枝图，源于其分析图形就像一条有骨有刺的鱼而得名。用鱼刺图法分析问题，可以把主要原因清楚地表示出来，使得复杂原因系统化和条理化，从而为明确预防对策提供依据。鱼刺图以问题内容为主线，分析人为因素和物资条件两大因素，从大到小、从粗到细、由表及里，层层深入。

案例：

对于在调研过程中了解到的那个在"五一"当天崩溃的信息系统，Michael对导致系统崩溃的根本原因进行了分析，采用如下步骤绘制了如图6-1所示的鱼刺图：

- 确定所分析的问题，置于图的右边，绘制主干线，箭头指向右端；
- 对可能引起问题的要素进行分类，如管理者、开发者、设备、环境等，绘制大枝；
- 确定要素造成问题的原因，绘制中枝；
- 原因层层展开，绘制细枝；
- 标明造成问题的主要原因；
- 注明鱼刺图的名称。

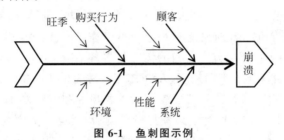

图 6-1　鱼刺图示例

实践：

请为 Edward Bank 的移动银行计划准备采访问题清单、需求调查表或原型。

6.2　需求分析

需求获取聚焦于问题调研，获得用户需要什么，一般采用自然语言描述，提出的是较为模糊和高层次的目标。需求分析则是对原业务进行抽象和升华，根据用户的需要确定目标系统精确和具体的需求。为提高分析效率，需要对需求进行分类管理。需求分析涉及概念建模。概念建模是在需求分析期间为理解和分析客户当前的业务过程而建立模型的过程。常用的概念建模方法有强调自顶向下及逐层分解的过程驱动的结构化方法、数据驱动的面向数据的信息工程方法、对象驱动的面向对象方法。过程驱动强调过程的控制流，一般用流程图对过程中的控制流进行研究。结构化强调系统的功能分解，关注系统的功能或加工处理，一般用DFD对系统、系统的组成部分及各组成部分之间的关系加以研究。数据驱动强调系统的实体及其关系，一般用E-R图对系统中的实体、实体属性及实体之间的关系进行研究。对象驱动强调系统的对象及其行为，对象封装了指明对象状态的数据，对象的行为由为对象创建的功能或方法加以定义，一般用用例图、类图、对象图、时序图、协作图、状态图、活动图等对系统加以研究。在熟悉了这些方法之后，可以综合运用这些方法，最后统一采用UML建立系统逻辑模型。本节介绍需求分类，以及业务流、数据流、数据等需求建模方法。

6.2.1 需求分类

对需求进行分类可以区分系统的目的目标、用户需要、系统输入输出、数据处理、系统约束、客户期望、需求优先级等。作为行业标准，IEEE 830-1998 把需求划分为功能、质量和约束三种类型。

一种粗粒度的分类方法是把需求划分为功能需求和非功能需求。功能需求指的是信息系统行为方面的需求，即系统要执行的服务、任务或功能。它由目标系统的类型和用户决定。例如，对于系统的订单查询功能，用户输入订单编号，系统显示订单的日期、顾客姓名、金额等信息。功能需求以外的需求都可以称之为非功能需求。非功能需求可以细分为可用性、可靠性、性能等需求。

还可以按稳定性、自然性等对需求进行分类。对于在整个系统生命周期中都不会变化的需求可归类为稳定性需求，反之则归类为易变性需求。对于客户和开发团队成员都能自然理解的需求可归类为自然需求或常识性需求，未描述的隐含需求可归类为期望需求，出乎用户预料之外的需求可归类为激动需求等。在这些需求类别中，客户的满意度主要取决于陈述明确的自然需求在系统中的表现。对于期望需求，客户内心是希望能在系统中实现的。最容易出问题的是易变性需求。易变性表示这类需求在系统生命周期内都可能发生变化。如果在需求分析阶段没有发现易变性需求并加以解决，极可能在系统开发过程中引起返工或做无用功。在需求获取阶段，难以考虑到组织自身可能的变化，在系统开发过程中，也存在增加或者变更需求的情况，要高度注意这些问题。总之，对需求进行分类的目的，就是最大限度地避免这类问题。

案例：

在获取 EGOSIS 项目的所有需求后，Michael 检查了关于需求调研过程中的记录。他注意到了其中的几条，记录事项如下。

(1) 连锁店计划提升售后服务质量，需要在 EGOSIS 项目中加入售后服务的相关功能，但在获取需求时没有这个计划。

(2) 由于 Exquisite Gifts 的销售总监 Janet 出差在外，采访的是销售部门的工作人员，工作人员提供了所有必要的信息。

(3) 在需求获取阶段，客户没有提供所有与复审过程相关的文档致使有的需求无法获得，这些文档在需求分析阶段才提供，并复审了获取的需求。

(4) 连锁店因业务的多元化而计划改变其组织结构，但在获取需求时没有这个计划。

(5) 获取需求时，许多用户的需要存在冲突，但在多次会议后得以解决，达成了共识。

Michael 的这些记录说明了什么问题呢？

Michael 的这些记录说明：

第(1)、第(4)条属于易变性需求，需要引起高度重视，在需求分析阶段把它们明确下来，否则可能会导致开发人员返工。

第(2)、第(3)、第(5)条属于稳定性需求。对于第(2)条，虽然没有与销售总监面谈，但工作人员提供了所有必要的信息。对于第(3)条，虽然客户没有在需求获取阶段提供所有与复审过程相关的文档致使有的需求无法获得，但在需求分析时提供这些文档，提取并复审了相关需求。对于第(5)条，虽然用户的需要在需求获取阶段时存在较多的冲突，但在历次会议中已达成了共识。这些都表明,这类需求不会再有什么变化,属于稳定性需求。

实践:

请对 Edward Bank 的移动银行计划的需求进行分类。

6.2.2 分析业务流

著名学者迈克尔·哈默在《组织行动纲领》中提出:业务流程至上!一个组织关于业务的流程,分为业务过程(business process)和事务流(transaction flow)两个层面。前者是指一系列逻辑相关并且达到某个预定产出的任务,关注进程、工序、工艺、制作方法,强调对全程、全面、大概的过程的描述。后者是业务过程落实到操作层面的具体详细的活动和步骤,也称为业务流,关注管理程序、手续、步骤等。业务过程是组织的核心竞争力,信息系统是核心竞争力的加速器。信息系统的功能需求是系统必须完成的活动或过程,即系统功能及相关数据。这些需求由业务过程和业务规则确定,有的易于获得,而隐含的则需要去发现。利用信息系统提升组织的管理水平,分析的切入点就是流程。一般来说,系统规划阶段对业务过程进行分析,强调组织整体业务过程及其优化;需求分析阶段对业务流进行分析,关注业务过程的执行细节。

为了提高组织效率和竞争力,不仅要对组织的业务过程进行系统化梳理,还需要基于信息系统对业务流加以改进。一般来说,组织应该已经在诸如规章制度、工作细则等文件中描述了各职能部门的业务流,但大都是文字性描述,在结构和规范方面缺乏一致性,不利于交流和沟通。因此,需要采用更为专业的方法来描述组织的业务流,以理解业务过程中的步骤、明确业务过程中的问题所在、描述业务过程中问题的解决方案。使用图示法表示组织具体业务处理过程,易于理解和交流,可以帮助开发团队了解某个业务的具体处理过程、发现和处理系统调查工作中的错误和疏漏、分析原系统流程中的问题、优化或重组业务过程。当前较为专业的业务流建模工具有结构化的业务流程图、Visio 的跨职能流程图、UML 的活动图等。这些工具大同小异,都具有业务流程包含多个业务功能(活动)、业务功能可能由不同部门负责、活动有次序、活动执行过程含有控制逻辑等基本表达能力。本节采用面向过程的结构化方法中的过程流程图进行示例,其他方法可以举一反三。流程图是一个过程中的步骤的图形表示。过程流程图使用各种规定符号表示诸如过程、子过程、输入输出设备、文档、数据库等系统组成元素,如 3.2.3 节的表 3-2 所示。

业务流的分析内容包括:列出组织所有的业务过程及每个业务过程的目的或想达到的目标、完成每个业务过程需要执行的任务和步骤、执行活动的开始和结束条件、业务流的参与者及其负责完成活动、流程中的控制流、流程之间的关系、完成流程所使用的方式或手段、完成任务所用的资源及其成本、流程各环节的增值作用、流程中是否存在瓶颈或阻塞排队现象等。在分析这些内容的过程中或结束时,可以用过程流程图对它们进行描述。如果不能把业务流绘制出来,就表示还没有真正理解它。

案例:

为了解决售后服务中存在的问题,Exquisite Gifts 计划决定在 EGOSIS 项目中增加售后服务方面的功能。销售部门的相关文件中对售后服务流程进行了如下描述。

(1) 顾客申请售后服务。

(2) 如果是新顾客,售后服务管理人员(以下简称管理员)记录该顾客的基本信息。

(3) 管理员了解具体情况,制定具体的售后服务解决方案。
(4) 管理员与顾客就服务方案进行沟通,达成一致并签订服务协议,否则终止服务。
(5) 根据协议方案,管理员对实施售后服务的人员(以下简称服务员)和所需材料进行计划,填发派工单。
(6) 服务员取得派工单,领取指定材料上门实施服务。
(7) 服务完成后,顾客进行验收,在派工单上填写服务信息和反馈意见。
(8) 管理员收回派工单,通知财务部门工作人员(以下简称财务员)进行服务结算并收款。服务终止。

Michael 使用过程流程图绘制的售后服务流程如图 6-2 所示。

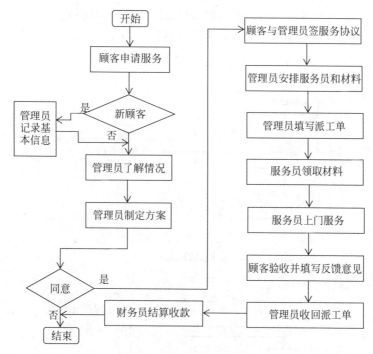

图 6-2 售后服务业务流

在绘制业务流图时,要注意以下几点。
- 主要业务过程是关键,从它们开始。
- 流程的方向一般是由上至下,从左到右,可根据具体情况而定。
- 用通用统一的符号进行标记,清楚地标示流程名称。
- 识别并绘制流程中用到的文档,不要出现无头或无尾的活动,要有始有终。
- 一个系统中的业务流可以不止一个,每个流程可以单独绘制。
- 一个流程只有一个起点、一个终点,使用连接点以避免出现线路交叉。
- 一个矩形框只表示一个独立的工作或事件。
- 一个菱形框只表示一个判定值(真或假),不表示活动或动作本身。
- 避免规模太大的图,复杂流程可以包含子流程。

案例:
Exquisite Gifts 各分店的商品采购业务过程如下。

1) 库管员填写采购单

为了填写采购单,库管员需要收集各大供应商的新商品信息,以及增加库存商品的需求信息,整理含有商品名称及其采购数量的清单,填写采购单。采购单被复制三份,一份留存在采购单档案中归档,两份发送给店长。

2) 店长审核采购单

店长对需要采购的商品及其数量的必要性进行审核,检查每种商品的成本及采购单的总成本。如果采购单不存在问题,就批准此次采购,否则不予批准。店长把未获批准的采购单返还给库管员。对于批准通过的采购单,店长把其中的一份发送给指定的供应商,另一份留存在已批准采购单档案中归档。对于所有正在进行的商品采购,要求编写采购明细报告并发送到财务部门,为财务部门的记账过程提供采购相关的费用信息。

Michael 使用过程流程图描述的商品采购业务流如图 6-3 所示。

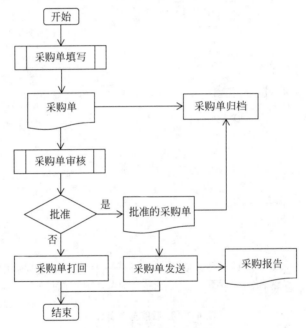

图 6-3 商品采购业务流

图 6-4 采购单填写业务流

采购单填写过程是一个子过程,还需要做进一步的描述。它要完成的任务有:库管员收集拟采购的商品信息,拟定含有商品名称及其采购量的清单,填写拟采购商品的采购单。Michael 使用过程流程图描述的采购单填写业务流如图 6-4 所示。

采购单审批过程是一个子过程,需要做进一步的描述。它要完成的任务有:店长检查采购需求及其采购量,检查每种商品的成本和采购单的总成本;如果采购单不存在问题,就批准采购,否则不予批准。Michael 使用过程流程图描述的采购单审批业务流如图 6-5 所示。

亚当·斯密的分工理论强调组织部门的分割,各个部门分工明确,界限清晰,致使流程没有得到充分的重视和管理。信息系

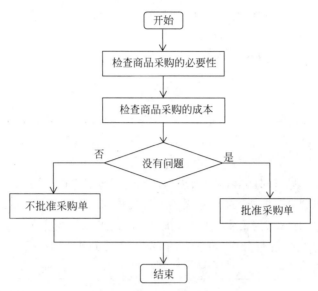

图 6-5　采购单审批业务流

统的应用拓展了流程改进的空间,改变了沟通方式及组织结构和组织内权利的分配,推动了流程管理的实现和组织的变革。在进行业务流建模时要考虑这种变化,即对业务流进行优化。

实践:

请分析 Edward Bank 的移动服务申请业务流,并绘制业务流图。

6.2.3　分析数据流

透过表象看本质,业务流的本质是数据流,每个业务活动都包含数据的输入和输出。对数据流进行分析可以建立信息处理模型。数据流分析就是从组织的业务活动中找到数据流,也就是对每个业务活动的数据输入和输出进行分析,忽略与数据无关的活动。在进行数据流分析时,把一个系统看成一个整体功能,明确输入与输出系统的数据。系统内部存在对这些数据的处理、传输、存储过程。每个处理可以继续视为一个整体,明确进出其中的数据。这是一个递归的过程,层层剖析,细分到易于理解或实现为止。

利用分解和抽象这两个基本手段控制系统的复杂性,把大问题分解成小问题,然后分别解决,这就是分解。分解按照层次进行,先考虑问题最本质的特性,暂时略去具体细节,以后再逐层添加细节,直到最详细的内容。在数据流分析的过程中,可以使用结构化的 DFD 对每层分解结果进行可视化描述,即采用一系列分层次的数据流图来描述系统,每个层次代表系统的一个抽象水平。高层 DFD 中的数据处理可以进一步分解成低层次、更详细的 DFD,即自顶向下、逐层分解。

DFD 建模的基本思想是根据系统的复杂度,自顶向下把信息系统分解为不同的层级。最顶层的 DFD 称为第 0 级 DFD 或者环境图。环境图由一个椭圆、若干矩形,以及椭圆与矩形之间的带箭头的连线构成。其中,椭圆表示的就是需要分解的信息系统;矩形表示与信息系统交互的外部实体;带箭头的连线表示进出信息系统的数据流。

DFD 建模的目的是确定信息系统的边界、定义信息系统的所有层级、记录数据在信系统与其所处环境之间的流动、描述数据在信息系统内部的流动过程。DFD 模型具有图文并茂、便于理解的优点。利用 DFD 模型，系统分析员易于与客户交流他们对信息系统的理解，以确保利用相关者在信息系统及其开发方面达成共识。

案例：

EGOSIS 的要求如下。

（1）顾客可以在线注册，提交包括信用卡类型和信用卡号等在内的详细信息。

（2）顾客可以浏览礼物及其包装。

（3）顾客可以在线选择需要购买的商品并填写订单。

（4）系统收到订单后，对顾客需要购买的商品进行查询，如果商品供应量不能满足订单要求，就要求供应商供货，再把商品清单发给顾客确认。

（5）已有的供应商信息需要录入系统，新的供应商可以在线注册。

Michael 在对数据流进行分析后，建立的 DFD 模型如图 6-6 所示。

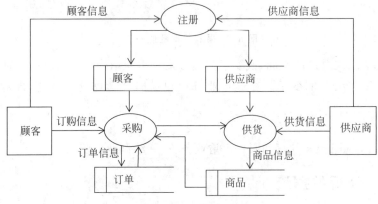

图 6-6　在线销售数据流

实践：

请分析 Edward Bank 的移动服务数据流，并绘制 DFD。

6.2.4　分析数据

数据是信息系统的基础，数据分析是信息系统开发的基础。利用 E-R 图可以对数据及其关系进行建模，为现实世界建立完整的概念数据模型。E-R 图是一个组织的数据存储的可视化表示，用于帮助建立数据库的逻辑设计。E-R 图与 DFD 完全不同。首先，DFD 用于模拟数据在系统中的流动过程，而 E-R 图则用于模拟数据本身。其次，DFD 描述的是功能结构，而 E-R 图描述的则是数据结构。在利用 E-R 图建模的时候，要特别注意属性的命名应该具有一定的现实含义，使得利益相关者能顾名思义。

案例：

在 Exquisite Gifts 的在线销售信息系统中，需要存储和处理的信息涉及顾客、商品、库管员、员工、部门、礼盒方案等。其中，顾客实体有 ID、姓名、住址等属性，一个顾客可以选择多个礼盒方案，一个礼盒方案可以有多个顾客选择；商品实体有编号、名称等属性，每种商品可以有多个顾客选购；礼盒方案实体有编号、名称等属性，一个礼盒方案由若干商品构成,一种商品可以被多个礼盒方案选择,礼盒方案分为常规礼盒和特殊礼盒两种,都有各自的规格和要求;员工实体有工号、姓名等属性,每个员工只能隶属于一个部门,员工分为正式和临时两种,前者按月薪支付报酬,后者按时薪支付报酬;部门实体有编号、名称等属性。

Michael 对该系统涉及的数据及其关系进行了梳理,利用 E-R 建模技术绘制了如图 6-7 所示的概念数据模型。

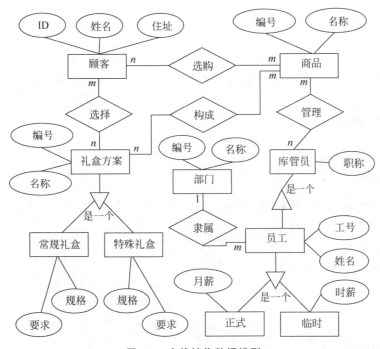

图 6-7 在线销售数据模型

其中,顾客、礼盒方案、商品、库管员、员工、部门等是实体。其中,顾客与礼盒方案之间是多对多的选择关系;员工与部门之间是多对一的隶属关系;商品与礼盒方案之间是多对多的构成关系;商品和库管员之间是多对多的管理关系;库管员与员工之间是"是一个"的泛化关系;员工与正式员工和临时员工都是"是一个"的泛化关系;礼盒方案与常规礼盒和特殊礼盒都是"是一个"的泛化关系。

对于数据分析,如果一个人不懂得数据集成的重用性,表现在对信息系统进行分析与设计时,就会只注重功能分析与设计,不注重元数据的分析与设计,其分析与设计文档中,只有业务流程图、DFD、软件结构图,却缺少关键的 E-R 图。从严格意义上讲,懂不懂得 E-R 图,会不会使用 CASE 工具,是衡量一个信息系统专业人员的水平与实力是否过硬的试金石。

实践:

请分析 Edward Bank 的移动服务涉及的数据实体,并绘制 E-R 图。

6.3 需求规范

需求分析是系统分析人员与客户反复沟通和协商的过程。在各方就需求达成一致意见后,即进入需求规范阶段,需详细定义和描述每项需求,对约束条件进行确认,编写用户需要说明书和系统需求说明书。用户需要说明书化是一种为客户提供定义和说明经整理过的系统需求的方法。用户需要说明书是客户和开发团队之间的关于客户对信息系统所规定的需求的参考文档，非常重要。需求规约文档用于描述系统所有构件的需求，是在客户和开发团队之间针对信息系统需求建立的基本协议。本节介绍用户需要说明书、系统需求说明书的概念及其构成。

6.3.1 用户需要说明书

用户需要说明书是基于客户视角建立的文档，一般采用客户的利益相关者能够理解的自然语言进行描述。它说明了双方对需求的共同理解，可以作为双方协约的组成部分或者作为用户与开发团队达成共识的参考文档。

用户需要说明书主要由系统概述、功能需求和附录构成。典型的用户需要说明书的结构如下。

1. 项目概述

1.1 系统目标、范围、功能、交付物
1.2 业务过程
1.3 用户角色
1.4 与其他系统的接口
1.5 项目约束

2. 用户需要

2.1 功能需要
2.2 非功能需要

3. 附录

其中，项目概述部分包括系统目标、业务过程、用户角色、与其他系统的接口及进行系统开发要考虑的因素等；功能需求部分描述信息系统的功能，既可以使用简单的文本来表述，也可以使用专业的用例来表达，包括功能、范围、性能、可用性等；附录部分列出不适合文档其他部分但又很重要的信息。

案例：

经过反复沟通和协商，Exquisite Gifts 的 EGOSIS 项目的利益相关者在系统需求方面达成了共识，功能包括商品询价、成本核算、顾客订单处理、根据市场调研信息和历史销售数据对销售进行预测等。库管员也可以使用这些功能。为了使销售业务能够顺利高效地运作，系统需要重点关注库存数据及重要顾客的信息，对库存商品的数量、价格、可用性，以及重要顾客的报价、成本和信贷限额等信息进行追踪处理。连锁店管理层和各分店店长可以使用系统的所有功能。连锁店销售部门的员工可以利用系统生成日常业务、固定资产、生产率、分析、报废、查询等方面的报表。其他部门管理者可以访问销售报表，但不能对数据库进行任何修改。系统需要提供安全登录功能。例如，如果忘记登录密码，用户有三次尝试登录的机会。如果三次尝试都无法正确登录，系统会锁定该用户。被锁定的用户可以找分店店长解锁(包括远程解锁)。系统可以同时管理 1 000 000 个用户的在线请求,故障之间的平均时间不能少于 3 个月,最大系统修复时间为 72 小时。系统分阶段发布。第一阶段实现数据库管理功能;第二阶段实现在线订单管理功能;第三阶段实现报表分析功能。

Michael 根据这些信息创建了 EGOSIS 的用户需要说明书。

1. 项目概述

1.1 系统目标、范围、功能、交付物

系统的目标是对连锁店的销售业务进行在线管理,范围包括处理销售业务、生成销售报告、用户验证和授权、系统可靠和强健,实现库存数据和重要顾客信息的管理、销售订单相关信息的中心数据库维护、使用用户名和密码机制进行安全登录功能,交付物有安装程序、可运行程序、用户使用说明书。

1.2 业务过程

(略)

1.3 用户角色

- 连锁店高层管理员:可以访问所有的数据。
- 分店店长:可以使用系统的所有功能,只可以访问所属分店的数据,可以为被锁定的用户解锁。
- 分店员工:可以输入数据,但不能修改数据库中的顾客记录。
- 普通用户:可以使用被授权的功能。

1.4 与其他系统的接口

(略)

1.5 项目约束

第一阶段实现数据库管理功能;第二阶段实现销售订单管理功能;第三阶段实现报表生成功能。

2. 用户需要

2.1 功能需要

- 商品询价、成本核算、订单处理。
- 根据市场调研信息和历史数据对销售进行预测。
- 提供库存数据及重要顾客的信息。
- 追踪库存商品的数量、价格、可用性,以及重要顾客的报价、成本和信贷限额等。
- 生成日常业务、固定资产、生产率、分析、报废、查询等方面的报表。

2.2 非功能需要

- 提供安全登录功能。
- 其他部门管理者可以访问销售报表,但不能对数据库进行任何修改。
- 可以同时管理 1 000 000 个顾客的在线请求,故障之间的平均时间不能少于 3 个月,最大系统修复时间为 72 小时。

3. 附录

如果忘记登录密码,用户有三次尝试登录的机会。如果三次尝试都无法正确登录,系统会锁定该用户。被锁定的用户可以找分店店长解锁(包括远程解锁)。

实践:

请为 Edward Bank 的移动银行计划编写用户需要说明书。

6.3.2 系统需求说明书

系统需求说明书是系统分析阶段的成果,主要描述信息系统的需求,一般由概述、项目概况、系统需求等构成。典型的系统需求说明书的结构如下。

1. 概述

    1.1 文档目的
    1.2 文档范围
    1.3 专门术语
    1.4 引用资料

2. 项目概况

    2.1 系统前景
    2.2 系统功能
    2.3 用户特性
    2.4 项目约束

3. 系统需求

    3.1 外部接口
    3.2 功能需求
    3.3 数据需求
    3.4 性能需求
    3.5 设计约束

附录

索引

其中,概述部分对文档本身进行说明,包括文档目的、文档范围、文档所用的专门术语、引用资料等;项目概况部分对影响目标系统和需求的因素进行说明,包括系统前景、系统特征、用户特性、项目约束等;系统需求部分对开发目标系统需要的技术进行说明,包括外部接口、功能需求、数据需求、性能需求、设计约束等。

系统需求说明书是客户与开发团队之间约定的一份"协议"。信息系统最终是否开发成功,与这份"协议"的完整性、正确性等密切相关。由技术专家、高级管理人员组成的评审小组要对系统需求说明书的正确性、完整性、一致性、无二义性、可修改性、可追踪性等进行全面审议。只有通过全体成员的评审,才能作为下一阶段工作的依据。

当前有不少的系统需求说明书模板可供参考,既有各个国家制定的国家标准,也有诸如

Microsoft 这样的大型软件企业自定义的规范,还有行业公认的诸如 RUP 制定的行业标准。我国早在 20 世纪 80 年代就制定了软件开发的国家标准。知道最初的文档规范,就可以追本溯源,了解文档范本的发展变迁,把握实质,深刻理解各种文档的重要性和作用。

例如,GB 856T—1988 国家标准中提到,"尽管在文件编制中存在着很多灵活性,然而,文件的编制确实是非常必要的。为了控制这种灵活性,保证文件编制能达到应该达到的目的,对于具体的软件开发任务,应编制的文件的种类、详细程度应取决于承担开发单位的管理能力、任务的规模、复杂性和成败风险等因素。一个软件开发单位应该根据本单位经营承包的应用软件的专业特点和本单位的管理能力,制定一个文件编制实施规定,说明在什么情况下应该编制哪些文件。由于国内目前在这方面还缺乏成熟的经验,这里提供参考国外经验制定的两个例子,用以向国内软件开发单位说明如何建立这种实施规定,使项目负责人能确定本项目开发过程中应编制的文件的种类。当然,例子毕竟只是例子,这两个例子各自都不免有其片面性,它们两者之间也不免有不一致之处,之所以列出来无非是供国内软件开发单位参考。"这段话充分说明了文档的必要性、权变性,以及未来可能的发展变化。虽然现在各种文档模板千变万化,但万变不离其宗,了解过去,就能把握当下。

《软件需求说明书》(GB 856T—1988)推荐的文档目录结构如下。

1. 引言

1.1 编写目的
1.2 背景
1.3 定义
1.4 参考资料

2. 任务概述

2.1 目标
2.2 产品描述
2.3 产品功能
2.4 用户的特点
2.5 假定和约束

3. 需求规定

3.1 对功能的规定
3.2 对性能的规定
3.2.1 精度
3.2.2 时间特性要求
3.2.3 灵活性
3.3 输入输出要求
3.3.1 菜单结构
3.3.2 数据表结构
3.3.3 数据字段结构

3.3.4 代码表结构

3.3.5 用户表结构

3.3.6 目标系统业务数据表

3.3.7 目标系统的主控界面代码

3.3.8 目标系统的数据操作界面代码

3.3.9 目标系统的实体组件代码

3.3.10 目标系统

3.4 数据管理能力要求

3.5 故障处理要求

3.6 其他专门要求

4．运行环境规定

4.1 设备

4.2 支持软件

4.3 接口

4.4 控制

4.5 附录

注：具体编写样例请参阅附录C。

这样的模板化文档提升了创建系统需求说明书的高效性，利于评审人员检查说明书的准确性、完整性、可追踪性、一致性等品质。例如，是否满足客户的愿望、是否清晰地描述了信息系统的每个特性、是否清晰地描述了信息系统的运行环境、是否所有用户都能够理解、是否每个需求都有解释、是否有索引和交叉引用以帮助读者理解、是否存在有冲突术语和特性及规范、是否可以进行调整等。

案例：

Exquisite Gifts 的新 HRMIS 已经进入系统设计阶段，Michael 为客户创建了用户需要说明书。该文档说明了系统的功能，包括管理所有的人力资源数据、分店之间进行有效通信、管理员工信息、管理员工政策和计划、管理绩效、管理薪酬、管理离职、汇总员工信息、安全登录等。除此之外，开发团队没有获得这些功能的详细信息。

Shining Ray 开发团队会面临什么样的难题？该怎样解决这样的难题呢？

很显然，在进入系统设计阶段之前，开发团队需要这些功能的详细信息。例如，对于安全登录，用户是如何分类的、不同类别的用户需要进行哪些安全检查等。因此，开发小组需要更为详细的文档，这就是系统需求说明书。

系统需求说明书与用户需要说明书不同。首先，它是用开发团队的术语编写的（用户需要说明书是用客户能够理解的语言编写的）；其次，它关注的是各种功能及其细节（用户需要说明书则没有描述功能细节）。

系统需求说明书详细规定了功能和相关技术，评审组成员可以在进行设计之前对需求实施较为严格的检查，从而大幅度减少设计工作量。

实践：

请为 Edward Bank 的移动银行计划编写系统需求说明书。

第7章

需求管理

CHAPTER 7

　　需求管理的目的是对利益相关者达成共识的需求进行确认和维护，确保需求与其他工作成果的一致性，控制对需求的变更。需求管理主要有需求确认、需求追踪和需求变更控制等活动。需求说明书以一种相对容易理解的形式对需求进行描述，便于检查其正确性、完整性和一致性。验证信息系统的需求，需要从许多不同视角对需求模型进行检查。对于需求模型的每个元素，需要检查其一致性、遗漏和模糊性，以确保需求模型能够准确反映客户的需要，为设计提供坚实的基础。需求模型为信息系统提供的信息、功能和行为领域描述会随着利益相关者对系统的深入理解而变化，需要进行追踪并对其变化加以控制。本章对需求管理过程中的需求确认、需求追踪、需求变更控制等活动进行实践，涵盖评审需求文档、建立需求追踪矩阵等内容，锻炼需求管理能力。

7.1 需求确认

需求是系统的根源,需求工作的优劣对信息系统的影响非常大。"正确性"是需求文档最重要的品质。需求文档必须"正确地"反映客户的真实意图。需求工作真正的困难是客户和开发团队都不理解客户究竟"想要什么"和"不要什么"。为确保需求是正确的,双方必须对系统需求说明书等文档进行确认。确认过程就是验证客户提供的信息在表述方面是不是完整的,是不是符合客户的期望和需要。经过双方确认的系统需求说明书相当于商业合同,如果开发团队不能够实现系统需求说明书中的内容,则涉及违约的问题。如果开发团队不能确定某些需求是可以实现的,应事先与客户协商,达成一致的处理意见,避免将来发生商业纠纷。需求确认包含需求评审和需求承诺两个重要工作,常用的确认方法有测试法和原型法。测试法涉及验收标准、测试计划、测试类型。针对客户还不清楚"想要什么"和"不要什么"的情况,一般采用原型法解决需求模糊的问题。本节介绍与需求确认活动相关的文档审查及原型法、测试法的使用。

7.1.1 评审用户需要说明书

信息系统的大多数错误源于在进行需求定义时客户和开发团队之间交流不畅。错误的沟通,获得的就是模糊、不完整或不一致的需求。

沟通问题主要体现在:一方的常识对于另一方可能完全陌生,使得人们难以理解从各个地方收集的信息;客户在表达需求时,使用的语言可能与技术相关,也可能没有任何关系,语言方面的交流障碍使得人们对需求的解释存在错误。

隔行如隔山。项目利益相关者分别来自不同的领域。具有不同经验、不同领域背景的人对需求的表述不尽相同,致使需求结果难以满足客户的真实需要。

这些问题的有效解决方案就是对需求进行确认,包括对用户需要说明书的评审。

用户需要说明书源于对需求的调研。需求调研的目的是通过各种途径获取用户的需要。系统分析员对收集到的所有关于需求的信息进行分析,消除错误,归纳总结为用户的共性需要,按照指定的文档模板编写用户需要说明书,邀请客户、用户、同行专家对用户需要说明书进行评审,尽量使用户需要说明书能够正确地反映客户和用户的真实意图。

案例:

Exquisite Gifts 成立评审组,对新 HRMIS 项目的用户需要说明书进行确认。

这次需求确认会议记录的部分内容如下。

人力资源总监 Antony 提出,与员工离职相关的政策还应包括结算标准及最终工资的结算。这些工作由各分店店长负责。

人力资源部门的职能范围:发现、选择、通知应聘者等员工招聘工作,入职、连锁店计划和政策的实施、业绩、补偿、培训、离职等人力资源管理工作,离职员工的善后处理工作,人力资源预算工作,新 HRMIS 的立项和管理工作。

HRMIS 项目愿景文档的部分内容如下。

需求概述:建立中心数据库,实现对员工数据库的跨区校验;所有员工可以随时查询相关信息；人力资源部门的员工可以跨区进行有效沟通。

项目约束：虽然人力资源部门已经为每位员工编了工号，但新系统还是需要重新为每位员工自动生成一个内部 ID；连锁店正要扩大员工招聘工作，需要在此之前完成全部功能。

HRMIS 项目的用户需要说明书的内容如下。

1. 项目概述

1.1 系统简介

帮助人力资源部门实施有效的管理，包括减少人为错误、使各分店员工管理一体化，系统的名称是 HRMIS。HRMIS 对人力资源部门的当前管理系统进行优化，以集中管理各分店的人事工作。要求创建一个中心数据库对所有员工的数据进行存储。人力资源总监可以监控中心数据库，各分店店长可以访问中心数据库，使用系统提供的功能管理日常的人事工作。例如，在当前的人工方式下，各分店如果要招聘员工，需要与人力资源总监协商，人力资源部门员工根据协商结果发布招聘信息。人力资源总监主持初试工作，分店店长主持终试工作。人力资源部门员工为通过终试的应聘者建立工号。有了工号的应聘者加入分店，填写个人信息。有了 HRMIS，分店店长可以通过系统与人力资源总监协商招聘需求，人力资源部门员工根据协商结果通过系统发布招聘信息，系统自动为通过终试的应聘者生成内部 ID。

1.2 用户情况

人力资源总监可以使用系统提供的所有功能。分店店长可以使用系统提供的所有功能，但只限于所在分店的人力资源数据，向各级员工提供相应的福利计划。人力资源部门员工可以访问所有分店的相关功能，添加、删除所有分店的相关记录。员工可以浏览 Web 网站，但只能访问自己的数据，可以提交休假、政策权利、工作计划等请求。

1.3 系统完成计划

首先，完成中心数据库系统，使得人力资源部门员工可以录入现有数据，检验中心数据库的完整性。

其次，完成人力资源部门的功能，按要求在总店安装系统。

最后，完成 Web 网站，使得所有员工可以访问网站。

2. 主要功能和特性

HRMIS 的预期功能如下。
- 对存储有各分店员工信息的中心数据库进行管理。
- 为各分店店长提供跨区通信功能。
- 帮助管理和汇总员工信息。
- 集中管理所有人力资源政策和计划。
- 加强人力资源管理功能，如绩效、薪酬和休假管理，员工查询信息。
- 生成员工报表。

3. 附录

3.1 工作环境

用户可以随时随地利用计算机使用应用程序，访问 HRMIS 网站，查阅相关信息，更新相关数据。

3.2 培训和文档

对人力资源部门员工进行基本计算机知识和 HRMIS 使用方法的集中培训；对普通员工进行业务相关的应用程序功能的一般培训。开发团队提供 HRMIS 的详细开发文档、系统使用手册。

3.3 主要业务问题

当前员工的工号是各分店编制的。随着 HRMIS 的实施，需要为员工生成统一的内部 ID。另外的问题是，必须在连锁店实施大规模招聘员工计划之前完成 HRMIS 的开发工作。

请评审这份用户需要说明书，它是否完整和准确？为什么？

首先，这份用户需要说明书没有确定信息系统的范围。为系统划定范围是很重要的工作，它规定了系统"做什么"和"不做什么"，以免将来产生纠纷。

其次，这份用户需要说明书没有列出交付物。交付物对将来的验收很重要。

再次，这份用户需要说明书的主要功能和特性部分，"帮助管理和汇总员工信息"和"生成员工报表"需求重复，后者就包含在前者里面。

最后，正如会议记录中说明的一样，这份用户需要说明书遗漏对离职信息进行管理的需求。

7.1.2 评审系统需求说明书

对于系统需求说明书的评审，应主要关注它与用户需要说明书的区别与联系。用户需要说明书主要采用自然语言和问题域术语来表达用户的需要，内容比系统需求说明书简略。系统需求说明书是用户需要说明书的细化，主要采用 IT 语言和图符来刻画需求，是系统设计的直接依据。但是，两者不一定存在一一映射关系。开发团队可能会根据信息系统的发展战略、组织的当前状况等适当调整系统的需求。

对一份系统需求说明书进行评审，主要是检查它是否正确、清楚、无二义性、一致、必要、完备、可实现、可验证等。首先必须确保需求是正确的。其次是清楚(Clarity)，包括文档结构是否合理、上下文是否连贯、语句是否含糊其词等。如果看了很久还是不明白需求到底是什么，这样的说明书显然是不合格的。最后是无二义性(Unambiguous)，即每个需求只有唯一的含义。存在二义性的需求将导致对需求的错误理解，开发的系统就会偏离需求。因此，系统需求说明书中的措辞不能模棱两可。另外，说明书中描述的各个需求之间不存在矛盾，这就是一致性(Consistent)检查。需求冲突经常潜伏在文档的上下文中，评审时要格外仔细。至于必要性审查，是指所有需求对用户来说都是必要的。审核时要尽量查出和取消说明书中那些画蛇添足的需求。完备性(Complete)检查显然也是必要的。不完备的系统需求说明书会导致系统的功能不完整，使得用户无法使用系统完成自己的任务。当然，对于开发团队来说，系统需求说明书中的各项需求都必须是可实现的(Attainable)，即技术可行、时间可行、经费可行、质量可达等。如果存在任何的不可行，都可能在将来发生问题。对用户来说，系统需求说明书中的各项需求都必须是可验证的(Verifiable)。如果存在任何的不可行，也可能在将来发生问题。

评审有正式和非正式两种。重要工作成果至少要进行一次正式评审。但在正式评审之前可以多进行几次非正式评审。对于正式的系统需求说明书的评审，应该由客户和开发团队的代表共同组成评审组,评审组成员分别从不同角度对说明书进行检查。例如,客户评估它是否能满足他们的需要;开发人员评估用它是否可以估算应用程序的开发工作量;项目经理评估它是否可以作为估算成本、风险和计划的基准;质量保证人员评估它是否可以作为应用程序测试的依据。

案例:

Exquisite Gifts 的评审组对 HRMIS 项目的系统需求说明书进行确认。

这次需求确认会议记录的部分内容如下。

系统的预期用户:人力资源总监、分店店长、人力资源部门员工、其他员工。人力资源总监可以完全访问数据库,拥有添加、删除和修改记录的适当权限。各分店店长有访问所在分店信息的权限。普通员工可以增删、修改自己的个人信息。

HRMIS 的项目愿景文档的部分内容如下。

需求概述:建立中心数据库,实现对员工数据库的跨区校验;所有员工可以随时查询相关信息;人力资源员工可以跨区进行有效沟通。

系统用户:人力资源总监、分店店长、人力资源部门员工。

HRMS 项目的系统需求说明书的内容如下。

1. 概述

对人力资源部门的 HRMIS 开发项目的需求进行描述,对 HRMIS 的各组成部分的需求进行描述,为后续的系统设计提供依据。

2. 项目范围

这是为人力资源部门设计的系统,要求优化人力资源部门的业务,以摆脱繁重的工作负担。信息系统的名称是 HRMIS。HRMIS 对人力资源部门的当前管理业务进行优化,以集中管理各分店的人事工作。

3. HRMIS 的主要功能

3.1 中心数据库管理系统(具有最高优先级)

- HRMIS 有一个用于所有分店的中心数据库,位于总店。
- 分店店长可以增删和修改中心数据库的所属分店的数据记录。
- 用户可以按照需要对数据库数据进行查找、排序和过滤。
- 由于这个功能会涉及敏感数据,所以只有被授权才可以使用。
- 为安全起见,需要监控和追踪所有的操作,可以通过恢复选项恢复最多 15 天内的数据。
- HRMIS 的所有功能都使用中心数据库中的数据。
- HRMIS 具有自动生成新员工 ID 的功能。
- HRMIS 具有根据选择生成员工汇总报表的功能。

3.2 人力资源管理

- 解决人力资源部门因各分店各自作业而产生的大多数问题。
- 作为一个重要的内部 Web 网站,人力资源部门的员工可以浏览、更新和修改人事数据,员工只能查询自己的信息。

- 它用于连锁店的政策和计划管理、绩效管理、薪酬管理、休假管理等。
  ■ 利用政策和计划管理功能,人力资源部门可以制定和跟进员工的福利计划。
  ■ 利用薪酬和绩效管理功能,人力资源部门可以进行薪酬和绩效管理。
  ■ 利用休假管理功能,员工可以在线填写休假请求,人力资源部门进行审批。

3.3 内部邮件服务(具有高优先级)

- 这项功能的设计是为了实现跨区间的有效通信。
- 由于邮件服务可能涉及重要和敏感数据,这项功能仅供人力资源部门使用。
- 为人力资源部门的每个员工配备邮件客户端程序。

4. 用户界面需求

- HRMIS 的所有功能都具有 GUI。
- 中心数据库管理系统和人力资源管理系统具备的共同特征包括:只有在登录界面成功登录后才显示相应的功能菜单和按钮,用户通过菜单和工具栏使用系统功能。
- 内部邮件服务的使用界面与 Outlook 软件类似。

5. 附录

(略)

6. 参考资料

- 人力资源总监和系统分析员之间的会议记录文档
- HRMIS 的项目愿景文档

请评审这份系统需求说明书,它是否完整和准确?为什么?
这份系统需求说明书存在的问题主要有:

- 在系统描述方面未清晰地描述系统目标,缺失了交付物等重要信息。
- 在系统功能需求方面缺失了离职功能的描述。
- 非功能需求提及较少或未从功能需求中提取。
- 用户特性未单独列出,易影响评审质量。

因此,专家建议开发团队使用系统需求说明书模板重新编写该文档。

7.1.3 使用原型法确认需求

原型法是一种有效获取客户需求的方法,常用的有参考原型法和演化原型法两种。
在客户并不清楚信息系统需求的情况下,一般采用参考原型法。该法把原型作为目标系统解决方案的草稿版,旨在确认或获得需求,有利于发现问题。参考原型法通常用于验证系统需求说明书,包括阐释与客户业务目的一致的项目目标、识别系统需求、研究系统架构或检查系统行为等。这种原型具有试验、探讨、不完整等特征,仅用作最终系统的参考。
参考原型的活动流程如图 7-1 所示。
在需求变更几乎已经确定的情况下,一般采用演化原型法。演化原型法尝试响应需求的变更,有利于客户需求的演化。这种原型演化下去会成为最终系统。演化原型法使得系统设计能够适应系统需求说明书的变更。这本质上是一种渐进式开发模式,即在正式进入系统设计阶段之前就尝试设计和实现一些有用的功能，使得原型逐渐转换为最终系统。这个过程中的每个阶段开发的产品称为增量。增量可以交给客户使用以获得反馈信息。因此，演化原型开发策略包括为用户提交增量、在项目里程碑处测评为客户增加的价值、根据用户体验调整目标和设计等。演化原型法类似传统的"code & fix"（代码与修复）的非结构化过程。因此，需要用瀑布模型加以规范，即每个增量用瀑布原型实现。首先分析增量的需求，再对每个增量分别进行设计、编码、测试、集成、交给客户。这样的演化式原型由一系列微型瀑布模型过程构成。这就可以基于客户的反馈，一个一个地开发增量。

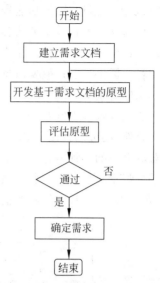

图 7-1 参照原型法活动流程

充分利用原型能起很大的作用。对于客户来说，用户实际使用增量时，可以更好地了解他们真正的需要，以便及时更新需求、修正计划。对于开发团队来说，开发人员实现增量比实现整个系统更简单，原型可以逐渐演变为最终系统。

随时可用的原型法是白板式原型，即利用简单的材料和设备对系统进行模拟。这种方法的成本小，可在需求分析阶段随时检查目标系统的功能和可用性等方面的问题。

案例：

Exquisite Gifts 每年都有员工转分店的情况，连锁店会定期发布转分店的通知，内容包括分店介绍以及转分店的条件。员工转分店业务过程为：想要转分店的员工需要到人力资源部门领取转分店申请表。这些申请表位于空白申请表档案柜中。员工填写转分店申请表后再提交到人力资源部门。这些已填写的申请表被放入已填写转分店申请表档案柜中。人力资源总监审核这些已填写转分店申请表，根据员工的业绩和理由确定是否适合转到所选分店。通过审核的员工的名会发布到公告栏。该名单中的员工还需要进行面试。通过面试的员工被登记为所选分店的员工。

现在计划对转分店业务过程实施自动化处理。系统分析员 Michael 在理解了该需求后，设想的软件版本如下。

显示一个填写员工详细信息的界面，员工单击其中的"转分店申请"链接按钮，显示在线申请的表格。员工填写自己的详细信息后，可以单击"保存"按钮保存信息以便将来继续修改信息，也可以单击"提交"按钮提交信息以便人力资源总监审核。"提交"操作把申请表发送到服务器。服务器上的应用程序提供所有的功能。员工的详细信息保存在员工数据库中，转分店申请被转发至人力资源部门，等待审核。人力资源部门的员工可以生成包括员工详细信息的报表。人力资源部门员工可以在显示屏幕上浏览员工的详细信息，可以单击"打印"按钮将浏览的详细信息打印出来。员工数据库作为连锁店的中心数据库，包含所有的转分店员工的数据。

Michael 使用白板原型来确认这个转分店业务过程的需求，如图 7-2 所示。

实践：

Edward Bank 目前的银行服务系统是基于 C/S 的，使用 MySQL 作为后台数据库管理系统,缺乏灵活性,网络功能较弱。运营副总提出一个建议,希望对系统进行升级,增加一个为客户提供各种在线服务的客户关系管理系统,方便客户通过互联网使用银行提供的服务。客户关系管理系统提供的在线服务包括账户管理、支票簿申请、转账、咨询等。账户管理服务为客户提供其账户概要信息。这些账户可以是储蓄账户或活期存款账户。客户可以获得每个账户的余额、支付记录、转账记录等详细信息。当账户余额低于最低限额时提醒客户。账户的最低限额由银行确定。该项服务根据客户定义的标准为客户提供对账单和事务报告。此外,还可以方便地对事务进行追踪,即客户能够根据支票号码、事务数量或事务日期等获取事务的详细信息。支票簿申请服务使客户能够在线申请支票簿。转账服务使客户能够进行跨行转账。咨询服务使客户能够给银行发送消息,在线解决其问题。要使用这些服务,客户需要在线注册,注册信息包括姓名和账号。

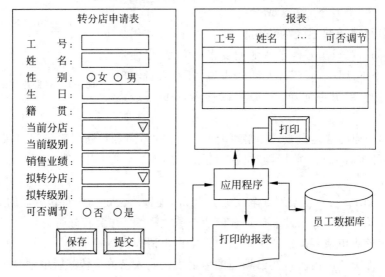

图 7-2 转分店业务白板原型

Edward Bank 的管理层批准了客户关系管理系统项目,请 Shining Ray 软件公司对原系统进行升级。Shining Ray 针对 Edward Bank 的需求和现有软硬件做了调研。根据调研报告,决定使用微软的.NET 技术。.NET 技术可用于构建可靠而稳定的三层系统架构。软件设计师可以基于.NET 组件和对象进行设计。.NET 提供的各种控件可用于客户端界面设计。

Shining Ray 的软件开发部门的副总裁 David 说:"微软的产品具有很高的集成度,.NET 提供的技术经过证实非常可靠,我们目前使用的许多产品都是微软的。"Edward Bank 的升级项目由 Shining Ray 的高级项目经理 Diana 负责。Diana 组建的开发队伍由已实施了类似项目的成员构成。其中,Mary 是一位调研员,负责对银行进行全面调研、分析客户需求、记录现有系统的软硬件资源等;Gary 是团队队长,负责与银行管理人员沟通,处理软件设计和开发业务;Andy 是一名软件工程师,负责在客户现场实施项目;Sean、John 和 Amy 是程序员;Penny 是质量经理,负责所有可交付产品符合合同规定的客户需求,包括测试、验证和检查等工作。

开发团队在与 Edward Bank 的管理层进行多轮讨论后,为升级项目确定了几种方案。对于银行职员,基于 C/S 架构的 C 端完成业务,包括为新客户创建账户、输入存款、检索信息,为客户关系管理系统的用户创建账号和密码,为通过支票进行的事务输入结算信息,查看客户发送的电子邮件、转账等。这部分的用户界面基于.NET控件进行设计,这些控件负责处理与数据库服务器有关的所有交互活动。对于银行客户,基于B/S架构的B端使用客户关系管理系统提供的服务,包括检查自己账户的余额、查看账户余额明细、获得事务报表、支付请求、更改联系地址、转账等。这部分的用户界面基于Web进行设计,使用ActiveX文档、IIS服务器和.NET组件。客户关系管理系统为三层架构。其中,C端和B端界面为表示层;驻留在微软事务服务器的.NET组件为业务层;现有的MySQL为数据层。

开发团队决定使用VisualC♯.NET作为开发平台。该平台提供的很多内置工具为Visual C♯编程提供了便利,对于快速开发原型很有帮助。David说:"通过观察客户与原型交互,及时获得反馈,能更清晰地了解客户需求,有助于开发更好、更有用的应用程序。"开发人员可以方便地创建基于.NET的组件和基于Web的应用程序。这个开发团队的成员具有丰富的Visual C♯平台使用经验。

实践:

请为Edward Bank的客户关系管理系统创建白板原型,以确认需求。

注:可以使用自己熟悉的工具创建原型,例如纸笔、Word或WPS、Visual C♯.NET、Java的AWT/Swing等。

7.1.4 使用测试法确认需求

验收标准文档用于说明客户接受的系统或构件必须满足的条件,包括测试策略和接受标准。测试和验收需要用户参与,涉及测试用例、期望结果、测试数据等。建立验收标准的步骤包括研究转换需求、定义测试策略、制定验收标准、审核测试策略和接受标准、测试策略和接受标准定稿等。

要了解每个模块及模块集成后的工作情况,需要在开发的每个阶段进行测试。项目组要针对整个系统执行测试用例,以证实系统可以按照系统设计中的描述正确执行。

测试的设计包括制定测试策略、制订测试计划、设计测试用例和测试规程等。

测试策略是对测试的全面描述,包括测试级别、方法、技术和工具等。制定满足组织需要的测试策略是系统开发成功的关键。

测试计划描述被测试目标、测试程度、测试序列,以及如何应用测试策略等。

设计测试用例是为测试计划中的测试项指定测试方法。常用的测试方法有黑盒测试和白盒测试。黑盒测试旨在测试功能的正确性,即根据系统需求说明书的功能说明,测试每个功能是否可以正常运行。白盒测试旨在测试结构的正确性,即根据系统设计说明书的结构说明,测试内部结构是否符合设计规范。

基于白盒测试设计测试用例的方法有条件测试、数据流测试、循环测试等。其中,条件测试是测试程序中的条件是否符合逻辑;数据流测试对包含嵌套条件和循环语句的程序很有用;循环测试则用于测试循环结构的有效性。

黑盒测试是白盒测试的补充,包括发现功能、接口、数据结构或外部数据库访问、性能、初始化和终止等方面的错误。常用的黑盒测试有等价类划分和边界值分析。

等价类划分是指把程序的输入数据进行分类并导出测试用例。它假定同一个类中的所有值对被测试项都是等价的。理想的测试用例是它能独立发现一类错误,以减少测试用例数。

边界值分析是等价类划分的补充,即不在等价类中选择用于测试的输入值,而是在等价类的边界进行选择。例如,如果输入条件指定了范围边界值为 m 和 n(m>n),就使用 m 和 n,以及略高于 m 和低于 n 的值设计测试用例;如果输入条件有很多值,就用其中的最小和最大的值,以及略高于最大值和低于最小值的值作为测试用例。

测试规程用于说明执行测试用例需要遵循的过程。在设计测试规程时,不能假设或遗漏步骤。测试规程涉及测试级别。测试级别有单元测试、集成测试、确认测试、安全测试、压力测试、性能测试、容量测试、Beta 测试、系统测试等。

单元测试专注于系统的最小构件单元。这种测试需要了解构件单元。在这方面,开发人员比测试人员更熟悉,一般由开发人员使用白盒测试法在开发阶段进行单元测试。集成测试是测试构件的集成情况,确定构件集成在一起后能否正确执行。构件可以是程序模块,也可以是桌面应用程序、客户端应用程序或服务器端应用程序等。构件能够正确地独立运行,并不表示可以与其他构件正确地协同工作。集成测试主要用于检测与接口相关的错误,特别是与客户端、服务器或分布式系统有关的接口。集成测试通常是采用白盒测试法和黑盒测试法进行综合测试。系统开发全部完成后,正式上线运行或最后发行产品之前,由最终用户执行的测试,称为 Beta 测试。

其他测试可以顾名思义。确认测试用于测试解决方案是否符合需求;安全测试用于测试系统是否具有安全性;压力测试用于测试在非常规负载或重复特定行为情况下系统可以承受的最大压力(例如,平常支持两千个用户同时在线使用的系统在超过两千个用户时的情况);性能测试用于测试系统运行时的性能;容量测试用于测试系统的物理和逻辑限制;系统测试用于整个系统的测试。

案例:

为了保存不同的商品数据,Exquisite Gifts 的 EGOSIS 原计划使用多个数据库。但评审小组认为这会产生"信息孤岛"问题。因为随着业务的增长,商品的种类会逐渐增多,商品数据库也会越来越多。到时,旧应用程序使用的是旧数据库,新应用程序使用的是新数据库,会增加信息系统的数据冗余度。而且,多个应用程序的交互,不仅增加了管理成本,也导致了业务的混乱。因此,经过讨论,需要把所有商品数据集成到一个数据库中,即建立一个中心数据库,以缩短数据处理时间,减少应用程序的交互环节,减少商品数据的冗余。

Michael 重新分析了连锁店的业务过程,针对需求制定了新的解决方案。首先,对现有方案进行检查,了解数据的冗余情况。其次,制定一个通用的数据管理策略,以便把商品数据合并到中心数据库。再次,重新设计商品数据库的字段,只保留必要的信息,以减少数据冗余。最后,确定用户使用界面,开发基于中心数据库的应用程序。

开发团队明确了商品保存过程及数据流的开发策略,也建立了验收标准以确认客户的需要。但是,客户觉得这个验收标准没有反映出他们的需要和目标,既不完整,也不一致。开发团队也不理解这个验收标准到底错在哪里。验收标准存在的问题对项目的开发产生了很大的影响,使得项目团队难以为继。

出现这个问题的关键是开发团队没有意识到验收标准的重要性,没有理解怎么建立验收标准文档,以及怎样利用验收标准确认需求。

验收标准文档有助于评估系统是否达到了提及的目标、是否为客户提供了预期的价值、是否可以被用户接受。关键功能和数据都应该在验证标准文档中提及。用于建立验收标准文档的方法较多。较为常用的是利用调查表、采访系统用户、协助组织职工来收集反馈意见和建议,对组织的人事影响、组织变化、规程、策略、文化等进行分析,确定合理的验收标准。使用行业或组织正式文件中提供的质量标准、测试方法、需要的支撑文档、测试支持和资源需求来确认客户需要有助于以交付物的形式指定验收标准。验收标准文档的验收测试用例是客户根据需要测试系统的基础,利用它可以进行需求收集和分类、评估、区分优先级、集成确认等,利用它可以确保所有的系统需求都能被一致而清楚地描述,有助于确认需求。

后来,经过咨询,开发团队成员进一步理解了验收标准文档及其重要性,以及验收标准文档的要求和范围。为此,开发团队重新拟定了一份验收标准文档,包含目的、目标日期、主要功能、接口、用户类别、容量、可用性、可靠性、安全性、易用性、开发成本、运行成本等。Michael 重新为 EGOSIS 准备了验收标准文档:

1. 目的

最终的解决方案应该是:对现有系统进行检查,了解数据的冗余情况;制定一个通用的数据管理策略,以便把数据合并到中心数据库;重新设计商品数据库的字段,只保留必要的信息,以减少数据冗余;确定用户使用界面,开发基于中心数据库的应用程序;确定与其他系统的接口,开发基于接口的数据迁移程序。

2. 目标日期

1 月 4 日:应用程序演示。
1 月 5 日:应用程序培训。
1 月 8 日:通用数据管理策略演示。
1 月 9 日:通用数据管理策略培训。
1 月 15 日:数据录入程序演示。
1 月 16 日:数据录入程序培训。
1 月 22 日:系统安装。

3. 主要功能

一个用于所有分店的中心数据库管理系统;数据录入;商品详细介绍和选购;策略和方案管理;性能管理;分店进货和价格管理。用户可以按照需要对数据库数据进行查找、排序和过滤。

4. 接口

与其他系统进行交互,迁移来自不同数据库的数据。

5. 用户类别

- 连锁店管理员:可以浏览和迁移数据。
- 分店店长:可以增删和修改中心数据库的所属分店的数据记录。
- 其他员工:只能浏览数据。

6. 容量

系统能够容纳 1 000 000 名用户同时发出在线订单请求。超出这个限制,系统会变慢。但系统要对顾客进行提示,说明延时原因和可能的最大等待时间。

7. 可用性

同一时刻只允许一个用户修改数据库中的记录,以避免引起数据的混乱和错漏。

8. 可靠性

故障之间的平均时间为 3 个月,故障最大修复时间为 24 小时。

9. 安全性

- 对于敏感数据,只有被授权用户才可以使用。
- 为安全起见,需要监控和追踪所有的操作。
- 可以通过恢复选项恢复最多 15 天内的数据。
- 用户可以有三个尝试登录机会。如果连续三次未登录成功,该用户账户会被锁定。
- 连锁店管理员可以解锁被锁定的用户账户。

10. 易用性

- 用户界面基于 GUI。
- 功能命名习惯与现实名称接近。

11. 开发成本

系统开发费:200 000.00 元。
安装培训费:20 000.00 元。
总计:220 000.00 元。

12. 运行成本

30 000.00 元。

验收标准在获得通过之后,开发团队成员明确了商品保存过程及数据流的开发策略,需要确认客户的需要,以提供完整的解决方案。请客户对系统需求说明书进行确认很有必要。要保证它是完全的、一致的、是遵循需求标准的。对文档进行确认有利于解决今后可能发生的需求冲突、技术错误及客户的模糊需求。开发团队采用了各种测试方法来确认客户的需要。首先是设计测试策略和测试计划,确保测试根据计划进行,并且要在成本、时间和资源约束内完成。测试策略中指定了要进行的测试类型,涵盖单元、集成、功能、回归、数据库完整性、用户界面、性能、负载、压力、容量、安全、恢复、配置、安装等方方面面的测试。其中,回归测试是重测以前测试过的部分以确保它们在系统其他部分变更之后仍然能够正确地工作。对系统的任何修改都需要进行回归测试,尽量避免引起新的问题,包括降低性能等。另外,对一个系统的前端和后端也应该进行相应的测试,这就是用户界面测试和数据完整性测试。其中,用户界面距离用户"最近",测试时主要看它是不是易学易用,屏幕展示的数据是否完整并符合行业标准;数据库距离用户"最远",测试时主要看访问数据库的方法有没有对数据造成破坏。

实践:

Edward Bank 对客户关系管理系统项目的客户注册的要求如下。

(1) Id 是首字母 C 后跟 6 位数字且自动生成。

(2) 姓名的长度介于 2～30 字符。

(3) 登录密码包含特殊字符且输入时不可见。

(4) Email 包含@符号。

(5) 地址介于 2～40 字符且不包含字母、数字和空格以外的字符。

(6) 所在国家、省份、城市、邮政编码可以从下拉列表里选择且具有级联关系(选择国家后可选的省份只能是所选国家的省份,选择省份后可选的城市只能是所选省份的城市,邮政编码与所选择城市有关)。

(7) 电话号码只包含数字。

(8) 信用卡账号是唯一的。

(9) 信用卡类型只能从下拉列表里选择。

(10) 有效日期是信用卡上注明的有效日期。

请为 Edward Bank 的移动银行、客户关系管理系统的客户注册过程准备测试用例,以便对其功能和数据进行确认。

7.2 需求管理

世界是在不断发展变化的,系统需求发生变化在所难免。如果这种变化发生在信息系统开发生命周期的后期阶段,那它的变动成本远比开发初期要高得多。为降低变动成本,开发团队要以积极主动的心态"拥抱"变化,对需求及其变更以计划的方式实施系统化管理。需求管理的目的之一就是控制需求的变更,以维护需求的完整性和一致性。需求管理包括需求确认、需求追踪、需求变更控制三大活动。其中,需求追踪是确保目标系统质量的关键要素之一,涉及功能、交付项、系统设计、测试用例等。本节介绍对需求进行追踪的功能追踪矩阵、来源追踪矩阵、依赖追踪矩阵,以及建立需求管理计划的方法。

7.2.1 需求的可追溯性管理

对需求的可追溯性进行管理,有利于分清职责、解决问题。为此,可以建立需求追踪矩阵。需求追踪矩阵是一张检查表,其中列出了信息系统的所有功能、非功能需求,及其与客户的需要的映射关系。需求追踪矩阵作为追踪需求的工具,可以帮助识别信息系统开发生命周期各阶段因需求变更而产生的影响,确保完成客户提出的所有需求,最终为客户提供无缺陷的信息系统。

需求追踪矩阵确保提交测试的工件对业务需求进行全覆盖,在系统功能、测试用例和程序模块之间提供链接,使得被测试工件、系统需求说明书、测试用例等可以相互参照。需求追踪矩阵为所有的追踪目标形成一个单一的源流,用于识别信息系统解决方案的分析、设计和测试之间的差异,以揭示信息系统解决方案是否满足所有的客户需求。需要特别注意的是,应该在信息系统开发生命周期的每个阶段更新需求追踪矩阵,不能进行测试的东西不要出现在任何文档中。

使用需求追踪矩阵可以对功能需求、非功能需求、用户需要、系统设计工件、程序代码文件、设计规格、测试用例等进行文档化,具有鼓励开发和测试人员使用最佳需求测试法、保证解决方案符合设计标准、保证解决方案满足所有需要、用文档证明解决方案满足所有需求、追踪进度、问题溯源等优点。

需求追踪矩阵可以划分为功能追踪、来源追踪、依赖追踪三种矩阵。其中,功能追踪矩阵把每个需求映射到系统中的功能,以帮助追踪某个需求发生变更时对相关功能的影响;来源追踪矩阵把每个需求映射到需求来源,例如提供需要的用户、分析所用的文档,或现有系统的资料等;依赖追踪矩阵把有关系的需求进行映射,以了解某个需求发生变更时可能对关联需求产生的影响。

案例:

在 Exquisite Gifts 的 EGOSIS 项目中,关于会员申请的需求和功能如表 7-1 所示。

表 7-1　需求与功能

序号	需求		功能
1	申请者可以通过 Internet 获取信息,提交申请	1	使申请者可以浏览信息
		2	为申请者提供会员级别及其条件信息
		3	为促销人员提供会员级别及其条件信息编辑功能
		4	用于填写申请信息的 Web 表格
		5	电子支付
		6	为获准的申请者自动分配一个唯一的 Id
		7	会员利用 Id 登录系统,使用相关功能
2	促销人员可以对申请信息进行无纸化处理	8	把申请者填报的 Web 表格存入数据库,加以索引
		9	发送申请者的申请信息,供促销人员审核
		10	把促销人员的审批结果发给申请者
		11	浏览申请数据
3	保证新旧系统的平滑过渡	12	促销人员审批申请表。获批的申请表会转发到办公室进行核实和保存
4	根据会员条件和接纳过程批准申请表		
5	EPS 的所有授权用户可以按各自的角色浏览申请记录状态数据	13	任何授权人员基于分配给他们的角色访问权限浏览数据;申请者只可以访问自己的记录,促销人员可以浏览所有记录及对记录进行新增、删除和更改等操作,系统管理员对数据库进行有效管理
6	系统可以同时满足 1 000 000 名用户在线	14	系统同时满足 1 000 000 名用户在线并对峰值与标准偏差进行处理
7	平均无故障时间和最大系统修复时间满足给定期限	15	系统平均无故障时间为 60 天,最大修复时间为 7 天
8	用户的访问是安全的	16	不同的用户角色具有不同的访问权限。登录失败时,用户可以尝试 3 次。如果 3 次尝试都失败,其账户会被锁定。只有系统管理员可以解除锁定

开发团队按照规定为这个需求创建了系统原型。在为客户演示后，客户认为这个原型还不完整，缺少一些已讨论过的关键功能，要求对需求进行一些变更。

显然，对于这样的情况，开发团队如果建立了功能追踪矩阵，就能够追踪功能与需求的对应关系，易于理解需求变更所产生的影响。

建立功能追踪矩阵，需要为每个需求、每项功能分配编号，如表 7-2、表 7-3 所示。

表 7-2 需求编号

编 号	需 求
n1	申请者可以通过 Internet 获取信息，提交申请
n2	促销人员可以对申请信息进行无纸化处理
n3	保证新旧系统的平滑过渡
n4	根据会员条件和接纳过程批准申请表
n5	EPS 的所有授权用户可以按各自的角色浏览申请记录状态数据
n6	系统可以同时满足 1 000 000 名用户在线
n7	平均无故障时间和最大系统修复时间满足给定期限
n8	用户的访问是安全的

表 7-3 功能编号

编 号	功 能
m1	使申请者可以浏览信息
m2	为申请者提供会员级别及其条件信息
m3	为促销人员提供会员级别及其条件信息编辑功能
m4	用于填写申请信息的 Web 表格
m5	电子支付
m6	为获准的申请者自动分配一个唯一的 Id
m7	会员利用 Id 登录系统，使用相关功能
m8	把申请者填报的 Web 表格存入数据库，加以索引
m9	发送申请者的申请信息，供促销人员审核
m10	把促销人员的审批结果发给申请者
m11	浏览申请数据
m12	促销人员审批申请表，获批的申请表会转发到办公室进行核实和保存
m13	任何授权人员基于分配给他们的角色访问权限浏览数据：申请者只可以访问自己的记录，促销人员可以浏览所有记录以及对记录进行新增、删除和更改等操作，系统管理员管理数据库
m14	系统同时满足 1 000 000 名用户在线并对峰值与标准偏差进行处理
m15	系统平均无故障时间为 60 天，最大修复时间为 7 天

功能追踪矩阵如表 7-4 所示。

表 7-4 功能追踪矩阵

编号	m1	m2	m3	m4	m5	m6	m7	m8	m9	m10	m11	m12	m13	m14	m15
n1	√	√	√	√	√	√	√								
n2								√	√	√	√				
n3												√			

续表

编号	m1	m2	m3	m4	m5	m6	m7	m8	m9	m10	m11	m12	m13	m14	m15
n4												√			
n5													√		
n6														√	
n7															√
n8															

在 Exquisite Gifts 的 EGOSIS 项目中,关于会员申请的需求和来源如表 7-5 所示。

表 7-5 需求与来源

序 号	需 求	来 源
1	申请者可以通过 Internet 获取信息,提交申请	Exquisite Gifts 的 CEO Kennedy、销售总监 Janet、促销人员 April 的面谈记录,1月8日
2	促销人员可以对申请信息进行无纸化处理	与促销人员 April 的面谈记录,1月9日
3	保证新旧系统的平滑过渡	需求会议,1月10日
4	根据会员条件和接纳过程批准申请表	关于会员级别及条件的政策(2018版),与销售总监 Janet 的面谈记录,1月11日
5	所有授权用户可以按各自的角色浏览申请记录状态数据	需求会议,1月12日
6	系统可满足 1 000 000 名用户同时在线	需求会议,1月12日
7	平均无故障时间和最大系统修复时间满足给定期限	与促销人员 April 的面谈记录,1月13日
8	用户的访问是安全的	与销售总监 Janet 的面谈记录,1月14日

开发团队为需求来源编号,如表 7-6 所示。

表 7-6 需求来源编号

编 号	来 源	编 号	来 源
s1	Kennedy,CEO	s4	关于会员级别及条件的政策(2018版)
s2	Janet,销售总监	s5	需求会议,1月10日
s3	April,促销人员	s6	需求会议,1月12日

来源追踪矩阵如表 7-7 所示。

表 7-7 来源追踪矩阵

编 号	s1	s2	s3	s4	s5	s6
n1	√	√	√			
n2			√			
n3					√	
n4		√		√		
n5						√
n6						√
n7			√			
n8			√			

依赖追踪矩阵如表 7-8 所示。

表 7-8 依赖追踪矩阵

编 号	n1	n2	n3	n4	n5	n6	n7	n8
n1						√		
n2			√	√		√		√
n3		√						
n4		√						
n5								√
n6	√	√						
n7								
n8		√			√			

7.2.2 需求管理计划

信息系统的需求,有的用硬件实现,有的用软件实现,有的由其他系统实现,有的只能人工实现。分配给软件实现的需求称为软件需求。软件需求是信息系统工程项目的依据和出发点,在信息系统的整个生命周期中占有重要位置。信息系统开发生命周期各阶段需求状态演变的控制流如图 7-3 所示。

可以看出,需求跨越信息系统开发生命周期的各个阶段,是项目计划、执行、控制、评审活动的基础。客户的需要划定了项目要解决的问题的范围,软件需求说明书则是客户与开发人员的约定。要对信息系统开发生命周期各阶段的需求演变状态进行有效控制,就需要制定需求管理计划,为客户与项目在需求方面的约定提供保障。

一般来说,需求管理计划由对文档本身的说明、项目范围、利益相关者、管理过程、管理工具等构成,示例模板结构大致如下。

文档的作用<说明为什么要建立这份文档,它的作用是什么>
批准日期:
文档变更活动<使用下面的表格记录这份文档自批准开始的变更历史>
 ♯   版本   变更说明   建立或变更者   日期

1. 概述

<说明需求管理计划的目标,定义需求纲要和需求属性>
<列明与交付件有关的术语定义>
<系统需求综述>

2. 目标

- 对项目范围进行说明。
- 对项目角色及其职责进行说明。
- 对项目中使用的规程进行说明。
- 对需求管理工具进行说明。

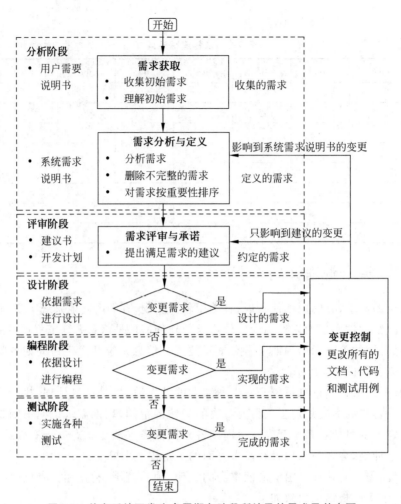

图 7-3 信息系统开发生命周期各阶段所涉及的需求及其变更

3. 需求范围

<说明项目范围>

4. 角色和职责

4.1 分析员

<定义分析员的职责，如何与客户、项目经理、质量经理和开发人员交流>

4.2 项目经理

<定义项目经理的职责，如何与客户、分析员、质量经理和开发人员交流>

4.3 客户

<定义客户的角色，如何与项目团队交流，如何评审需求及其变更>

4.4 质量经理

<定义质量经理的职责，如何与客户、分析员、项目经理和开发人员交流>

5. 管理过程

5.1 确定需求

<详细描述发生在分析员、客户和质量经理之间的交流情况,确定需求>

5.2 记录需求

<详细描述发生在分析员、项目经理和质量经理之间的交流情况,记录经过客户评审并同意后的需求>

5.3 变更需求

<详细描述发生在分析员、客户、项目经理、质量经理、开发人员之间的交流情况,修改需求>

5.4 为最终交付件协商与调整需求

<详细描述发生在分析员、客户、项目经理、质量经理、开发人员之间的交流情况,确认已经满足需求>

6. 需求管理工具

<说明在需求管理的不同阶段所使用的工具>

需求管理计划记录项目所涉及的所有需求,包括技术和非技术需求,适用于任何类型的系统开发,与具体生命周期无关。项目经理采取一定的步骤来确保需求管理能够支持项目计划和执行的需要。在需求管理的过程中,需要记录项目中的变更情况。开发计划、工作产出与需求之间的任何不一致都要加以记录,以利于维护需求与工作产出之间的双向追踪。

实践:

请为 Edward Bank 的客户关系管理系统项目准备一份需求管理计划。

7.2.3 需求管理规范

重视需求工作,重视软件需求的质量,可以为后续工作打下良好的基础。为了顺利地提供高质量的软件产品,从开发人员的角度看,需求最好是正确且稳定的,即希望客户一次性地提出清晰的需求,以后不再改变。但对于软件需求来说,这显然是不可能的。需求管理的目的就是要解决需求不稳定等棘手问题。软件开发人员要及时解决需求变更为开发工作带来的影响,就需要具有自我调控和应变能力。选择和掌握一些得心应手的需求管理工具有助于增强开发人员的应变能力。

在需求获取阶段,分析员可以采用与关键人员面谈、组织讨论会、分发调查表、市场调研等方法从问题域提取所有有用的信息。此后,可以使用需求管理工具对所获取的信息进行重构。对于结构化信息,大多数工具都提供了自动数据分析功能。需求管理工具可以按照用户设置的一致性和完备性标准对需求进行检查以排除错误。有的需求管理工具还可以对模糊需求进行警示。许多工具提供需求变更管理功能,以把需求变更产生的影响降到最低。有的工具往专精的方向发展,只涉及系统开发生命周期的某个阶段。例如,演化原型法假定需求几乎都会变更,尝试建立响应变更的设计。它在项目开发迭代的每个阶段末对需求进行标准化测试,旨在及时发现问题,在下一次迭代中尝试解决这些问题。这种方法使得设计可以适应需求的变更。

对于规范化的大中型软件企业,通常会选择和参照CMMi模型工具改进自己的开发过程。需求管理是CMMi的第2级关键过程域。从CMMi模型的角度考虑,解决需求管理问题是不成熟的软件企业迈向成熟的第一步。换句话说,需求管理所提出的要求应该被理解为成熟的软件企业应该具有的初步要求。

CMMi要求软件企业在一开始就强调软件需求。它的需求管理过程域的目的是管理项目的"产品需求和构件需求",以及识别这些需求与项目计划、工作成果的不一致之处。它的特定目标是需求已经受到管理,并且识别出需求与项目计划、工作成果的不一致之处。它的特定实践有获得对需求的理解和承诺、管理需求变更、管理需求的可追踪性、识别项目工作与需求不一致的地方,如表7-9所示。

表7-9 需求管理过程域的特定目标和实践

SG1	管 理 需 求	SG1	管 理 需 求
SP 1.1	获得对需求的理解	SP 1.4	维护需求的双向可追踪性
SP 1.2	获得对需求的承诺	SP 1.5	识别项目工作与需求不一致的地方
SP 1.3	管理需求变更		

SP 1.1是获得开发人员和提供需求的人对需求的共同理解。随着项目的进展,为了避免需求的蔓延或遗漏,需要建立一定的规则,指定需求的来源,获取需求,对需求进行分析,确保开发人员与需求提供者就提出的需求的含义达成共识。这个实践的主要工作成果是达成共识的需求集。

SP 1.2是获得项目参与者对需求的承诺。在整个项目开展过程中,特别是在需求开发和技术方案过程域,需求会演变。随着需求的演变,项目参与人员需要对当前已批准的需求做出承诺,并对受影响的项目计划、活动和工作成果做出相应的变更。这个实践的主要工作成果是具有承诺的需求及其变化的记录文档。

SP 1.3是管理随着项目进展而发生的需求变更。在项目开展期间,有效地管理需求变更非常重要。为了有效地分析需求变更产生的影响,有必要了解每个需求的来源并把每个变更的理由形成文档。这个实践的主要工作成果是需求状态记录文档。

SP 1.4是维护需求的双向可追溯性。从需求来源追踪到其较低层次的需求,从较低层次的需求追踪到其需求来源。这个实践的主要工作成果是需求追踪矩阵。

SP 1.5是识别项目计划、工作成果与需求之间的不一致之处。这个实践的主要工作成果是记录有不一致的来源、条件、理由及其纠正措施的文档。

实践:

作为一家初具规模的软件公司,Shining Ray计划打入全球市场以增大其业务量。为此,公司打算采用SEI CMM框架增强软件开发过程,按照国际标准改进其信用证书。成功实施CMMi框架的策略就是分阶段展现其KPA。

请说明Shining Ray为何可以在需求管理中应用CMMi,并帮助公司决定哪个CMMi模型更适合其过程改进的需要。

7.2.4 需求风险管理

有研究表明,软件项目约70%的失败是因管理不善引起的,而不是因技术实力不够。

也就是说,管理才是影响软件研发项目全局的因素,技术只影响局部。在关系到软件项目成功与否的众多因素中,软件度量、工作量估计、项目计划、进度控制、需求变化和风险管理等都是与工程管理直接相关的因素。在这些因素中,风险管理也相当重要。风险会导致时间、质量、成本、控制等方面的问题。

风险关注的是未来发生的事情。未来的结果源于今天种下的因。人们总是希望当前的行动能为自己创造一个更好的未来。风险蕴含着改变,如思想观念、行为动作的变化。风险涉及选择,以及选择本身所带来的不确定性。信息系统风险的定义还存在不少的争议。但不可否认的是,这种风险都具有不确定性和损失两大属性。风险是指遭受损失的可能性,也意味着遭受损失的不确定性。例如,成本的增加、时间延迟、不能满足客户目标等。可能对项目产生负面影响的事件包括目标不清晰、需求定义模糊、进度难以追踪导致计划失控、资源不足、技术失败、系统规模大于开发团队的承受能力、用户交流不畅、组织问题等,都有可能发生,也有可能不发生。在进行风险分析时,重要的是对每个风险的这两个属性进行量化。要做到这一点,就需要对风险进行分类。例如,那些影响到项目计划的就归类为项目风险,那些影响到目标系统的质量的归类为技术风险,而那些影响到目标系统的生存能力的归类为商业风险等。还可以把风险划分为已知风险、可预测风险、不可预测风险等。

应对风险的策略有被动式和主动式两种。前者在风险发生后再做出"救火"式反应,经常会把项目置于危险境地。后者在技术工作开始之前就已经启动。它识别潜在风险、评估这些风险发生的概率及其产生的影响、按其重要性进行排序、制定风险管理计划规避风险、制定风险应急计划控制风险。

风险识别旨在系统化地指出对估算、进度、资源分配等项目计划存在的威胁。一个有效的方法是建立风险列表。风险列表主要用于识别已知风险和可预测风险。例如,产品规模、商业影响、利益相关者特性、过程定义、开发环境、开发技术、人员数量和经验等类型的风险。对于每种类型的风险,可以拟出问题并加以评估,也可以列出性能、成本、支持、进度等风险因素和驱动因子及发生的概率。风险驱动因子对风险因素的影响分为可忽略、轻微、严重和灾难等级别。

风险预测的目的是评估每个风险发生的可能性或概率,以及风险发生后产生的后果。一个简单的方法是建立风险表。风险表的设计可以多种多样。表 7-10 为风险表示例之一。其中,第一列可基于风险列表列出所有的风险;第二列为风险的类型;第三列为风险发生的概率;第四列为风险所造成的影响,即性能、支持、成本、进度等风险因素的影响级别的平均值;第五列为 RMMM(Risk Mitigation, Monitoring, and Management)计划,即风险缓解、监控和管理。

表 7-10 风险表

风 险	类 别	概 率	影 响	RMMM

风险的性质、范围和时间等因素会对风险发生后所造成的后果产生影响。风险的性质指明可能造成的问题。例如,不清晰的外部接口定义(技术风险)会妨碍前期的设计和测试

及后期的集成拖延。风险的范围是指风险发生后所波及的范围及其严重程度。风险的时间是指什么时候可以感受到风险所产生的影响,以及这种影响会持续多长时间。对于坏消息,人们有时会希望它早点发生,有时会希望它拖得越晚越好。何时可以感受到风险所产生的影响与风险暴露度有关。风险的暴露度可以用风险发生的概率乘以其影响程度来计算。例如,在设计阶段开始后,如果发生需求变更的概率为 0.25,按新的需求重新设计的成本是 10 000 元,则风险暴露度就是 2500。由于风险概率及其影响程度在不断变化,需要不断追踪其暴露度,并根据风险暴露度的变化调整 RMMM 计划。

在需求方面,项目失败的主要原因之一是其定义不明确,即需求模糊、范围不清、需求变更控制不规范等是导致项目举步维艰并最终失败的重要因素。对需求进行风险管理,就是预判需求在项目开发过程中的潜在风险,制订 RMMM 计划以避免或缓解具有需求风险的事件的发生或者在风险真实发生时把其负面影响程度降到最低。另外,从组织的角度,可以制定一些风险管理策略来规避需求风险,例如遵循国家标准等。需求风险管理策略应该在系统开发过程开始前确定,否则难以在风险突发时加以应对。

案例:

Exquisite Gifts 的 EGOSIS 项目是提供全天候服务的在线销售系统。在线系统的常规服务之外的其他服务都不是免费的。在进入设计阶段之前,Shining Ray 的总裁 Antony 审阅了 Michael 提交的系统需求说明书。根据他的经验,如果按现有系统需求说明书进行开发,系统开发完成并交付使用后,客户可能还是会不满意,认为开发团队没有按照既定需求做事。因为客户希望的某些付费服务(如通过 Email 提供消费报告)有可能成了免费的。也就是说,在进入开发阶段之前,开发人员虽然已经知道常规服务对顾客是免费提供的,但并没有清晰地对服务进行定义和分类。将来对已运行的在线系统进行更改显然会导致预算和进度方面的问题。他认为,这就是没有考虑需求风险造成的影响。

需求风险是常见的一类风险。客户说明了"常规服务之外的其他服务需要收费",但开发团队如果不了解哪些是常规服务,即没有让客户对常规服务进行清晰的定义就是一个风险。开发人员应该在开发过程开始时采用风险管理策略来避免这些风险,即在开发过程刚开始的时候,从客户那里获取清晰的需求而不要想当然。

对于这个项目,可能发生的风险如表 7-11 所示(示例)。表中的 A、B、C 列为风险等级。其中,A 表示适用性(0=否,1=是);B 表示可能性(1~10);C 表示影响(0~10)。即,如果风险可适用于项目,A 为 1,否则为 0;B 的取值范围从 1(表示可能性极低)到 10(表示可能性极高);C 的取值范围从 0(无影响)到 10(灾难性影响)。

表 7-11 需求风险

类 别	风 险	A	B	C
资源风险	人员、时间与范围冲突			
	资源不足			
	进度拖延,超出预算			
	时间压力导致系统不可靠,用户抱怨			
需求风险	不正确、不完整或模糊的系统需求说明书			
	创建了错误的系统			
	需求变更导致预算和进度问题			

续表

类别	风险	A	B	C
目标风险	管理层说明的目标不充分或不正确			
	开发团队误解目标			
方法风险	开发团队没有使用有效的开发技术或使用不当			
	没有坚持那些成功的因素			
用户风险	难以与用户交流			
	用户对系统的接纳程度差			
	客户协议问题			
	用户对系统不认可			
组织风险	组织难以支撑系统开发过程			
	缺乏领导,难以控制,缺乏清晰的责任和协作能力			
技术风险	缺乏系统开发的软硬件			
	未经测试的新组件			
	系统开发终止或失败			
规模风险	系统规模太大,开发团队难以开发			
人员管理风险	缺乏动机			
	士气低落			
方法学风险	无法完成方法学规定的活动			
	做了方法学之外多余的活动			
	缺乏正规方法学			
	使用方法学时不会变通			
计划和控制风险	计划和进度描述不清晰,难以对进度进行追踪			
	小组过多导致时间闲置			
个性风险	人员冲突			
	报复和破坏行为			
	消极协作和隐蔽抵抗			

B 表示的可能性和 C 表示的影响的取值范围如表 7-12 所示。

表 7-12 B、C 的取值范围

B(可能性)	C(影响)
10 可能性极高 7 可能性较高 4 可能性较低 1 可能性极低	10 灾难性 7 危险的 5 主要的 2 次要的 0 无影响

在对风险进行分类后,就要关注那些级别高的风险。高级别的风险需要立即处理。

实践:

请为 Edward Bank 的客户关系管理系统项目准备一份需求风险表。

第 8 章

静态结构建模

CHAPTER 8

　　模型是现实世界某些重要方面的表示,是从某个视点、在某个抽象层次上对被建模的系统进行表达。系统分析员需要熟练使用模型工具对信息系统进行建模。强大的模型语言可以帮助系统分析员从不同的视角建立模型,从而获得对系统的完整理解。一个信息系统具有静态结构和动态行为,在建模时既可以高度抽象,也可以深入具体。对于系统的静态结构,一般使用用例、类和对象等模型加以描述。用例模型描述系统的功能需求,把系统的基本需求表述为用例并作为建立其他模型的基础。类模型用于定义对象及其关系,可以逐层细化,以评估其清晰度、完整性和一致性。本章对用例、类、对象等静态结构模型进行实践,锻炼静态结构建模能力。

8.1 用例建模

需求来源于客户,但并不是所有客户都能清晰地表达系统的全部需求。用例建模的目的就是从最终用户的视角观察系统及其特征,以完整而清晰地表达用户的需要。用例模型简单直接,易于使用。用例模型的用例详尽而规范,可以视为开发团队所关心的系统功能需求列表的补充和细化。用例模型由用例图和用例规约构成。用例分析的步骤包括确定可以理解的用例、详细完整地描述用例、重构用例模型等。本节介绍构成用例图的基本元素及其概念,以及建立用例图的方法。

8.1.1 用例图的基本组成元素

用例图的基本组成元素如图 8-1 所示。

图 8-1 用例图的基本组成元素

1) 参与者

参与者是软件系统之外与软件系统进行交互的任何事物,可以是使用软件系统的人、软件系统所连接的外部硬件、与软件系统进行通信的其他系统。在用例图中,参与者用人形符号表示。

参与者有主要和次要之分。前者指直接影响系统并启动用例的参与者,如销售系统的数据录入员直接与系统交互,数据录入员就是主要参与者。后者指不与系统直接交互但会触发主要参与者与系统的交互的参与者,如供应商为数据录入员提供票据,供应商就是次要参与者。不过,只有次要参与者的动作对系统的输出或反应有影响时,才需要在用例图中绘制次要参与者。

要注意用例图中的参与者与 DFD 中的外部实体的区别。DFD 中的外部实体是指数据的来源和去向,提供数据的人员不一定是主要参与者,只有在执行系统功能时与系统进行实时交互的外部实体才是参与者。例如,连锁店的新顾客手工填写会员登记表后由店长统一将顾客信息登记到销售系统中,店长才是用例图中的主要参与者,顾客不是。如果顾客直接通过 Web 网站提交个人信息,那么顾客就是主要参与者。但不管采用哪种方式输入数据,顾客都是 DFD 中提供数据的外部实体。

2) 用例

用例是对一组动作序列的描述,系统执行这些动作会对特定的参与者产生可观测的、有价值的结果。简而言之,用例是系统提供给用户完成业务活动的软件功能,用来描述系统的功能性需求,一个用例就是系统的一项软件功能。在用例图中,用例用椭圆符号表示。

每个用例至少和一个参与者相关。因此,在对用例命名时,用例的名称要能准确体现参与者希望系统提供的能满足业务目标的操作,而不是技术实现层面的功能。

在识别用例时,经常混淆的是用例与用例中的步骤。要特别注意,用例中所包含的动作序列不要作为一项单独的功能提供给参与者使用,而要用文字的形式在用例规格说明的事件流中描述。例如,以"借贷"为名的用例,根据业务规则需要验证客户身份、检查借贷资格、登记借贷记录等一系列步骤,这些步骤不能作为独立的用例。用例是一项完整的不可分割的功能,参与者通过用例要获得一个可观察的结果,满足使用系统所要达成的一个业务目标。每一个用例表达一个用户目标,用例图表达的是用户目标的集合,不表达流程顺序。

单个用例如果有非功能性需求,可以在用例规格说明中描述。例如性能、可靠性、易用性、输入输出手段等。

3) 关系

参与者与参与者、用例与用例、参与者与用例之间可能存在一定的关系,包括关联、包含、扩展、泛化等关系。在用例图中,关联关系用直线或带箭头的直线表示,表示两者的通信;包含关系用带箭头的虚线附带<<包含>>标注表示,表示用例之间的包含关系,箭头指向被包含用例;扩展关系用带箭头的虚线附带<<扩展>>标注表示,表示用例之间的扩展关系,箭头指向被扩展用例;泛化关系用带空心的三角形箭头的实线表示,表示两者之间的泛化关系,箭头指向被派生事物。

参与者与用例之间的关联关系的表示如图 8-2 所示。其中,参与者代表系统外部的用户,与用例进行交互。

如果关联关系的线段不带箭头,表示的是双向通信。例如,一个连锁店的仓储部提出商品缺货补货申请,使用库存管理系统来申购和收取商品。作为参与者,仓储部与申购商品和收取商品两个用例之间的关系可以用如图 8-3 所示的用例图进行描绘。

图 8-2 参与者与用例之间的关联关系　　图 8-3 参与者与用例之间的关联关系示例

如果线段带有箭头,箭头的方向就是通信的方向。例如,如图 8-4 所示用例图表示的就是病人参与者与预约用例之间的关联关系。

通过在用例图中使用包含、扩展、泛化等关系可以消除冗余,扩大信息量,增进理解。

如果执行用例 A,必须执行用例 B,B 是 A 存在的必要条件,则 A 与 B 之间存在包含关系,A 包含 B,B 被包含,箭头从 A 指向 B,如图 8-5 所示。

图 8-4 参与者与用例之间的关联关系示例　　图 8-5 用例之间的包含关系

用例是构成一个参与者的一个工作单元的系列动作。这一系列动作的常规执行步骤称为基本事件流。基本事件流中相对独立的行为,可以封装为单独的用例,被其他用例使用(类似于把一段经常重复的程序代码抽取出来作为一个子程序供其他程序调用)。这个被独立出来的用例称为包含用例,而包含常规会发生的基本功能的用例称为基本用例。基本用例可以控制包含用例并依赖于包含用例所得到的结果。例如,在银行系统,"取钱"用例依赖于"身份识别"用例,两者之间就是包含关系。在用例图中,箭头从"取钱"用例指向"身份识别"用例。一个基本用例可以"包含"多个包含用例,一个包含用例可以"被包含"在若干基本用例中。包含关系还可以嵌套。

如果执行用例 A,可以执行用例 B,但 B 不是 A 存在的必要条件,而是对 A 的功能有一定的补充作用,则 A 与 B 之间存在扩展关系,B 扩展了 A,A 被扩展,箭头从 B 指向 A,如图 8-6 所示。

表达某些可选或只在特定条件下才执行的用例,可以对其他用例进行扩展,称为扩展用例。扩展用例是可选的,是否执行取决于执行基本用例时发生的事件。没有扩展用例并不影响对基本用例的理解。例如,在图书馆系统中,"罚款"用例依赖于"归还书籍"用例,两者之间就是扩展关系,因为在归还书籍时,是否罚款取决于是否超期,罚款业务是归还书籍业务的扩展。在用例图中,箭头从"罚款"用例指向"归还书籍"用例。

如果参与者或用例在行为、结构和目的方面存在较大共性,可以使用泛化关系。

参与者与参与者之间可能存在一定的泛化关系。这种关系存在于具有类似行为和特性的参与者之间,即如果一个参与者的特性可以从另一个参与者派生而来,这两个参与者之间就存在泛化关系。前者称为子参与者,后者称为父参与者。例如,作为参与者的连锁店"员工",有固定工资的"月薪制员工"和计时工资的"时薪制员工"。这里的"员工"就是父参与者,"月薪制员工"和"时薪制员工"是子参与者。这两个子参与者有一些共同的属性,如姓名、地址等,可以从父参与者派生而来。当然,子参与者也可以有一些独特的属性,如"时薪制员工"的加班时间、日工资等。参与者泛化表示的示例如图 8-7 所示。

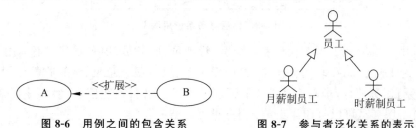

图 8-6　用例之间的包含关系　　图 8-7　参与者泛化关系的表示

可以用一个用例来描述多个用例的共有部分,该用例称为父用例。由父用例派生的用例称为子用例。子用例继承父用例的所有结构、行为和关系,并含有自己特殊的部分。父用例通常比子用例的抽象层次更高。派生于同一个父用例的子用例相互独立且完整。一般来说,不建议使用泛化关系来描述系统,可以使用扩展关系来替代泛化关系。

实践:

Edward Bank 需要一种新的 ATM 系统,通过提供增值服务减少客户访问、改进客户服务,系统功能有现金存取、事务一览、修改密码、支票存款、内部转款等。Edward Bank 的账户分为现金账户和储蓄账户。

请识别 Edward Bank 的 ATM 系统的角色、用例,以及它们的关系。

8.1.2　建立用例图

用例分析一般有三个步骤。第一步,确定可以理解的用例,包括识别参与者、识别用例、绘制用例图等。第二步,详细完整地描述用例,即编写用例规格说明。第三步,重构用例模型,如继续识别用例之间的关系对用例进行分组等。

确定可以理解的用例,就是要找到几个主要问题的答案。第一个问题是系统有哪些用户(包括人和物),第二个问题是这些用户使用系统的目的是什么,第三个问题是系统要为这些用户提供哪些功能来达成他们的目的。

前两个问题就是要识别参与者。首先,从人开始了解一个系统的参与者。例如,什么人会直接与计算机打交道,执行哪些功能;由谁负责操作信息系统,为系统提供数据、查询或更新数据。其次,从硬件方面了解有什么硬件提供或使用了该系统的数据。例如,传感器负责提供各种感知的数据,传感器就是参与者。最后,从软件方面了解有什么软件提供或使用该系统的数据。例如,支付宝、微信等系统可能就是在线销售信息系统的参与者。第三个问题就是要识别用例及它们与参与者的关系。

案例:

Michael 为 Exquisite Gifts 的售后服务业务建立的用例图如图 8-8 所示。

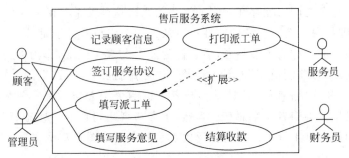

图 8-8　售后服务系统用例图

图 8-8 中,Michael 识别的参与者有顾客、管理员、服务员、财务员等角色;用例有记录顾客信息、签订服务协议、填写派工单、打印派工单、填写服务意见、结算收款等用例;顾客可以参与签订服务协议,填写服务意见;管理员可以记录新顾客信息,参与签订服务协议,填写派工单;服务员可以打印派工单;财务员可以结算收款。

实践:

请为 Edward Bank 的 ATM 系统建立用例图。

视频讲解

8.1.3　编写用例规格说明

用例图是对系统中的用例的高度概括和直观表示,但缺乏细节,不是一个完整的模型。系统分析员需要对每个用例的动作序列进行详细描述,准确定义"做什么",设计师才能充分理解需求并设计解决方案。

用例应该具有的特征,一是为参与者提供价值,二是按层次结构对功能进行文档化。第一个特征是指,通过与用例交互,要么能为主要参与者输出信息,要么能为次要参与者提供信息。例如,一个管理信息系统的用例可能对数据录入员没有什么价值,但这些数据的处理却可以对企业管理层的决策提供依据。企业管理者虽然没有直接录入数据,但却可以使用数据进行决策,说明系统为企业管理者提供了价值。第二个特征说明,用例图可以分为多个层次或级别。其中,第一层对功能进行简要描述,随后各层逐步提供越来越详尽的信息。用例规格说明(Use Case Specification)就是对参与者和信息系统之间交互的文本描述。利用用例规格说明可以对功能需求和非功能需求进行建模,可以用于信息系统开发的设计、实现和测试等阶段。

用例规格说明需要解释用例的目标、背景、参与者、触发事件的时机、正常流程、有无替代流程或异常流程等,一般包括如下信息:

名称:为用例指定一个唯一标识符。例如,"预约"。
摘要:说明用例提供的功能。
事件的基本过程:说明为完成用例中描述的功能而发生在参与者与软件系统之间的交互的步骤。例如,参与者启动过程、系统进行响应。
可选路径:描述特定情况发生时的情景。
异常路径:描述在发生错误的情况下参与者与用例之间的交互。
触发器:罗列参与者启动用例必须满足的条件。触发器描述一项业务需求、一个时间相关事件或另一个用例的输出。
假设:指明系统运行必须满足的条件。通过假设可以简化系统设计。
前置条件:罗列用例与外部实体开始交互必须满足的条件。前置条件在用例和软件系统范围之外。
后置条件:罗列用例结束后要满足的条件。后置条件是用例与外界的协约。
业务规则:罗列与用例中表示的需求相关的业务规则。
作者:指定用例编写者的名称。
日期:用例的创建日期、变更日期等。
案例:

针对 Exquisite Gifts 在 EGOSIS 项目中增加的售后服务的"填写派工单"功能,编写的用例规格说明如表 8-1 所示。

表 8-1 填写派工单用例规格说明

用 例 名 称	填写派工单
参与者	管理员
假设	无
前置条件	管理员成功登录系统
后置条件	生成新派工单并存储在数据库中
事件基本过程	1. 系统显示所有已经签订服务协议的顾客 2. 管理员选择需要派工的顾客 3. 系统显示顾客基本信息和服务任务 4. 管理员指定服务日期 5. 系统显示指定服务日期尚未派工的服务员 6. 管理员选择服务员 7. 管理员填写服务所需材料和数量 8. 系统确认所有材料都有库存 9. 管理员确认派工单并保存 10. 系统存储派工单,结束

可选路径	1a. 没有待派工的服务协议
	   1. 系统提示无协议,结束
	5a. 无空闲服务员
	   1. 系统提示指定服务日期没有可分配的服务员,转第 4 步
	8a. 材料库存不足
	   1. 系统提示库存材料不足,转第 7 步

续表

用 例 名 称	填写派工单
可选路径	9a. 管理员选择重填 1. 系统清空所有输入项,转第 2 步
业务规则	一个服务协议可以多次派工,每次派工按小时计算 每个派工单可以分配至少 1 名服务员 每个派工单可以有多种材料,材料有名称、规格、包装类型和领取数量等
作者	Michael
日期	2024.1.31

编写用例规格说明时,要注意:以中性语言编写,指出参与者的动作,以及系统的响应;使用简单的语法,主语明确,语义易于理解;事件流描述中采用主动句式明确指出职责,直观说明是参与者还是系统在工作;不写具体操作动作和技术细节,如按下什么按钮、打开数据库连接等;条件分支利用可选路径进行说明,用词不要使用"检查是否""如果……否则……"等,而是使用"确认""验证"等。例如,"系统确认顾客有资格"。

实践:

请为 Edward Bank 的 ATM 系统的用例编写用例规格说明。

8.2 类建模

用例建模明确定义了系统的功能性需求。但用例建模只是把信息系统视为一个黑匣子来分析参与者与系统之间的关系,没有揭示系统内部的结构。只有打开这个黑匣子做进一步的分析,才能建立对系统基本逻辑结构的认知,这就是类建模。用例模型实现从问题域的业务功能到问题解决域的系统功能之间的映射;类模型实现从问题域的业务对象到问题解决域的系统结构之间的映射。类建模的目的就是在问题域中寻找对象及其关系并建立类模型和对象模型。本节介绍类、类的属性和操作及类之间的关系等基本概念,以及建立类图和对象图的方法。

8.2.1 识别类

类描述的是具有相似属性、共同行为、与其他对象有共同关系,以及有共同语义的一组对象。识别类的常见方法有从用例导出、确定软件系统的所有职能、在系统需求说明书中识别等。

考虑一个零售连锁店,它计划为其常客提供特殊的折扣,需要修改现存的客户信息数据库,以根据客户的购买行为进行分组。在开发客户信息系统前,需要确定该系统的用例,对其静态结构进行建模。用例所确定的功能包括:保存客户信息(如姓名、住址和联系电话等)、保存产品信息、保存购买明细、计算购买量(计算客户购买产品的总计金额)、选择折扣(根据客户购买产品的总计金额,为其选择应该享受的折扣)、计算应付金额(从总计金额中减去折扣,得出客户应付的金额)、打印账单(为客户应付金额打印收据)、收取付款(在多个柜台处设置收银台,收取客户付款)。根据这些用例可以识别出客户(Customer)、产品(Product)、采购明细(PurchaseDetail)、折扣(Discount)、账单(Bill)、付款处

(PaymentCounter)等类。其中,Customer 保存有客户的地址,可以存放在诸如国家、城市和邮编等字段中。因此,可以把地址(Address)独立出来作为 Customer 的子类。

换一个角度,客户信息系统的职能包括维护客户信息、维护产品信息、维护客户购买信息、计算客户总购买量、根据客户总购买量为其选择折扣类型、计算客户应付金额、为客户打印账单、在多个柜台处收取客户付款等,可以识别出与从用例导出一样的类。

从系统需求说明书中选择名词和名词短语也可以识别类。当然,那些不合适的名词和名词短语需要舍弃,对余下的进行修改,以得出系统的类的清单。

类的职能被定义为类提供的一组功能。类需要方法来实现其职能。类的职能有"做事""知道"等。"做事"是类的一种功能,包括使用其他类的功能。例如,Customer 类需要打印账单时可以使用 Bill 类的 generateBill 方法生成账单。"知道"也是一种功能,用于获得属性值。例如,如果客户姓名是私有属性,可以使用 Customer 类的 getName 方法获得客户名称。

UML 把类分为类型类、实现类、参数化类。

类型类表示一组对象的抽象行为及与这些对象关联的方法。这些行为和方法只能以类型类加以声明,不能定义。例如,对于"产品系列"(ProductSet),可以根据诸如重量、数量、品质等度量单位对产品进一步细分,可以设计诸如"计算折扣"(calculateDiscount)这样的方法来计算产品折扣。由于"产品系列"代表了具有产品编码(Id)、产品名称(Name)、存量(Quantity-on-hand)、单价(Price)等相似属性的一组产品,每组的每个产品的"计算折扣"方法原型相同但其实现却根据度量单位而不同,就可以把"产品系列"设计为类型类。类型类的每个方法由实现类定义。例如,"产品系列"的"计算折扣"方法可以在实现类"重量"中定义。一个类型类可以有多个实现类。例如,"产品系列"还可以有"数量""品质"等实现类,实现折扣因度量单位的不同而变化。类型类用关键字"≪类型≫"标识,实现类用关键字"≪实现≫"标识。示例如图 8-9 所示。

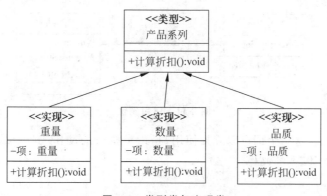

图 8-9 类型类与实现类

参数化类也叫作模板类,它没有对参数的数据类型进行定义,不能用参数化类创建对象。如果要使用参数化类定义的功能,需要对参数化类进行实例化。例如,如果要在数据库中添加产品,可以创建"列表"类。该类用一个列表记录售出的产品和数量。如果类型类"产品系列"的对象表示需要存入列表的产品,那么"列表"类就需要封装三种对象以列表的形式记录售出的产品,即"重量""数量""品质"。由于"列表"类利用同一种操作封装三种不同类型的对象,无须对每种对象进行判断,就可以把"列表"类创建为参数化类。如果要调用参化类"列表"的功能,通过"产品系列"的不同类型的对象对"列表"类进行实例化即可。通过参数化类,可以避免方法重载,减少源码。例如,如果不把"列表"类定义为参数化类,需要定义三种带有参数的方法,如 addProduct(重量)、addProduct(数量)、addProduct(品质),才能向"列表"添加产品。通过参数化类,还可以避免检验不同的数据类型。例如,不用检验"重量"和"品质"之类的对象的类型,就可以调用"列表"类的方法。如果不把"列表"类定义为参数化类,在调用重载的方法前,就需要用到各种 if-else 语句对产品类型进行检查。可以把一个虚线矩形框置于类矩形框的右上角,表示参数化类。虚线矩形框包含形参列表,格式为"名称:类型"。示例如图 8-10 所示。

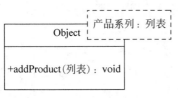

图 8-10　参数化类

实践:
请识别 Edward Bank 的 ATM 系统的类。

8.2.2　识别属性和操作

属性是类的性质或结构特征,不是类的业务功能,如名称、ID、地址、薪水等就是"员工"类的属性。属性有基本和引用之分。引用属性用于"指向"其他类的某个对象。引用属性不会出现在类图中,而是要从类之间的关联关系中引出来。例如,下面这段程序代码中的"销售清单"类的 product 为引用属性。它与"产品"类的关系如图 8-11 所示。

```
public class 销售清单{
    public 销售清单(产品 p, int q);
    public float 统计金额();
    private int quantity;            //基本属性
    private 产品 product;             //引用属性
}
```

图 8-11　引用属性

"操作"和"方法"这两个词可以互换使用,是指类执行的动作或具有的职能,如打开、关闭、打印等就是"文件"类的操作。

实践:
请识别 Edward Bank 的 ATM 系统的类的属性和操作。

8.2.3　识别类之间的关系

在 UML 中,关系用来对软件系统各元素间的逻辑或物理连接方式进行建模。这些关系包括关联、多重关系、依赖、泛化、实现等。

关联关系表示两个类的对象之间的静态关系。默认情况下,关联关系是双向的。例如,顾客购买产品，产品卖给顾客，Customer 类的对象和 Product 类的对象具有关联关系，如图 8-12 所示。

类之间的关联也可以是单向的。可以用箭头表示单向的关联关系。例如，客户类的对象与地址类的对象有单向关联，如图 8-13 所示。

图 8-12　关联关系　　　　　　　　图 8-13　单向关联关系

关联关系还可以具体化为聚合关系和组合关系。如果一个类（例如 A）是另一个类（例如 B）的一部分，当这个类（A）可以独立存在时，两个类之间是聚合关系，否则就是组合关系（类 B 控制类 A 的生命周期，即类 A 的存在依赖于类 B）。

聚合关系也可以说是"拥有"关联关系。例如，客户类和账单类有聚合关系，如图 8-14 所示；客户类与地址类有组合关系，如图 8-15 所示。

图 8-14　聚合关系　　　　　　　　图 8-15　组合关系

多重性表示一个类与另一个类的对象关联的对象数。例如，一个顾客可以购买多个产品，一个产品只能卖给一个顾客，顾客类的一个对象与产品类的多个对象关联，如图 8-16 所示。

类的对象之间存在的多重性如下。

1：某个类只有一个对象与另一个类的对象关联；

0..1：某个类有零或一个对象与另一个类的对象关联；

0..*：某个类有零或多个对象与另一个类的对象关联；

1..*：某个类有一或多个对象与另一个类的对象关联。

依赖关系表示一个类的属性和操作的改变会影响另一个类的属性和操作。例如，折扣值的改变会影响顾客的账单，账单类依赖于折扣类，如图 8-17 所示。

图 8-16　多重关系　　　　　　　　图 8-17　依赖关系

泛化关系表示超类（也称基类或父类）和子类（也称派生类）之间的关系。例如，零售店的顾客、雇员和常客。雇员类（StaffMember）和常客类（RegularCustomer）从顾客类继承属性，顾客类与雇员类和常客类就是泛化关系，如图 8-18 所示。泛化关系也称为"is a"关系，因为"子类"是"父类"的一种类型。

除上述关系之外，还可以表示类和对象中的递归聚合、限定关联等关系。

递归聚合是相同类的对象之间的关联关系。例如，项目经理 A 和开发人员 B 是职工类的两个对象。开发人员 B 要向项目经理 A 报告，职工类的项目经理对象 A 与开发人员对象 B 就是一种递归聚合关系，如图 8-19 所示。

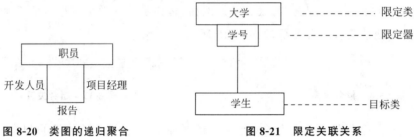

图 8-18 泛化关系　　　　　图 8-19 对象图中的递归聚合

这种对象之间的递归聚合关系也可以在类图中描述，如图 8-20 所示。

限定关联是一种关联关系，它把一个类的对象与另一个类的特定对象进行关联。可以用一个称为限定器的值把一个类的对象从其他类的对象中区分出来。限定器可以是类的属性。例如，很多学生和大学有关，要把特定学生与其他学生区分出来，需要给学生一个特别的学号，大学类使用学生类的学号属性作为限定器来区分学生，如图 8-21 所示。

图 8-20 类图的递归聚合　　　　　图 8-21 限定关联关系

实现关系表示声明与实现，即一个类声明一份合约（一组功能），另一个类实现该合约。例如，商店里可以有多个付款柜台，付款柜台类实现账单类，为客户生成账单，付款柜台类和账单类之间就是一种实现关系，如图 8-22 所示。

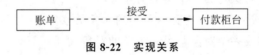

图 8-22 实现关系

实践：

请识别 Edward Bank 的 ATM 系统的类之间的关系。

8.2.4 建立类图

类图表示一组类、接口及其关系，用于对信息系统的静态结构进行建模。例如，在订单处理系统中确定的类有供应商和零件。其中，供应商有编号、名称、城市等属性及供应、收款等方法；零件有编码、名称、订量等属性及订货、收货、更新库存等方法。它们的关系如图 8-23 所示。

信息系统的各个模块都是互相依赖的，这种依赖性主要体现在耦合和内聚方面。其中，耦合是指模块间的互相依赖。互相依赖性很强的模块被称为紧耦合，互相依赖性不强的模块被称为松耦合。例如，假设 B 模块紧密联系到 A 模块上，必须完全了解 A 模块才能理解 B 模块。反之，联系不紧密的模块之间没有太多的互相依赖。没有互相联系的模块被称为独立模块。内聚是指模块内元素的互相作用。

如果一个类（例如 A）声明的操作用到了另一个类（例如 B）的属性值，两个类之间就有

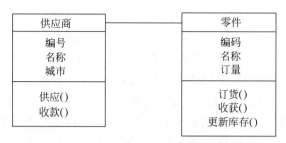

图 8-23　订单处理系统的类图

了耦合关系。显然，当被用到属性值的类（B）的属性发生变更时，依赖该类的类（A）的操作也会发生变化。例如，Purchase 类的 calculateAmt() 操作用于计算其 TotalAmt 属性的值，Bill 类的 generateBill() 操作利用 Purchase 类的 TotalAmt 属性的值为客户生成账单。如果 Purchase 类的 TotalAmt 属性的值发生变更，将影响到 Bill 类的 generateBill() 操作，因而 Bill 类依赖于 Purchase 类。

为避免此类的依赖，类之间应该是低耦合的。在低耦合的情况下，类的变化不会影响依赖于该类的类，类可以被重用，独立的类易于理解。低耦合的极端情况是类之间的耦合较少或没有，这需要能完成各种工作的复杂对象。类之间应该具有适度的耦合。

如果把类的属性和操作封装在一起来完成一个特定目的，该类就是一个内聚的实体。内聚性是用同一个类的操作之间的相似程度来定义的。在高内聚的情况下，类易于理解、重用和维护，且不受其他类的变化的影响。

高内聚就会带来低耦合，应该根据需要平衡类之间的耦合与内聚，不应该设计出低耦合和高内聚的极端情况。

另外，还要注意一些可以派生的元素，如派生属性和派生关联等。

派生属性的值是根据对象的其他属性的值计算出来的。例如，职员可能有生日和年龄属性，生日属性可以导出年龄属性的值。可以用虚线附加"《导出》"表示生日和年龄之间的关系，如图 8-24 所示。

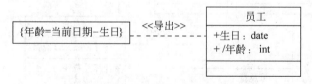

图 8-24　派生属性

也可以从类图的其他关联中派生一个关联。例如，员工与部门相关联，而部门是组织的一部分，员工与组织之间也是关联关系，部门和员工，以及组织和部门之间都是关联关系，可以利用这两种关联关系派生出员工与组织之间的关联关系，如图 8-25 所示。

图 8-25　派生关联

案例：

Exquisite Gifts 计划为其常客提供特殊折扣，需要修改现有顾客数据库，以根据顾客的购买行为进行分组。顾客关系管理系统的类图如图 8-26 所示。其中，顾客类包含识别码、姓名、地址等客户信息；地址类是顾客类的构成部分；顾客分为常客和中奖顾客，这两种顾客都有折扣；一个顾客可以采购多个产品，顾客类和产品类是一对多的关系；采购明细类包含有关顾客采购的信息，对顾客的购买费用进行合计；折扣类依赖于顾客采购明细类，根据总的购买金额选择折扣值计算折扣；账单类依赖于采购明细类和折扣类，计算顾客要支付的总费用，为顾客生成账单；账单类与顾客类是聚合关系。

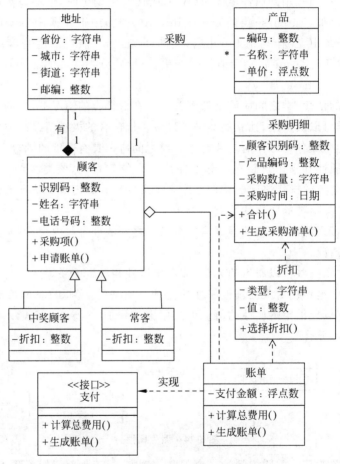

图 8-26　顾客关系管理系统的类之间的关系

实践：
请为 Edward Bank 的 ATM 系统建立类图。

8.2.5　建立对象图

对象图用一个分成两格的矩形框表示，第一格代表对象和类的名称，第二格代表对象的属性和值。图 8-27 是一个对象图示例。其中，obj 是对象名，是顾客类的一个特定实例。

对象图和类图这两个术语经常互换使用。类图描述的是对象类，对象图描述的是对象

9.1 状态建模

状态图(state diagram)是表述信息系统行为的技术之一。对一个类的状态进行分析，可以用状态图来表示该类对象的生命期行为和状态转换。对象可能存在的状态有初态、终态、简单状态、复合状态等；状态图的构成元素有状态(state)、转换(transition)、内部行为；状态图的行为有进入(entry)、退出(exit)、活动(do)等。利用状态模型，可以与流程模型、用例模型进行相互补充和参照。例如，检查对象状态变换过程是否与流程模型的控制逻辑一致，检查用例模型定义的功能需求是否能覆盖对象整个周期内的各种状态变化。本节介绍状态、状态机、状态图等基本概念，以及建立状态模型的方法。

9.1.1 状态图的基本构成元素

视频讲解

每一个对象在任一时间点都处于一种特定的状态，并一直保持在这种状态直到响应某一事件。状态图也称状态机，用于描述对象在其生命周期中由于响应事件而改变的各种状态。状态图的构成元素及其图符如图9-1所示。

图 9-1 状态图的构成元素及其图符

每个对象都有初始状态、中间状态、终止状态。其中，初始状态也称为创建状态，是对象因"诞生"而存在的状态，用实心圆表示；终止状态也称为销毁状态，是指对象的状态不再因事件而改变，用小实心圆加圆环表示；初始状态和终止状态之间的状态称为中间状态，中间状态的个数取决于每个状态的事件。例如，对于酒店房间的预定，房间对象的初始状态是"空闲"，中间状态可能是"正在清洁"或"已经清洁"，终止状态是"已经预定"。

状态响应事件有可能导致状态转换。事件是指能引起对象状态发生改变的触发条件，包括调用事件、信号事件、时间事件等。其中，调用事件是指接收请求执行操作的消息，如键盘或鼠标事件；信号事件是指从一个对象发送到另一个对象的消息，如电话呼叫；时间事件是指设定时间到达的事件，如一分钟后发生某事件。用于描述状态转换的构成元素有源状态(对象的当前状态)、目标状态(对象在事件发生后要达到的状态)、事件触发器(可能导致对象状态转换的事件)、转换条件(一般是一个布尔表达式，其值为真时才发生状态转换)、动作(对象响应事件的反应)。状态转换用带箭头的线段表示，线段上面附注事件名。

一般来说，一个对象的初始状态只有一个，终止状态却可能不止一个。例如，一个信息系统开发项目，可能成功，也可能失败，因而就有"开发成功"和"开发失败"两个终止状态。

一个状态可以包含其他状态。包含在其他状态中的状态称为子状态。没有子状态的状态称为简单状态，有子状态的状态称为复合状态。复合状态的子状态有串行和并行两种形式。

例如，一个答题卡对象有"未批改""批改中""已批改"等状态。其中，"批改中"是一个复合状态，包含"检查""复查""统计"等子状态。这些子状态是串行的，即先"检查"，再"复查"，后"统计"。这些状态的表示形式如图 9-2 所示。

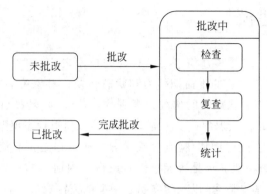

图 9-2　串行子状态的表示形式

再如,一个酒店房间对象有"占用""养护"等状态。其中,"养护"是一个复合状态,包含"布线""刷墙"等子状态。这些子状态是并行的,即"布线"和"刷墙"可以同时进行。这些状态的表示形式如图 9-3 所示。图中,并发子状态被划分为若干并发域,并发域之间用虚线隔开,每个并发域都有一个初始状态和一个终止状态。

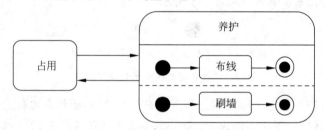

图 9-3　并行子状态的表示形式

并发子状态之间的关系可以用同步状态进行描述,即把一个并发域的状态与另一个并发域的状态关联起来,包括分叉、汇合等,如图 9-4 所示。

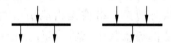

图 9-4　同步状态(左边是分叉,右边是汇合)

9.1.2　状态图的可选构成元素

可以通过减少与对象关联的状态和转换的数量来描述对象的复杂行为。

1) 进入动作和退出动作

进入动作指对象进入某特定状态时必须执行的动作。可以把一个进入动作和一个进入事件关联起来。

退出动作指对象退出某特定状态时必须执行的动作。可以把一个退出动作和一个退出事件关联起来。

2) 活动

通常情况下,对象处于某特定状态时,不执行任何活动,而是在等待一个事件的发生,从而转换到另一状态。但也有可能存在特殊情况,即对象处于某特定状态时执行某种活动,一直持续到一个事件打断这种活动为止。这种特殊情况可以通过转换关键字 do 来描述。例如,HTML 文档对象持续刷新内容,其活动就是在它的"显示文档"状态不停地刷新页面,直到发生打开新文件单击事件,其表示如图 9-5。

3)内部转换

这种情况是指,在响应事件时对象的状态不会发生转换。例如,HTML 文档对象的内部超链接被点击时,其状态不会转换,还是处于"显示文档"状态,其表示如图 9-6。

图 9-5 带有活动的文档对象的状态   图 9-6 带有内部转换的文档对象的状态

4)延迟事件

这种情况是指,对象保持当前状态直到可以响应被延迟的事件。例如,由于内容过时,图书馆管理员发布要废弃部分书籍的通知。这部分书籍有可能已经借出,需要读者还回来才可以被废弃。显然,废弃图书事件是在图书处于已经借出状态的情况下发生的,具体执行就会延迟到图书被还回来,其状态表示如图 9-7。

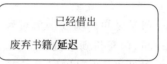

图 9-7 带有延迟事件的状态

5)子机及其引用

子机是一类含有多个状态的状态机,可以作为状态机的一个状态,这种状态被称为子机引用状态。例如,图 9-8 所示的状态机有四种状态,状态 3 表示的就是一个子机引用状态。其中,"include 子机 A"表示引用"子机 A"。

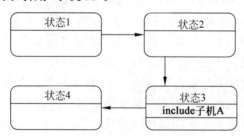

图 9-8 带有子机引用状态的状态机

可以把子机 A 表示为一个状态机,如图 9-9 所示。

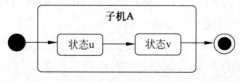

图 9-9 子机 A 的状态

可以在多个状态机中使用某个子机,以避免在其他状态机中重复该子机的状态。对象进入子机状态时,会执行一个进入活动并获得其初始状态;对象退出子机的终止状态时,会触发一个退出事件,并执行与之相关的退出活动。

对象从一种状态转换到子机引用状态时,会获得子机的初始状态,但也可能需要转换到子机的非初始状态。被转换到的子机的非初始状态可以在子机引用状态中使用桩状态来表示,即子机的非初始状态在子机引用状态中的存根,桩状态用一条粗线表示,代表被引用子机的一个状态,如图9-10所示。

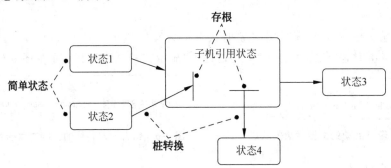

图9-10 子机引用状态中的存根

桩转换可以引发一个对象的状态由简单状态向子机状态转换。例如,由子机引用状态到子机、由子机到子机引用状态等。可以用始于简单状态、指向存根的箭头来可视化地描述一个桩转换;也可以用始于存根、指向简单状态的箭头来描述一个桩转换。

9.1.3 建立状态图

视频讲解

案例:

在分析EGOSIS需求的过程中,Michael了解到,Exquisite Gifts的精品实体店都配备有自动收款系统,注册会员可以使用自动收款机进行支付,也可以直接在收款柜台支付。

为了确认需求,Michael绘制了会员通过自动收款机支付的状态图,如图9-11所示。其中,系统接受顾客的会员卡并读取卡里的顾客信息,具有"付款请求""付款处理""打印商品信息"等状态。"付款处理"是一个复合状态,包含"读取商品信息""付款"等并发子状态。"读取商品信息"是一个复合状态,包含"扫描商品""显示商品信息"等串行子状态。"付款"是一个复合状态,包含"验证会员信息""收款"等串行子状态。在"读取商品信息"的过程中,从"扫描商品"状态转换到的另一个状态会导致控制流分叉,把关于"扫描商品"状态的信息传输到同步状态。这些信息会一直存储在同步状态中,直到"付款"过程中"验证会员信息"状态发生转换。这种转换将引发并发子状态的两个控制流的合并。

案例:

Michael继续分析Exquisite Gifts的精品实体店的自动收款售票系统。顾客直接在收款柜台支付时,由收款人员把顾客的会员号输入系统。

对于这种情况,为了确认需求,Michael绘制了会员通过柜台支付的状态图,如图9-12所示。这个状态机有"空闲""验证会员信息""打印商品信息"三种状态。在这些状态中,"验证信息"是一个子机引用状态,引用了"验证会员信息"。"验证会员信息"子机的状态如图9-13所示。子机中的"获取会员卡"和"验证失败"两个子状态在"验证信息"子机引用状态中均有一个存根。从简单状态"获取会员信息",可以引发从"验证信息"子机引用状态向子机的特定状态转换,以"验证失败"命名的存根则可用于退出子机,进入"取消"状态。

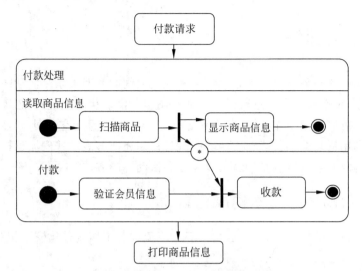

图 9-11 自动收款机支付状态及其转换

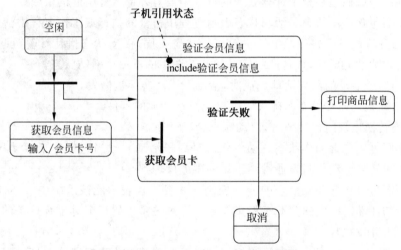

图 9-12 具有子机状态存根的子机引用状态

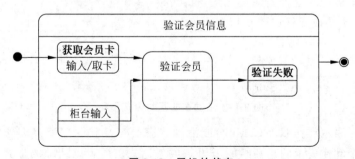

图 9-13 子机的状态

实践：

请识别 Edward Bank 的 ATM 系统提取现金的各种状态。建立一个状态图模拟客户提取现金时 Account 类的各种状态。

9.2 活动建模

状态图表示的是对象的状态和它对消息的反应之间的依赖关系。活动图表示的是活动之间的依赖关系,可以对状态图进行延伸。活动图包含活动状态,活动状态等待处理工作的完成。活动图也可以包含动作状态,动作状态是原子活动并且当它们处于活动状态时不允许发生转换。利用活动图不仅能够表达顺序流程控制还能够表达并发流程控制。本节介绍活动图的基本构成元素、可选构成元素,以及建立活动图的方法。

9.2.1 活动图的基本构成元素

活动图是一种特殊形式的状态机,用于对计算流程和工作流程建模。相对于状态图,活动图有以下一些特点:

- 活动图中的状态不是普通的对象状态,而是表示计算过程中所处的各种状态。
- 活动图一般假定在整个计算处理的过程中没有外部事件引起的中断。
- 活动图包含活动状态。活动状态表示过程中命令的执行或工作流程中活动的进行。
    - 与等待某一个事件发生的一般等待状态不同,活动状态等待计算处理工作的完成。当活动完成后,执行流程转入到活动图中的下一个活动状态。
    - 当一个活动的前导活动完成时,活动图中的转换被激发。
    - 活动状态通常没有明确表示出引起活动转换的事件。
    - 当转换出现闭包循环时,活动状态会异常终止。
- 活动图可以包含动作状态。动作状态是原子活动并且当它们处于活动状态时不允许发生转换。动作状态通常用于短的事务操作。
- 活动图可以包含并发流程的分叉控制。并发流程表示能被系统中的不同对象并发执行的活动。并发通常源于聚集关系。聚集关系中的每个对象有自己的流程,这些流程可并发执行。
- 活动图不仅能够表达顺序流程控制还能够表达并发流程控制。如果没有这一点,它就是一个传统的流程图。

活动图的基本构成元素如图 9-14 所示。

图 9-14 活动图的基本构成元素

- 圆边矩形表示动作状态(action)或活动状态(activity)。前者以动作的形式表示状态。一个动作表示的是一组原子语句或表达式。后者以活动的形式表示状态。一个活动表示的是一组动作,具有非原子特性。注意活动图中状态与对象图中状态的图符区别:对象图中状态表示为圆角矩形。
- 带箭头的直线表示转换(transition),是执行特定操作的控制流。
- 菱形表示判断(decision),是决定控制流路径的 if-else 或分支条件。

9.2.2 活动图的可选构成元素

1) 流(flow)

流表示两个动作或活动之间的关系,包括控制流和对象流。其中,控制流表示活动与其I/O对象之间的关系,用带箭头的实线描绘(可附带标签,添加完成整个活动过程中的角色);对象流表示操作与其对象之间的关系,用带箭头的虚线描绘。

可以使用分支和合并等元素对流进行建模。分支元素表示一组可选择的路径或一个判断,其流向取决于输入。可选择的路径用转换来描绘,转换的流入是分支元素,只有满足条件的一条路径被选择。每个转换标记一个守护条件以决定控制流的路径。用带有一个流入转换和若干标记有守护条件的流出转换的菱形来表示分支。合并元素表示若干可选择的路径的汇集,用带有若干流入转换和一个流出转换的菱形来表示。

在设置守护条件时,应注意:

- 每个离开分支元素的转换都有一个守护条件,确保考虑了 if 条件的所有判断点;
- 离开同一分支的转换的守护条件不能有重叠部分,如 $x \leqslant 0$ 与 $x \geqslant 0$ 作为守护条件,当 x 为 0 时,系统无法判断控制流的路径;
- 离开同一分支的转换的守护条件要构成一个完整集,如只有 $x<0$ 与 $x>0$,当 x 为 0 时,系统无法做出响应;
- 守护条件不要与活动中的变量有重叠部分,否则会影响活动的动作。

2) 分区(partition)

分区表示对负责调用特定操作的活动状态进行分组。活动图的基本元素关注的是过程的行为,而不是初始化该过程的对象。分区用于为活动状态创建逻辑组,使得每组代表一类特定的职责。用如图 9-15 所示的泳道符来描述分区及其流程。

图 9-15 泳道(Swimlane)

3) 信号(signal)

信号是对过程有影响且发生在过程之外的事件。例如,一个一直在屏幕上显示各种图形的屏保过程,在发生诸如鼠标单击事件时终止显示。这个鼠标单击事件就是一个信号。信号表示对象之间的单向异步通信。单向意味着信号接收者不需要回应,异步意味着信号接收者无法预先确定接收信号的时间。用带"<Signal>"关键字的类来声明信号,用类的属性来声明信号的参数。

信号之间可以有泛化关系,即一个信号由另一个信号派生而来。派生信号继承父信号的参数,与其父信号一样对活动有相同的影响。例如,用户输入信号可能来自鼠标或键盘,鼠标信号可进一步划分为鼠标移动和鼠标单击信号,其泛化关系如图 9-16 所示。

可以用凹五边形表示接收信号,用一个凸五边形表示发送信号,如图 9-17 所示。

4) 令牌(token)

令牌用于定位与执行有关的一系列步骤中的位置,使得可以根据信号和守护条件的值对活动图中执行的每个步骤进行追踪。在活动图中用圆点表示令牌,示例如图 9-18 所示。

令牌出现在哪个状态,就表示控制流到达了哪个状态。令牌由初始状态创建,然后传递给下一个活动状态,以标记流程的位置,该活动状态执行完毕后,令牌被再次转移到下一个活动状态,如此继续,直到终止状态。

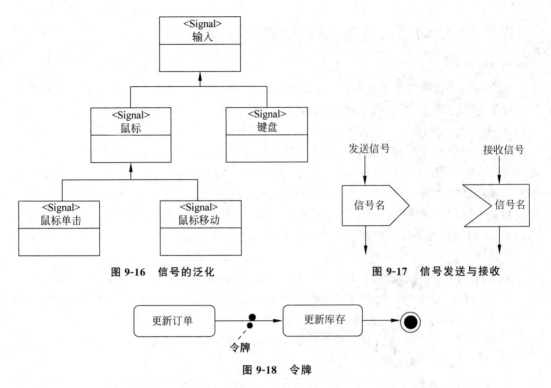

图 9-16　信号的泛化　　　　　图 9-17　信号发送与接收

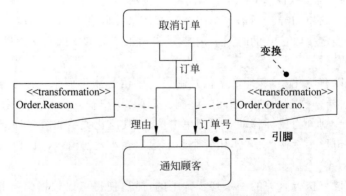

图 9-18　令牌

5) 引脚(pin)与变换(transformation)

用在动作状态上附加小矩形的形式来表示引脚。动作可以带有参数,该参数从一个动作状态流向另一个动作状态。活动状态的输入参数和输出参数用引脚表示。输出动作状态的输出参数的类型要与输入动作状态的输入参数的类型匹配,否则就要对输出动作的参数进行变换。变换就是把输出动作的输出参数的类型转变为输入动作所需的参数类型。变换经常需要对输出参数进行分解,以匹配另一个动作的输入参数。变换用"≪transformation≫"标识,后接转换名,转换名由一个输入参数和一个输出参数构成,两个参数用句点分隔,示例如图 9-19 所示。

图 9-19　带有引脚和变换的活动图

示例描述的是一个在线事务处理系统,表示通知客户某订单已被取消以及被取消的理由。其中,"取消订单"状态发送参数"订单"给"通知顾客"状态,"订单"参数被变换为"理由"和"订单号"两个参数。

6）扩展区（expansion region）

扩展区可以用来表示对一批数据的循环处理。在循环体中指定一组对输入数据进行处理的动作。执行这些动作会产生对应的输出。输入与输出数据的类型相同。扩展区具有过滤功能，输出值的数量一般等于或少于输入值的数量。

扩展区的实现模式有并发（concurrent）、迭代（iterative）、流动（stream）等。其中，并发是默认模式，表示独立而并行地处理每个输入值；迭代表示按输入值进入扩展区的顺序处理每个输入值；流动表示随机处理每个输入值，即所有输入值同时进入扩展区，扩展区中的动作随机地对输入值进行处理。

扩展区可以用虚线矩形框表示，输入和输出用引脚表示，实现模式用双尖括号括起来并写在扩展区左上角。

例如，如图 9-20 所示的在线销售信息系统中，用了一个扩展区来表示并发处理每个输入商品。商品 ID 清单传给扩展区作为输入。动作状态"商品折扣计算""商品净利润计算"用于计算每个商品的实际报价。商品报价清单作为扩展区的输出传给用于计算账单费用的活动状态"账单费用计算"。

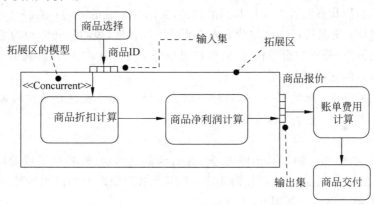

图 9-20　带有扩展区的活动图

7）流终点（flow final）

流终点用于对一个流的终点进行建模。例如，发生异常时终止某特定的流。流终点指没有任何流出转换的动作状态。它表示某个特定流的终点，但并不表示一个活动的终点。流终点用带叉的圆表示。

例如，在如图 9-21 所示的在线销售信息系统中，顾客订购了五种商品，销售部门检查库存是否有这些商品。如果检查到第五种时没有该商品，系统就会取消该订单。这个检查流程会终止于第五种产品，但活动仍在进行，接着处理其他输入元素。由于输出项可以比输入项少，因此扩展区具有过滤功能。

9.2.3　建立活动图

可以按如下步骤和注意事项建立活动图：
- 确定活动图的范围，例如一个用例、用例的一部分、一组用例或类的一个操作等需要建模的过程。
- 绘制初始状态与终止状态。

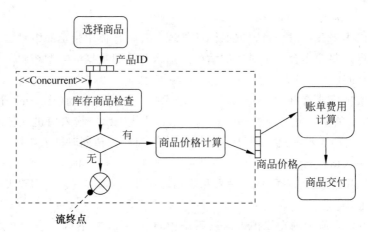

图 9-21 带有流终点的活动图

- 绘制动作状态与对象状态。识别处理某个活动中的参与者引发的动作和子活动。
- 绘制动作或子活动之间的转换。识别首个要执行的动作状态。
- 绘制从初始状态向首个动作状态的转换,展示控制流的方向;绘制其他动作状态的所有转换;绘制从最末动作状态向终止状态的转换,表明流和活动的终结。
- 绘制决策点、分支和合并构件,对转换进行分组与合并,表明流方向的变化。为转换标注各自的守护条件。
- 识别流的终点;确定那些可以在活动终止前终结的流,把这些流建模为流终点。
- 确定并发动作,用分叉和连接对它们进行建模。

案例:

对于 Exquisite Gifts 的精品实体店,Michael 绘制了活动图,模拟了接受顾客付款及维护库存过程的控制流,以向分店店长确认业务流程及各对象之间的协同情况。

Michael 绘制的活动图如图 9-22 所示。

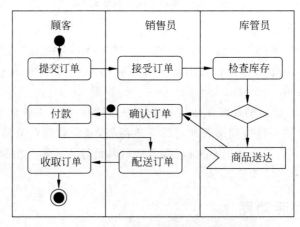

图 9-22 在线销售信息系统的活动流程

实践:

请创建一个活动图,模拟从 Edward Bank 的 ATM 机器取现金的过程:银行发行具有唯一编号的 ATM 卡;银行客户将 ATM 卡插入读卡机并输入八位数的身份识别码以便进行验证和交易授权；如果身份识别码不正确，ATM 提示身份不正确；银行有两种类型的银行客户账号：储蓄账户与活期账户；银行客户必须选择一种账户类型；银行客户输入提取的金额；如果余额大于或等于提取金额，则现金派发器提供现金，否则提示客户余额不足。

注：ATM 系统验证信用卡的过程应该独立出来。

9.3 交互建模

视频讲解

在任何有意义的系统中，对象都不是孤立存在的，它们相互之间通过传递消息进行交互。交互是对象协作中的一个消息集合，这些消息被对象通过关联进行交换。消息序列可以用强调消息时间顺序的顺序图和强调交换消息的对象间关系的协作图来表示。本节介绍顺序图和协作图的基本构成元素，以及建立顺序图和协作图的方法。

9.3.1 建立顺序图

顺序图用于描绘按时间排序的消息的控制流，包括对象、消息、激活框、生命线等构成元素，各元素及其图符如图 9-23 所示。其中，消息用对象之间的箭头表示；激活框是一条垂直的矩形条，表示一个对象完成一项任务所需要的时间；生命线是一条垂直的虚线，表示一个对象存在的时间。

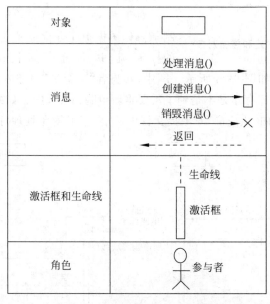

图 9-23 顺序图的基本构成元素

顺序图将对象的交互关系表示为一个二维图：纵向是时间轴，时间沿竖线向下延伸，横向是协作中的独立对象。启动交互的对象放在最左端，其他对象按消息出现的顺序依次向右边排列，对象在交互过程中接收/发送的消息沿纵轴按时间顺序向下排列。示例如图 9-24 所示。

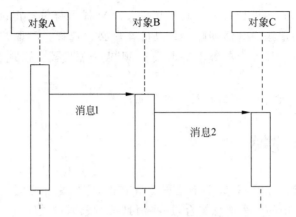

图 9-24 顺序图中的对象及消息的分布

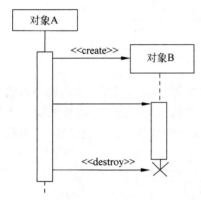

图 9-25 顺序图中的创建和撤销对象

可以用顺序图描绘对象的创建和撤销,如图 9-25 所示。

消息标签的格式为:Sequence Iteration [Guard]:name (parameters)。其中,Sequence 表示调用消息的顺序;Iteration 为 * 号表示循环调用消息;Guard 表示是否调用消息的条件;name 表示要调用的操作;parameters 表示参数。

案例:

对于 Exquisite Gifts 的精品实体店,Michael 绘制了协作图模拟库存商品不足时启动重新申购过程的控制流,以向分店店长确认这一业务过程。Michael 绘制的顺序图如图 9-26 所示。图中,参与者"库管员"对象发起商品库存余量检查;"商品"对象检查自身的库存量是不是到了需要重新申购的警戒线。如果达到就创建一个新订单(对象);"订单"对象向"供应商"对象提交订单;"供应商"对象处理订单并返回处理结果。

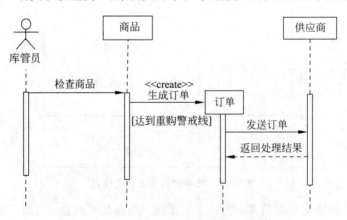

图 9-26 库存商品不足时的重新申购过程

实践:

为 Edward Bank 的 ATM 系统的现金取款过程建立顺序图。

9.3.2 建立协作图

与人类社会一样,协作描述的也是为了实现某种目的而相互合作的"对象社会",即协作是指在一定环境中一组对象之间的相互作用。协作必然涉及对象"扮演"的角色,角色用于说明协作中的对象或相互作用的目的。角色分为类角色和连结角色两种。前者是对参与协作的对象本身的描述;后者是对对象之间的关系的描述。这两种角色只有在特定环境中才有意义。

协作包括结构和行为两方面。前者与静态视图相似,包含一组角色和角色之间的关系,这些关系确定了行为方面的内容。后者是一个消息集合,这些消息在"扮演"某种角色的对象之间传递。这种消息集合叫作交互。一个协作可以有多个交互,每个交互描述一系列消息,协作对象为了达到某种目标交换这些消息。

与状态机的描述范围局限性和描述层次较深相比,协作不受限制但描述层次较浅。它描述的是"对象社会"中相互发送消息的整体行为。它统一了计算过程涉及的数据结构、控制流和数据流。

协作图包含类角色和连结角色。类角色和连结角色描述了对象的配置和协作实例执行时可能出现的连接。协作被实例化时,对象受限于类角色,对象连接受限于连结角色。协作对象可以分为存在于整个交互作用中的对象、在交互作用中创建的对象、在交互作用中销毁的对象、在交互作用中创建并销毁的对象这四种。在设计时,可以先描述操作开始时可得到的对象和连接,再决定控制如何流向图中正确的对象去实现操作。

与顺序图一样,协作图也表示出了对象之间的交互作用。但是,两者的侧重点不同:
- 顺序图对交互作用中的时间顺序进行了清楚的表示,而协作图没有(可以加顺序号)。
- 顺序图没有明确表示对象之间的关系,而协作图有。
- 顺序图展示的是发生事件的顺序,协作图展示的则是对象是如何连接的。
- 顺序图常用于表示方案,协作图则用于过程的详细设计。

总之,协作图结合了类、顺序图和用例图的信息,按照已排序的消息对对象之间的交互进行建模,体现了一个系统的静态结构和动态行为。

要绘制协作图,可以先识别协作中的对象,把这些对象表示为图形的顶点,再用直线或弧线把有关系的顶点连接起来,对象通过这些连接线发出和接收消息。可以在协作图中为消息进行编号,顺序号作为前缀放在消息的前面,标明消息的时间顺序,如图 9-27 所示。

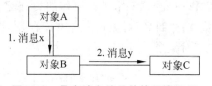

图 9-27 具有消息编号的协作图示例

一条消息就是对象之间的一次通信,对象把信息传递到另一个对象,以开启下一个活动。各种常见消息及其图符如表 9-1 所示。

表 9-1 常见消息及其图符

消 息 种 类	作 用	图 符
调用(Call)消息	设置调用对象的方法	Method()

续表

消息种类	作　用	图　符
返回(Return)消息	返回调用方法的值	ReturnRoute
发送(Send)消息	发送消息到对象	send()
创建(Create)消息	创建对象	<create>
撤销(Destroy)消息	撤销对象	<destroy>

建立协作图有两个重要的步骤。一个是识别协作中的角色，并把角色放置在协作图中。协作图中角色称为占位符。在协作图的实例执行时，占位符填入对象和连接。注意，角色主要用于描述一个类的对象在执行期的职责及其关系。另一个是把职责分配到类，以确保系统满足必要的功能。职责由类的方法实现，即类中有供其他对象调用的方法。一个类可以实现整个职责，也可以与其他类协作实现一个职责。例如，销售信息系统可以把"处理订单"职责分配给多个类："顾客"类有提交订单的职责，其 submitOrder() 方法实现这一职责；"订单"类有审核订单的职责，其 checkOrder() 方法实现这一职责；"仓库"类有保存订单的职责，其 storeOrder() 方法实现这一职责。因此，"处理订单"的协作者是"顾客"类、"订单"类和"仓库"类。可以利用 CRC 卡识别类及其职责及协作类，如图 9-28 所示。其中，"顾客"是类名，下列其职责和协作类；"订单"类协助"顾客"类实现"审核订单"的职责。

顾客	
职责	协作者
维护顾客数据 浏览商品 提交订单 打印清单	订单类

图 9-28　CRC 卡示例

案例：

对于 Exquisite Gifts 的精品实体店，Michael 绘制了协作图模拟库存商品不足时启动重新申购过程的控制流，以向分店店长确认这一业务过程。Michael 绘制的协作图如图 9-29 所示。这个协作图描述了履行商品申购职责的所有对象。在图中，Michael 为"商品""订单""供应商"这三个进行协作的类分配了商品申购的职责。参与者库管员发起库存商品不足检查；"商品"对象负责检查库存，存量不足时生成订单；"订单"对象负责提交订单；"供应商"对象负责处理订单。

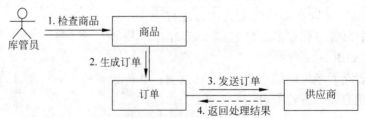

图 9-29　库存商品不足时的重新申购过程

实践：

为 Edward Bank 的 ATM 系统的现金取款过程建立协作图。

附录 A

关于创建DFD的补充资料

CHAPTER A

1. 创建 DFD 的过程

1) 决定系统的范围并识别所有的外部实体

要创建 DFD，首先就要决定系统的范围。范围决定后，就可以区分系统的内部与外部。处于范围之外的实体就是"外部实体"，系统的内部可以从外部实体接收数据或把数据发送到外部实体。例如，如果系统 A 要使用另一个系统 B 的某个文件 X，则 X 就不属于 A，而是 A 的一个外部实体。

2) 识别系统的所有输入和输出

在确定了系统的范围和所有的外部实体后，开始识别从这些外部实体流向系统的所有数据和从系统流向这些外部实体的所有数据，也就是待开发的系统的输入项和输出项。

3) 填入 DFD 的主体

确定系统的输入输出后，开始识别把这些输入变换为那些输出的"处理"功能。对数据流向进行检查，在发生数据变换的地方增加一个处理，在需要存储数据的地方增加"数据存储"表示各数据库。

4) 标记所有数据流

数据流的标记（或命名）非常重要，它会对 DFD 的可读性和文档的准确性等产生很大的影响。因此，数据流的标记应准确传达数据流表示的数据流向和内容。无法命名的数据流可能本身就不是数据流。通常来说，每个数据流都应该标记，且尽量不要用数据或信息的名称来标记数据流。

5) 依据输入项和输出项对处理进行标记

对处理的标记也很重要，应该能够准确传达对收发数据的处理过程。一般用动名词词组对处理进行标记，避免使用"处理""操作"等词汇。如果出现无法标记的处理，就需要重新划分或分解系统。应充分利用"数据守恒原理"进行系统分解或划分，即流入和流出一个处理的数据不会丢失或被添加。

6) 避免处理没有什么价值的细节

借助 DFD，分析师构想整个系统并获得了系统的大致情况后，要尽量避免陷入无价值的烦琐细节中。例如，对于经济上并不重要、出现的可能性很低、与用户无关的事情，暂时不予考虑。

7) 不要描绘控制流

数据流中不要出现控制信号。如果数据流中的信息用于开启一个处理过程且没有被处理修改，它就是一个控制流。例如，如图 A-1 所示的模型描绘了一个控制流。其中，"开始计算"就是一个控制流。它表示开始"计算税收"处理，但没有携带任何需要处理的数据。

8) 指向数据存储的箭头

数据存储以某种方式用数据流的内容进行修改，要对数据存储的输入进行描绘。图 A-2 表示"修改职员"处理更新了"职员"数据存储。

图 A-1 控制流　　　　　　图 A-2 连接数据中心的箭头的方向

9) 访问数据存储

一个处理从数据存储读取数据,要对数据存储的输出进行描绘。图 A-3 中表示"计算工资"处理从"职员"数据存储获取的数据。

如果一个处理既从某个数据存储读取数据进行处理,处理后又会把结果输出到该数据存储,则处理与数据存储之间的数据流是双向的。

2. 复审 DFD 的要点

(1)"处理"是否与某用户期望系统实现的主要功能相对应? 如果不对应,应该考虑该功能是否必要。

(2) 各级 DFD 的分解是否保持平衡? 如果不平衡,应该进行调整。

(3) 是否还有可以合并的"处理"? 如果有,应该考虑对它们进行合并。

(4) 是否存在没有被不止一个"处理"所共享的"数据存储"? 如果存在,就删除该数据存储。

(5) 是否存在从"数据存储"到其他"数据存储"的连线? 如果有,要考虑在它们之间增加"处理"。因为"数据存储"之间无法直接通信。

(6) 是否存在从"数据存储"到"实体"的连线? 如果有,要考虑在它们之间增加"处理"。因为以内部格式维护数据的"数据存储"与代表外部系统或人的"实体"之间无法直接通信。

(7) 是否存在从"实体"到"实体"的连线? 如果有,要考虑在它们之间增加"处理"。因为"实体"之间的直接通信与要开发的系统无关(即表示无须实现相关的系统功能)。

(8) 是否存在"黑洞"? 黑洞是指不产生输出的"处理"。通常来说,一个"处理"总是要对输入数据进行处理并以某种形式产生输出。输入数据不产生任何输出就像消失在一个黑洞中一样,表示数据流缺失或不完整。

(9) 是否存在"白洞"? 白洞是指没有任何输入却能产生输出的"处理"。通常来说,如果一个"处理"产生了输出,那么之前就一定有输入。白洞也被称作"神迹"。

(10) 是否存在对系统难以理解的模型? 例如,如图 A-4 所示的模型就难以理解,无法判断它是对库存控制系统、财务系统还是其他什么系统建模。这类模型没有明显的错误,但仍然有问题。如果模型产生的输出与输入无关,也属于这一类问题,需要进行处理。

图 A-3　访问数据中心　　　　　　　图 A-4　难以理解的模型

附录 B

关于创建E-R图的补充资料

1. E-R图由实体、关系、属性组成

实体是诸如学生、课程、教材等概念或活动,图符是含实体名称的矩形,如图 B-1 所示。

图 B-1　实体

要注意实体类型和实体实例的区别。前者是享有共同性质的事物的集合,如学生、课程、教材等;后者是具体的个体、事物或对象,如张三、"管理信息系统"等。

实体类型有依赖实体(也称为弱实体)和独立实体(不受其他实体的存在的影响,也称为常规实体)。依赖实体指某实体的存在取决于其他实体的存在。例如,对于实体类型"开课"来说,具有相同代码的"课程"可以开设在不同的学期和校区,说明"开课"的存在取决于"课程"的存在。X 的存在取决于 Y 的存在的条件是在 X 存在之前 Y 必须存在一个实例、Y 终止并退出 X 也必须终止并退出。例如,只有程序设计实例已经存在,才能开设"程序设计"课程;如果从教学方案中删除程序设计实例,就必须终止开设此课程。依赖实体用双线矩形框表示,并用线连接到被它依赖的实体,如图 B-2 所示。

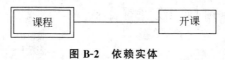

图 B-2　依赖实体

关系就是实体之间的关联,图符是含有关系名称的菱形。例如,学生与教师之间存在"教"的关系,如图 B-3 所示。

图 B-3　关系

要注意关系类型与关系实例的区别。前者是实体类型之间的关联,如教师—学生;后者是实体实例之间的关联,张三和李四。

关系类型可以与实体本身关联。例如,职员之间的婚姻关系,如图 B-4 所示。

实体之间可以有多种关系,如图 B-5 所示。

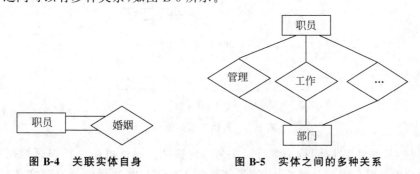

图 B-4　关联实体自身　　　　图 B-5　实体之间的多种关系

如果限定一个教师只能教一个学生,一个学生只能由一个老师教,则教师和学生之间是一种一对一的关系,如图 B-6 所示。

图 B-6　一对一的关系

如果限定一个教师能教多个学生,一个学生只能由一个老师教,则教师和学生之间是一种一对多的关系,如图 B-7 所示。

图 B-7　一对多的关系

如果限定一个教师能教多个学生,一个学生能由多个老师教,则教师和学生之间是一种多对多的关系,如图 B-8 所示。

图 B-8　多对多的关系

关系的类型还可以用如图 B-9 所示进行表示。

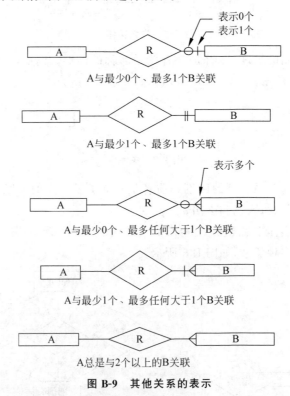

图 B-9　其他关系的表示

属性就是实体的特性,图符是含有属性名称的椭圆。属性可用于标识属性拥有者实体(这种属性称为主键)、引用其他实体(这种属性称为外键)、描述属性拥有者实体。其中,主键属性是能唯一确定一个实体实例的属性,图符中属性名称带有下画线;外键表示实体之间的关系,即一个实体的外键对应另一个实体的主键,以此把两个实体关联起来。另外,关系也可以有属性。

同样要注意属性类型和属性实例的区别。前者指一个实体类型的特性,如"性别";后者指一个实体实例的特定特性,如"男"。

例如,一个"学生"实体有"学号""身份证号""姓名""性别""住址""专业"等属性。其中,"学号"可以唯一地标识每个学生实例,是主键属性,如图 B-10 所示。

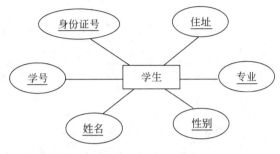

图 B-10 学生的属性

2. 将 E-R 图映射到数据表

可以把 E-R 图映射到关系数据库中的一组数据表。E-R 图中的独立实体是关系数据库的构造块,每个独立实体映射到一个数据表。

关系数据库管理系统通过值来对行进行识别和定位(即关联寻址),这就是能唯一标识表的行的键,包括主键、外键、候选键、可替键。其中,候选键是任何可以作为主键的属性或属性组;非主键的候选键称为可替键。主键不允许为"空"。这个"空"不是用空格键输入的空格值,而是表示"无"任何东西(包括空格)的"空无",用"NULL"表示,即主键不允许取 NULL 这个值(如果主键可以为 NULL 值,就难以表示包含主键取 NULL 值的行)。可替键可以取 NULL 值。

例如,一个学生花名册如表 B-1 所示。其中,学号和身份证号在每行(在数据库的数据表中称为记录)都是唯一的。因此,学号和身份证号都是候选键。如果把学号选为主键,则身份证号就是可替键。也就是说,身份证号也可以被选为主键。不过,一旦把身份证号选为主键,该列就不能出现 NULL 值。

表 B-1 学生花名册

学　号	身份证号	姓　名	性　别	住　址	专　业
202201	123606	张三	男	四川成都	信息管理与信息系统
202202	NULL	NULL	女	北京五环	软件工程
202203	456310	王五	男	上海外滩	NULL
⋮	⋮	⋮	⋮	⋮	⋮

对照图 B-10 和表 B-1,可以直观看出,E-R 图中的每个属性(椭圆)都可以映射到一个相应表中的一个属性(列,也称为字段或域)。

实体的属性也可以是实体。例如,"住址"可以作为实体而具有"省""市""区""街道"等属性,图 B-10 可以变成如图 B-11 所示的关系。

在关系数据库中,通过连接运算可以把若干数据表结合起来检索其中的信息,因此要求

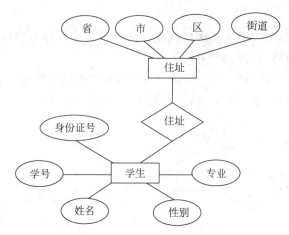

图 B-11　分解属性为另一个实体

对来自现实世界的信息用优化的方式进行存取(例如,使得数据库中的数据冗余尽量少)。E-R 图中关系类型的不同会导致与数据表的映射方式存在差异。例如,如果对"教师"与"学生"的关系加以限制(如图 B-6、B-7、B-8 所示的三种类型),就会映射出不同的关系数据表。在一对一的情况下,设计一张"教师—学生"表即可("教"的关系体现在同一张表中),每行以教师的"工号"属性和学生的"学号"属性组合为主键。在一对多的情况下,需要设计"教师""学生"两张表。其中,教师表以"工号"做主键,学生表以"学号"为主键,再在教师表中加一列"学号"作为外键以体现"教"的关系。在多对多的情况下,除了设计以"工号"为主键的教师表和以"学号"为主键的学生表外,还得再设计一张独立的数据表来体现"教"的关系。该数据表至少含有"工号"和"学号"这两个属性(还可以有诸如所教课程的学分、成绩等属性)。其中,"工号"为外键(与教师表关联)、"学号"也是外键(与学生表关联),两者组合为主键,可以唯一地识别一行教学记录。所以,两个实体的关系映射为数据表,一对一关系可转换为一张表,一对多关系可以转换为两张表,多对多关系可以映射为三张表。当然,映射为多张表时要注意主键和外键的设置问题。再如,在现实世界中,一个客户可以采购多种产品,一种产品可以被多个客户采购。客户和产品种类之间的"采购"是多对多的关系,可以具有采购"日期"等特殊属性。显然,在转换为数据表时,除了"客户"表、"产品种类"表,还需要一张"采购"表。该表必须含有"客户"表和"产品种类"表的主键。假定商家想了解某客户采购了什么产品及其采购日期,就可以通过使用采购表的外键实现查询。

注意,弱实体与它所依赖的实体之间通常是多对一的关系。这种关系的主键可以是它所依赖的实体的属性与另一个属性的结合。当然也可以专门增加一个新的属性来创建一个主键。

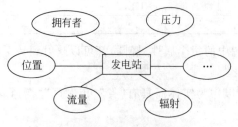

图 B-12　发电站的属性

下面来看看一个关于分化的例子。一个"发电站"实体,具有"拥有者""位置""流量""辐射""压力"等属性,如图 B-12 所示。

显然,有的属性并不适合所有的"发电站"实例。例如,"压力"只适用于蒸汽式发电站,那么在发电站数据表中所有非蒸汽式发电站的"压力"列就只能存储 NULL 值。

因此，有必要对实体进行分解，用子实体代替可选属性。这种操作被称为分化。分化是用较高级实体组的子集形成一个较低级的实体集。例如，可以把"发电站"这个较高级的实体分解为"水力式""蒸汽式""核式"发电站等较低级实体集。分化结果如图 B-13 所示。

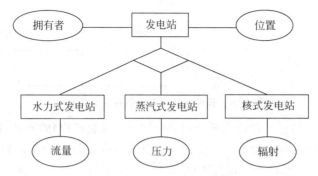

图 B-13　发电站实体的分化

假如有"储蓄账户"和"现金账户"两个实体，如图 B-14 所示。

图 B-14　储蓄账户与现金账户及其属性

显然，在这两个实体中，有的属性是各自特有的，有的属性则是两者共有的。把它们的共有部分提取出来可以形成一个级别更高的实体"账户"。这种操作与分化对应，可称为泛化，即泛化是通过联合两个或多个低级实体集从而产生一个高级实体集来实现的，如图 B-15 所示。

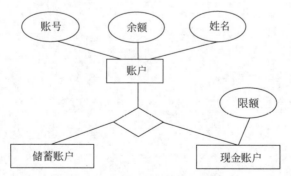

图 B-15　实体的泛化示例

泛化是分化的逆过程。在泛化中，每个高级实体都要有低级实体，分化则没有这种约束。例如，账户要么是储蓄账户，要么是现金账户，两者必居其一；发电站就不一定是水力式、蒸汽式或核式了。

这样的子类型和超类型如何映射到数据表呢？可以把每个实体映射到一个单独的表，如图 B-16 所示。

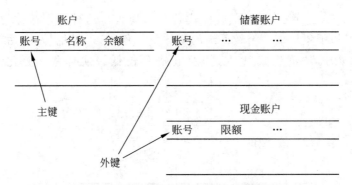

图 B-16　超类型与子类型到数据表的映射

将超类型(账户)的主键设计为子类型(储蓄账户、现金账户)的外键,就可以在两者之间建立关联。子类型的外键可以作为其主键。账户表可以设计一个编码属性来指示子类型,如用 S 表示储蓄账户,用 C 表示现金账户。

附录 C 系统需求说明书示例

1. 引言

完全理解软件需求对软件开发工作的成败至关重要。需求说明的任务是发现、规范的过程，有利于提高软件开发过程的能见度，便于对软件开发过程的控制与管理，便于采用工程方法开发软件以提高软件质量，便于开发人员、维护人员、管理人员之间的交流和协作，可以作为工作成果的原始依据，向潜在用户传递软件功能和性能需求，使他们能够判断该软件是否与其需求相关。

1.1 编写目的

1.1.1 为开发人员、维护人员、客户之间提供共同协议建立基准线，对软件功能的实现作使命描述。

1.1.2 预期读者为客户、业务或需求分析人员、测试人员、用户文档编写者、项目管理人员。

1.2 背景

1.2.1 工程名称：呼叫中心自动生成系统开发

1.2.2 工程产品名称：CCAGS

1.2.3 工程组织者：

　　　产品生产者：

　　　产品设计者：

1.2.4 产品的所有权：

1.3 定义

呼叫中心：是 CTI（计算机电话集成）技术成功应用的受人关注的热点，是指以电话接入为主的呼叫响应中心，为客户提供一种新型的专业化服务，由一组受过专业训练的人员处理客户来电。客户来电经 IVR（自动语音应答）引导或在客户的主叫号码被识别后，客户可直接选择自动应答服务或转到最适合服务的人工座席。当座席业务代表拿起电话时，计算机屏幕上已经弹出客户的背景资料和历史服务信息，这样座席就能提供友好而专业的服务。

CCAGS：是以企业客户服务部门为基本元素的、用程序自动生成方式来实现其呼叫中心系统的辅助开发软件。

……

模块独立性：是指软件系统中每个模块只涉及软件要求的具体子功能，与软件系统中其他模块的接口很简单。

1.4 参考资料

（略）

2. 任务概述

2.1 目标

旨在使企业客户关系管理的语音服务功能软件能自动或半自动地生成，以简化程序设计，节省企业客户关系管理方面的不必要的资源浪费。软件的最终用户是为企业的客户关系管理提供语音功能系统的开发人员或一般业务人员。

2.1.1 开发意图

中小企业在日常客户服务工作中采用人工服务，存在大量的浪费，难以保证服务质量。随着科学技术的进步，计算机网络和电信网络得到了充分的发展，出现了呼叫中心。几乎所有传统的电信服务都可在呼叫中心得到成功的应用。但是由于呼叫中心的性能要求苛刻，价格高，特别是 IVR 软件的开发需要专业开发人员等原因，一般中小型企业与企事业单位要创建一套自己的客户语音服务非常困难。怎样使 IVR 软件系统能自动生成，同时能解决呼叫中心的分布式组建并降低开发运行成本，是运用 CTI 技术难以解决的问题。分布式技术、组件化思想的飞速发展与成熟，为这个问题提供了解决方案。如果软件系统能根据普通开发人员甚至一般业务人员设置的企业元数据（数据库表结构、菜单结构等）自动生成相关的程序，就可以充分降低开发成本、加快开发进度、提高软件质量。

2.1.2 应用目标

IVR 自动生成软件将解决企业 IVR 开发人员编程困难、工作烦琐等问题，实现程序生成的自动化，成为软件开发人员的得力助手或一般业务人员的 IVR 生成工具。

2.1.3 作用及范围

中小企业和事业单位的客户关系管理比较落后，服务质量和意识都较差。IVR 是为中小企业和事业单位的客户关系服务的，能使中小企业和事业单位的客户服务从人力化向数字化发展，使客户关系管理人员思想上向数字化转变，从而提高客户服务质量。CCAGS 的目标系统就是这样的基于 IVR 的客户服务系统，能辅助软件开发人员进行相关开发或根据业务人员的设置自动生成目标系统。

2.1.4 背景

CCAGS 以企业元数据为开发语言，各程序以组件的形式自动生成。

2.2 产品描述

开发语言核心为 Object Pascal 语言，具体由 Delphi 组件编程和 Access 数据库技术相结合开发而成。产品面向企业软件开发人员，易懂好学，帮助软件开发人员从手工编程向自动化、简易化转变。

2.2.1 相关关系

CCAGS 是一项独立的软件,全部内容自含。

2.2.2 子集说明

CCAGS 由十个模块组成,每个模块有不同的功能,包括数据表结构的设置、数据库表的创建、实体组件代码和接口代码的生成、用户操作界面的生成、目标系统菜单结构的设置、系统主控界面代码的生成、系统登录、用户管理、代码管理等。数据表结构、菜单结构的元数据及用户登录、用户管理、代码管理等均用组件技术实现。各模块的数据都存放在数据库中。数据的调用和连接都由组件来完成。硬件外部设备用普通 PC 机,内存大小为 1GB 以上。

2.3 产品功能

2.3.1 外部功能

CCAGS 的外部功能包括主控界面、数据表操作等可视化窗口。包括设置数据表和数据字段,创建数据表,生成组件和接口代码,生成用户操作界面代码,设置菜单结构,生成主控界面,设置用户和代码等。

2.3.2 内部功能

CCAGS 的内部功能包括提取元数据,根据目标系统原型分别生成用户层的界面代码、中间层的组件代码并创建数据层的数据库,过滤、定位、使用数据库等。

2.3.3 功能表

CCAGS 要实现的功能如表 C-1 所示。

表 C-1 功能表

名 称	外 部 功 能	内 部 功 能
用户程序员	通过可视化窗口,设置数据表和数据字段,创建数据表,生成组件和接口代码,生成用户操作界面代码,设置菜单结构,生成主控界面,设置用户和代码	提取元数据,根据目标系统原型分别生成用户层的界面代码、中间层的组件代码并创建数据层的数据库

2.3.4 功能表述图

CCAGS 要实现的功能的表述如图 C-1 所示。

2.4 用户的特点

由于 CCAGS 的辅助工具性特点,其用户既可以是拥有一定编程能力的软件开发人员

(需求分析人员、软件设计人员、普通程序员),也可以是不具备编程技术的业务人员(软件项目经理、业务负责人等)。这些人员应具备一定的计算机基础知识。他们使用 CCAGS 作为辅助工具进行基于组件的软件开发。例如,设置菜单结构自动生成目标系统的原型代码,设置数据库表结构,自动创建数据表、生成对应的实体组件代码、用户操作界面代码等,都能帮助开发人员大幅度缩短开发时间、提高软件质量并降低开发成本。

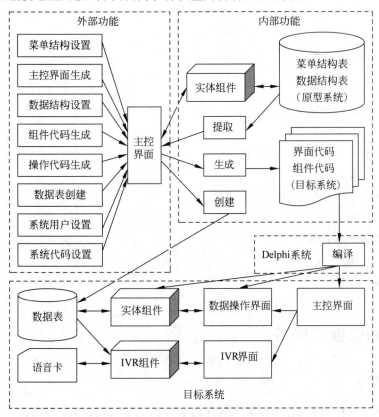

图 C-1 功能模块及其关系

2.5 假定和约束

CCAGS 在开发的过程中,分为技术实现与软件工程两大部分,两部分各有侧重点。若技术支持出现故障或疑难问题无法解决、程序开发出现偏差,会延误工程进度,影响工程的按期完工。如果需求陈述出现问题,部分描述含混不清,会影响系统的完整性与可继承性。在管理方面,如管理者没有预见性,对出现的问题无法采用可行的解决手段,都会影响开发模块之间的互动,从而影响工程的顺利开展,导致工程无法按期完工。

一般约束为:

a. 开发人员 1 人,测试人员 2 人,文档编写人员 1 人。

b. 配置 1GB 大小内存的计算机。

c. 在管理方针、并行操作、安全与保密方面无约束。

d. 开发经费不超过 20 万元。

e. 开发期限为 1 年。

3. 需求规定

3.1 对功能的规定

……

3.1.11 代码生成

3.1.11.1 规格说明

代码生成的规格如图 C-2 所示。

3.1.11.2 引言

根据提取的元数据生成代码文件。

3.1.11.3 输入

已经提取出来的目标系统的元数据。

3.1.11.4 加工

根据元数据生成相关代码。

3.1.11.5 输出

相关的代码文件。

……

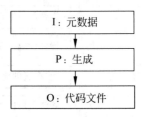

图 C-2 代码生成规格

3.2 对性能的规定

3.2.1 精度

在向数据库文件提取数据时，要求数据记录定位准确，在向数据库文件中添加数据时，要求输入数据准确。

3.2.2 时间特性要求

a. 响应时间应在人的感觉和视觉事件范围内。
b. 随着 CCAGS 的版本升级，目标应用系统将相应地进行更新。
c. 语音拨号和应答时间应在人的感觉和听觉事件范围内。

3.2.3 灵活性

当目标系统需求发生变化时，应用 CCAGS 的操作方式、运行环境基本不会发生变化。但随着业务的变更，数据结构却可能发生较大变化。CCAGS 可根据这些变化全部重新生成目标系统或对原目标系统进行组件替换、升级和更新。

3.3 输入输出要求

……

3.3.4 代码表结构

代码类别：文本数据，由英文字母和数字组成，最多 4 个字符。
代码编号：文本数据，由英文字母和数字组成，最多 15 个字符。
代码名称：文本数据，由汉字或英文字母和数字组成，最多 40 个字符。
代码特征：文本数据，由汉字或英文字母和数字组成，最多 20 个字符。
代码注释：文本数据，由汉字或英文字母和数字组成，最多 30 个字符。
……

3.3.6 目标系统业务数据表

根据用户在 CCAGS 设置的业务元数据，在目标系统的数据库中创建对应的业务数据表。业务数据表的数据结构为用户设定的格式。为了简化设计，CCAGS 假定用户设定数据的类型只有文本和整数两种，输入方式只有文本框和下拉列表两种。

3.3.7 目标系统的主控界面代码

目标系统的主控界面代码由 CCAGS 根据菜单元数据自动生成。其格式符合 Delphi 的文件格式，包括 DPR 和 PAS 两种格式。该代码中含有对数据操作界面的创建和调用代码。

3.3.8 目标系统的数据操作界面代码

目标系统的主控界面代码由 CCAGS 根据业务元数据自动生成。其格式符合 Delphi 的文件格式，包括 DPR 和 PAS 两种格式。该代码中含有对中间层组件的创建及对其方法的调用代码。

3.3.9 目标系统的实体组件代码

目标系统的主控界面代码由 CCAGS 根据业务元数据自动生成。其格式符合 Delphi 的文件格式，只有 PAS 格式，编译后生成 DLL 文件，与目标系统一起发布。该代码中含有对数据层数据的操作和控制代码。

3.3.10 目标系统

目标系统为可用的基于 IVR 组件的呼叫中心应用软件。包括用户层的可运行文件、中间层的 DLL 组件文件、已创建了业务数据表的数据库文件及其他辅助文件。该系统可以作为原型继续扩展其功能，也可以作为一般的呼叫中心系统直接使用。

3.4 数据管理能力要求

目标系统应用软件原型占用约 10MB 空间，包括用户层可执行代码文件、中间层组件文件、数据层数据库文件及其他辅助文件。业务数据库应能满足中小企业和事业单位的一般需求。由于 CCAGS 的辅助工具特性，没有特别的数据管理能力要求。用一般的 Access 数据库即可。

3.5 故障处理要求

（略）

3.6 其他专门要求

要求使用方便，生成的代码可维护、可补充、易读、可靠。

4. 运行环境规定

4.1 设备

a. 配置大小为 1GB 以上内存的 PC。
b. 鼠标。
c. 容量不少于 50GB 的硬盘空间。
d. 高分辨率显示器。
e. Windows 10 中文版或更高。
f. 普通激光打印机，能连接到互联网。

4.2 支持软件

CCAGS 采用 Object Pascal 语言编写，编辑、编译、连接、测试的平台为 Delphi，版本号为 7.0 及以上。数据库管理系统为 Access2000 及以上。

4.3 接口

CCAGS 使用的数据库为 Microsoft 的 Access 格式，需要其数据库引擎。

4.4 控制

CCAGS 的展示界面由主控窗口与数据操作窗口嵌套而成。窗口操作通过菜单项或按钮控制，不同的菜单项或按钮进行不同的操作以实现不同的功能。

4.5 附录

a. 输入输出格式样本采用 IPO 表，逐项定量叙述对 CCAGS 提出的功能需求，如图 C-3 所示。

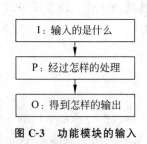

图 C-3 功能模块的输入输出描述样例

b. CCAGS 的背景信息

在软件工程领域，软件开发方法越来越多、文档越来越繁杂，软件开发工具也越来越庞大、升级换代越来越频繁。CCAGS 的开发者基于当前软件工程领域的优秀成果，提出了基于"业务元数据"的"三层体系结构＋组件化技术＋程序自动生成"的软件构造思想。如果能将这一思想付诸实施,使软件能根据设置的业务元数据自动生成计算机程序代码,成为软件开发人员的通用工具软件,就可以结合不同的原型生成各种各样的应用系统,达到批量生产应用软件的目的。对于较初级的计算机用户,在极短的时间内,经过简单的培训,就可以达到基于多层体系结构和组件化技术的高级编程水平。编程的简单化和自动化,能有效缩短开发周期、提高软件质量、降低软件成本,使软件企业成为真正的"软件工厂"。

附录 D

拓展练习

CHAPTER D

练习 1

AVI Serv 订票系统需要存储的信息有航班、乘客、订票等。其中,航班信息包括班次、出发地、起飞时间、到达时间、座位数量、预订票数等;乘客信息包括身份证号、姓名、地址、联系电话号码等;订票信息包括乘客身份证号、航班班次、预订票数等。该订票系统需要实现的功能有航班信息查询、订票状态查询等。其中,航班信息查询结果为从出发地到目的地的所有航班信息;订票状态查询结果为订单的当前状态。通过该系统,乘客既可以在售票点订票,也可以在线查询从出发地到目的地的所有可以订购的航班信息。在售票点订票的过程为:乘客在售票点查询、订票或退票;售票员查询数据库查看是否有余票(查询或订票)或从数据库删除订单(退票);如果是订票而且有票,就通过用户界面输入乘客的订票信息,中央数据库自动更新余票数据;如果是退票,就通过用户界面完成退票操作,中央数据库自动更新余票数据。AVI Serv 订票系统带来的好处有:可以预订机票;解决全程旅行的订票问题;提高订票、退票和查询速度;可以对航班信息,如航班时刻表等信息进行维护;故障恢复速度快;可以对订票事务进行审计;系统使用灵活便捷。请分析 AVI Serv 的订票业务流,建立业务流模型。

练习 2

Sponge Publ 是一家出版社,出版了大量的大学教材。对于大学订购的教材,该出版社的大学教材部都会根据学校所订购的教材数量进行一定程度的折扣。收到教材订单后,大学教材部记录员对这些订单进行查验,对于符合要求的订单,要求仓储部装运。仓储部装运教材,库存管理人员填写装运单并提交到会计部。会计部出纳开具发票,会计追踪收款记录。Sponge Publ 的大学教材部在大学每学期开学前一个月的销售额都很高,一般平均每周要开具几百张发票。为此,Sponge Publ 决定维持销售量较高的教材的库存量,并采用在线方式订购这些教材。这就意味着,要开发一套教材库存管理系统,涉及修改教材编目、检查书名及其作者的正确性、确定教材的可用性等。实施新系统后,可以更快地装运,使得在大学每个学期开始前及时交付教材,预计大学教材部每年的教材销量会提高 80%。请分析 Sponge Publ 的库存管理业务,建立数据流模型。

练习 3

Excellence School 的学生可以选修若干门课程且至少要选修一门课程。每门课程有课程号、课程名称、上课教室、周上课时间等信息。一门课程只能由一位教师任教,一位教师可以讲授若干门课程。学生分为走读、寄宿两种。对于寄宿生,学校要为他们分配宿舍;对于走读生,学校要为他们安排储物柜。学生要参加课程考核。一门课程至少有一次考核。课程考核形式有考试、小测验、专题讨论和项目。课程考核日期、考核时间和考核地点在课程开始时安排。教师主持考核。一位教师仅批阅属于某课程的一套答卷。一套答卷只能由一位教师批阅。学生的成绩要进行记录。请分析 Excellence School 的学生选课系统,建立概念数据模型。

练习 4

Alexander Inc. 提供房地产咨询服务，业务范围包括房产交易、出租等，计划开发房地产管理系统，对投资项目、资本金监控与跟踪、投资回报计算、房产、租户、合同等实施自动化管理。运营经理 Andrew 负责房地产管理系统的数据录入和维护工作，包括投资项目、房产交易等数据。房产经理 April 负责跟踪与房产交易和租赁相关的资金运行情况，挖掘潜在的房产投资机会。有部分不隶属于公司的合伙人，拥有一定的股份，管理公司的部分房产，为房产经理提供现金流信息，也提供咨询服务并帮助完成房产交易，以保障投资回报率。他们也负责向房地产管理系统输入数据。存储在数据库的数据可以用来生成各种报告。运营经理可以利用房地产管理系统输入房产、租户、租赁合同等信息，发送与跟踪租户账单，了解租户支付情况，记录房产交易信息。

Alexander Inc. 的房产管理系统可以划分为以下两部分。

（1）租赁管理：系统对所有的租户及其租赁信息进行管理。每个租户具有唯一的识别码。个人租户的识别码是身份证号，企业租户的识别码是税号。运营经理可以新增、更改租户及其租赁数据。如果新增或更改失败，系统恢复到新增或更改之前的状态。系统提示输入所有必要的信息。在新增租户时，系统通过识别码查验租户信息是否已在数据库中。如果已经存在，就不能新增，以保证租户信息的唯一性。对于租户信息的修改，系统要保存修改时间和修改者。房产经理可以通过系统查看租赁信息。

（2）资产管理：系统对所有房产及其资金信息进行管理。每个房产具有唯一的识别码。房产识别码由房产的类别、名称、位置和编号组成。房产经理可以新增、更改房产及其资金数据。如果新增或更改失败，系统恢复到新增或更改之前的状态。系统提示输入所有必要的信息。在新增房产时，系统通过识别码查验房产信息是否已在数据库中。如果已经存在，就不能新增，以保证房产信息的唯一性。对于房产信息的修改，系统要保存修改时间和修改者。房产经理可以录入公司合伙人信息。运营经理可以通过系统查看房产信息。

请分别为租赁管理和资产管理建立用例图，并编写至少两个用例规格说明。

练习 5

Excellence School 有数学、英语、经济学、管理学、计算机科学等学科。各学科学分不同。每个学生每学期至少要修读 22.5 个学分。学习信息系统的学生每学期修读的学分构成通常为：通识类（2 学分），数理类（2 学分），IT 与工程类（4 学分），经济类（2 学分），管理类（2 学分），专业类（8.5 学分），个性化选修（2 学分）；学习软件工程的学生每学期修读的学分构成通常为：通识类（2 学分），数理类（2 学分），IT 与工程类（5 学分），经济类（1 学分），管理类（0.5 学分），专业类（8.5 学分），个性化选修（2 学分）。学生在第一学年末可以申请转专业。每个专业的转入名额为 10 人。转专业需要参考学生第一学年的 4 门课程的成绩。这些课程有唯一的课程 ID 和课程名。基本条件是这 4 门课程的成绩等级至少是良好，平均分数越高，转出的机会越大。申请转专业的学生需要提供姓名、籍贯、联系电话、所转专业等信息。转专业申请表可以在线填报。学生可以在线查阅获批状态。现在需要开发在线转专业申报系统。请为该系统建立用例图。

练习 6

Shining Ray 承接了一个医院管理系统开发项目。Michael 通过调研得知,在人工状态下,前来就医的病人通过医院前台接待员的引导,到相应科室就诊。十四岁以下的病人去儿科。如果病人是首次到该医院就诊,医生会把病人的相关信息输入计算机,以供以后就诊参考。在就诊过程中,医生还会录入病人的病历,以及对药物的过敏情况等。医生也可以与病人约定下次就诊时间。就诊后,医院根据医生开出的处方确定收费金额并收款。病人把医生开具的处方送到药房。药剂师根据处方为病人发放药物。药剂师可以根据药物存量情况向仓库申报药物。

该医院管理系统要实现的功能如下。

(1) 病人电话接听与应答,进行自动预约或取消预约。如果是取消预约,通知医生以便重新安排预约。

(2) 药物存量自动监测与申报。当药物数量低到预设的警戒线时,自动申报该药物的数量。

(3) 支付自动化。诸如医生诊断、药物等费用的支付过程自动化。

为此,Michael 提取的用例有费用支付、医生预约、药物申报、票据打印、病历录入,参与者有病人、医生、接待员、药物申报标准、药剂师、自动语音应答系统、收款机等。其中,费用支付和医生预约用例的规格说明如表 D-1 所示。请问这些用例规格说明存在什么问题?

表 D-1 费用支付与医生预约用例规格说明

费用支付	用例名称:费用支付	
	说明:接收病人付款	
	参与者:病人,医生	
	假设:病人只能在医院药房购买处方药	
	事件基本过程:病人购买处方药。系统要求信用卡号。病人刷信用卡。从病人账户减去金额并打印票据。打印票据发给医生	
	前置条件:系统存储有药店的详细信息	
	后置情形:系统更新购买药物的详细信息	
	例外情况:信用卡号无效或药店没有指定药物	
医生预约	用例名称:医生预约	
	说明:病人根据医生时间表和年龄类别进行了预约,医生也可以在查房期间预约病人	
	参与者:病人和药物申报标准	
	假设:医生更新了出诊时间表	
医生预约	事件基本过程:病人打电话要求预约。医生要求病人的年龄。病人输入年龄。系统检查医生的出诊时间表并提供相应的预约	
	前置条件:医生的出诊时间表有效	
	完置情形:系统记录新的预约时间并更新医生的出诊时间表	

练习 7

Excellence School 有计算机科学、软件工程、信息系统等专业。学生在第一学年末开始选专业。各专业有其特定的编码和名称,限额 120 人。选专业时,学生要在专业申请表上填写姓名、地址、电话号码、学分绩点、所选专业编码和名称等信息。学校有专人检查这些申请,并决定学生是否可以进入所选专业就读。进入这些专业的条件是学分绩点要达到指定的标准。专业选择系统有学院、学生、成绩单、注册、专业就读条件等类,其类图如图 D-1 所示。这个类图是否存在问题?如果存在,请为它建立正确的类图。

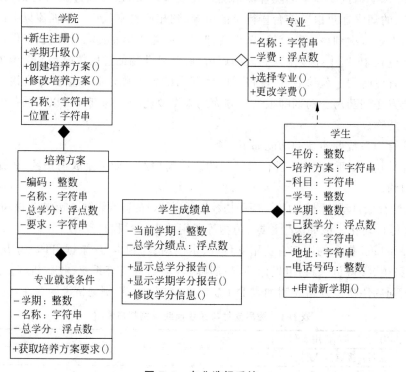

图 D-1 专业选择系统

练习 8

Edward Bank 为客户保存的详细信息有姓名、性别、类别、住址、E-mail、联系电话。每个客户可以有多个别名。联系电话和 E-mail 是可选的。客户必须要有一个永久地址。客户可以有临时地址。表 D-2 是描述客户详细信息的数据字典。这个数据字典是不是正确地描述了 Edward Bank 客户的详细信息?如果存在问题,请纠正。

表 D-2 客户详情数据字典

客　户	
别名	客户、用户、ATM 用户、顾客
账户详情	称呼 + [姓名^] + 性别 + 类别 + 地址 + [E-mail] + [联系电话] 称呼:[先生｜夫人｜小姐｜博士｜教授] 性别:[男｜女] 类别:[政府机关｜产业部门｜大学｜其他] 地址:[永久地址] + [临时地址] E-mail:[QQ｜百度] 联系电话:[电话号码]

练习 9

测验执行人员连续地向每个学生提问。学生有 7 秒钟的时间思考或计算以推导答案。在 7 秒钟后学生需要给出答案。如果答案正确,则学生获得 100 分;否则,从当前分数中扣除 50 分。

学生在数学测验竞赛场景中的各种状态如图 D-2 所示。

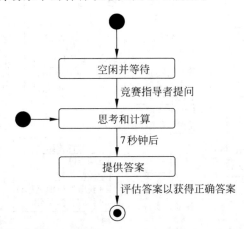

图 D-2 描述学生在数学测验竞赛中的状态的状态图

请检查该状态图。它是否恰当地表示了场景?是否所有状态都得到了正确标识?如果存在问题,请绘制正确的状态图。

练习 10

管理科学与工程类专业是具有共同理论基础或研究领域相对一致的专业集合,采用系统思想、数量方法和 IT 解决各类管理问题,提高决策水平和管理效率,在国民经济建设和社会发展中发挥重要的基础性作用,具有管理学和工程学交叉学科的特点,既重视专业的理论与方法,又强调应用性与实践性。这类专业的课程体系分为理论教学课程和实践教学课程两方面。理论教学课程包括通识课程、基础课程、专业课程。通识课程体系除国家规定的教学内容外,还包括自然科学、社会科学、人文、艺术、体育、外国语、IT 等方面的知识内容。基础课程体系包括数理类、IT 与工程类、经济类、管理类等专业基础课程,以及根据专业培养方案所要求的基础课程。其中,数理类涵盖高等数学、线性代数、概率论等知识领域;IT 与工程类基础课程涵盖 MIS 及与专业相关的信息与工程技术等知识领域;经济类基础课程涵盖经济学知识领域;管理类基础课程涵盖运筹学、管理学、统计学等知识领域。专业主干课程不低于六门。专业培养方案总学分不低于 150 学分。

经过分析,与管理科学与工程类专业的培养方案有关的类图如图 D-3 所示。请完成下列任务:为学生和课程两个类建立其状态图,为学生注册过程建立活动图和交互图。

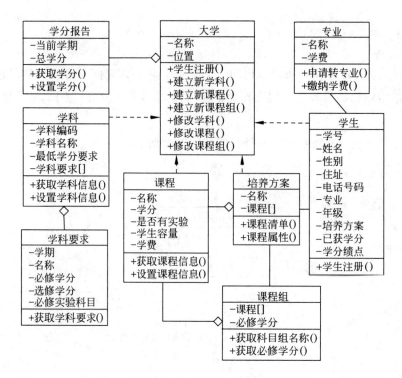

图 D-3　专业培养方案设置类图

参 考 文 献

[1] 王晓敏,崔国玺,李楠,等.信息系统分析与设计[M].5版.北京:清华大学出版社,2021.
[2] ROGER S P.软件工程:实践者的研究方法[M].7版.郑人杰,马素霞,等译.北京:机械工业出版社,2011.
[3] GRADY B,JAMES R,LVAR J.UML用户指南[M].2版.邵维忠,麻志毅,马浩海,等译.北京:人民邮电出版社,2006.
[4] 郑晖.编程范式与OOP思想[M].北京:电子工业出版社,2009.
[5] 郑人杰,王纬,王方德,等.基于软件能力成熟度模型(CMM)的软件过程改进:方法与实施[M].北京:清华大学出版社,2003.
[6] 汪小金.汪博士解读PMP考试[M].3版.北京:电子工业出版社,2013.
[7] 张万军,郑宁,赵宇兰.基于CMMI的软件工程及实训指导[M].北京:清华大学出版社,2011.
[8] 林锐,彭国明.CMMI和集成化软件研发管理[M].北京:电子工业出版社,2008.
[9] 杜娟,赵春艳,王洪英,等.信息系统分析与设计[M].3版.北京:清华大学出版社,2021.
[10] 汤宗健,梁革英,韦琳娜.信息系统分析与设计实践教程[M].2版.北京:清华大学出版社,2018.
[11] 黄孝章,刘鹏,苏利祥.信息系统分析与设计[M].2版.北京:清华大学出版社,2017.

图书资源支持

感谢您一直以来对清华版图书的支持和爱护。为了配合本书的使用,本书提供配套的资源,有需求的读者请扫描下方的"书圈"微信公众号二维码,在图书专区下载,也可以拨打电话或发送电子邮件咨询。

如果您在使用本书的过程中遇到了什么问题,或者有相关图书出版计划,也请您发邮件告诉我们,以便我们更好地为您服务。

我们的联系方式:

清华大学出版社计算机与信息分社网站:https://www.shuimushuhui.com/

地　　址:北京市海淀区双清路学研大厦 A 座 714

邮　　编:100084

电　　话:010-83470236　010-83470237

客服邮箱:2301891038@qq.com

QQ:2301891038(请写明您的单位和姓名)

资源下载: 关注公众号"书圈"下载配套资源。

书圈

清华计算机学堂　　观看课程直播